序　文

　本書は，平成 30 年 1 月に公表した全国の将来の世帯数の推計結果をとりまとめたものである．推計の期間は，2015（平成 27）年から 2040（平成 52）年までの 25 年間である．全国推計の主要な部分は，前回に引き続き世帯推移率法を適用した．本手法による推計は，1998 年，2003 年，2008 年，2013 年に次いで 5 回目である．

　世帯の変動は世帯を単位として観察されるものであるが，結果的には個人を単位として生じる人口事象によって引き起こされるものであり，世帯のひとりに生じた人口事象の結果，世帯構造が変化し，この変化が他の世帯員に波及し，各人の世帯属性が変化する過程といえる．このような世帯変動のメカニズムを取り入れモデル化したのが世帯推移率法である．この方法によって，特定期間における状態間の推移数を求めることができ，状態分布の内実をより詳細に分析することが可能となった．

　世帯の将来推計は，将来の住宅，医療，福祉等のニーズの予測をはじめ，きわめて幅広い分野で必要とされる人口情報である．とくに，社会サービス施策の重要性が高まるなかで高齢者世帯やひとり親世帯の動向の把握と将来予測が重要となっている．

　今回の推計結果が従来と同様に多方面で活用されることを望むとともに，本推計にあたって協力を得た厚生労働省政策統括官付社会保障担当参事官室に対し，ここに厚く感謝の意を表したい．

　本報告書は，鈴木透（人口構造研究部長），小山泰代（同第 3 室長），大泉嶺（同研究員），菅桂太（同第 1 室長），小池司朗（同第 2 室長），鎌田健司（国際関係部第 3 室長）が担当，作成した．

平成 30（2018）年 2 月

国立社会保障・人口問題研究所長

遠藤　久夫

目　次

はじめに・・・ 1

Ⅰ　推計の枠組み・・・ 1

1．推計期間・・・ 1

2．推計方法と推計結果・・・・・・・・・・・・・・・・・・・・・・・・・・・・・・・・・・・・・・・ 1

3．基準人口・・・ 1

4．推計結果の種類・・ 1

Ⅱ　推計の方法・・・ 3

1．動的モデルとしての世帯推移率法・・・・・・・・・・・・・・・・・・・・・・・・・ 3

2．推計手法の概要・・ 5

3．将来の配偶関係間推移確率の設定・・・・・・・・・・・・・・・・・・・・・・・・・ 6

4．施設世帯人員割合の将来推計・・・・・・・・・・・・・・・・・・・・・・・・・・・・・ 7

5．推移確率行列の作成・・・・・・・・・・・・・・・・・・・・・・・・・・・・・・・・・・・・・・ 7

6．基準人口・・・ 7

7．推計結果・・・ 7

Ⅲ　推計結果の概要・・・ 8

1．一般世帯人員と一般世帯総数・・・・・・・・・・・・・・・・・・・・・・・・・・・・・ 8

2．平均世帯人員・・ 8

3．家族類型別一般世帯数および割合・・・・・・・・・・・・・・・・・・・・・・・・・ 8

4．世帯主が65歳以上および75歳以上の世帯の見通し・・・・・・・・・・・・・・・・・・・・・ 10

5．国際・地域間比較・・・ 12

6．参考推計との比較・・・ 12

7．未婚率の動向・・・ 14

8．独居率の動向・・・ 15

Ⅳ．結果表・仮定値表

結果表1　世帯の家族類型別一般世帯数，平均世帯人員・・・・・・・・・・・・・・・・・ 19

結果表2　世帯の家族類型，世帯主の男女5歳階級別一般世帯数および割合・・・・・・・ 20

結果表3　世帯の家族類型，世帯主の男女5歳階級別一般世帯数および割合

　　　　　　［参考推計：世帯内地位分布一定］・・・・・・・・・・・・・・・・・・・・・ 34

結果表4　男女年齢5歳階級別配偶関係別人口・・・・・・・・・・・・・・・・・・・・・ 39

結果表5　男女年齢5歳階級別一般世帯人員・施設世帯人員・・・・・・・・・・・・・・・・・ 53

結果表6　男女年齢5歳階級別所属世帯規模別人口・・・・・・・・・・・・・・・・・・・ 67

仮定値表　推移確率行列・・ 81

i

本文図表リスト

I 推計の枠組み

表 I -1　本推計と国勢調査の世帯の類型‥‥‥‥‥‥‥‥‥‥‥‥‥‥‥‥‥‥　2

II 推計の方法

図 II -1　二つの状態間フローとストック‥‥‥‥‥‥‥‥‥‥‥‥‥‥‥‥‥　3

図 II -2　世帯推計の手順‥‥‥‥‥‥‥‥‥‥‥‥‥‥‥‥‥‥‥‥‥‥‥‥　6

表 II -1　世帯推計方法の分類‥‥‥‥‥‥‥‥‥‥‥‥‥‥‥‥‥‥‥‥‥‥　3

III 推計結果の概要

図III-1　一般世帯総数の推移‥‥‥‥‥‥‥‥‥‥‥‥‥‥‥‥‥‥‥‥‥‥　8

図III-2　平均世帯人員の推移‥‥‥‥‥‥‥‥‥‥‥‥‥‥‥‥‥‥‥‥‥‥　8

図III-3　家族類型別一般世帯数の推移（1980〜2040 年）‥‥‥‥‥‥‥‥‥‥　10

表III-1　家族類型別一般世帯数および割合‥‥‥‥‥‥‥‥‥‥‥‥‥‥‥‥　9

表III-2　世帯主 65 歳以上・75 歳以上の世帯の家族類型別世帯数，割合

（2015〜2040 年）‥‥‥‥‥‥‥‥‥‥‥‥‥‥‥‥‥‥‥‥‥‥‥　11

表III-3　平均世帯人員と単独世帯割合の国際比較‥‥‥‥‥‥‥‥‥‥‥‥‥　12

表III-4　本推計と参考推計との比較‥‥‥‥‥‥‥‥‥‥‥‥‥‥‥‥‥‥‥　13

表III-5　未婚率（％）の推移‥‥‥‥‥‥‥‥‥‥‥‥‥‥‥‥‥‥‥‥‥‥　14

表III-6　独居率（％）の推移‥‥‥‥‥‥‥‥‥‥‥‥‥‥‥‥‥‥‥‥‥‥　15

日本の世帯数の将来推計（全国推計）

—— 2015（平成 27）年～2040（平成 52）年 ——

2018(平成 30)年推計

はじめに

　今回の推計は，国立社会保障・人口問題研究所が 2013 年に公表した推計[1]に続く新しい世帯推計である．推計の出発点となる基準人口は，2015 年国勢調査に調整を加えて得ている．

I　推計の枠組み

1. 推計期間

　推計期間は 2015（平成 27）年 10 月 1 日から 2040（平成 52）年 10 月 1 日までの 25 年間である．

2. 推計方法と推計結果

　推計の主要な部分には，2013 年に公表した推計と同様に，世帯推移率法を用いた．この方法は，一般世帯人員の配偶関係と世帯内地位の状態に関する推移確率を設定することで将来の配偶関係と世帯内地位の組み合わせ別分布を推計し，「日本の将来推計人口（平成 29 年推計）」[2]（出生中位・死亡中位推計）の男女別，5 歳階級別人口に適用することで，男女別，5 歳階級別，配偶関係と世帯内地位の組合せ別人口を求めるものである．世帯内地位には「単独世帯」「夫婦のみの世帯」「夫婦と子から成る世帯」「ひとり親と子から成る世帯」「その他の一般世帯」のマーカが含まれる．マーカとは推計モデルにおいて世帯の形成・解体の鍵とされる成員であり，大部分は国勢調査の世帯主と一致する．ただし，たとえば「夫婦と子から成る世帯」で妻や子が世帯主となるなど，国勢調査で割合が小さい世帯構成区分について，「夫婦と子から成る世帯」のマーカは常に夫，「ひとり親と子から成る世帯」のマーカは常に親とするなどの規則を設けた．推計された男女別，5 歳階級別，配偶関係と世帯内地位（マーカ・非マーカ）別人口に 2015 年の世帯主・非世帯主とマーカ・非マーカの対応関係を適用し，男女別，5 歳階級別，配偶関係別，家族類型別世帯主数を求めた．推計結果の詳細は，結果表 1 に家族類型別一般世帯数と平均世帯人員を，結果表 2 に世帯主の男女別，5 歳階級別，家族類型別世帯数を示した．

3. 基準人口

　推計の出発点となる基準人口は，2015 年国勢調査をもとに，一般世帯人員の世帯内地位を家族類型別世帯主・非世帯主から家族類型別マーカ・非マーカに変換して得た．

4. 推計結果の種類

　今回の推計は 1 ケースについてのみ行った．ただし参考推計として，男女別，5 歳階級別，配偶関係と世帯内地位（世帯主・非世帯主）の組合せ別分布が 2015 年以後一定とした場合の世帯数を計算した．

　推計の目的は，将来の家族類型別一般世帯数を求めることである．家族類型は，「単独世帯」，「夫婦のみの

---

[1] 国立社会保障・人口問題研究所『日本の世帯数の将来推計（全国推計）—2010(平成 17)年～2035(平成 42)年—2013(平成 25)年 1 月推計』人口問題研究資料第 329 号，2013 年 3 月．

[2] 国立社会保障・人口問題研究所『日本の将来推計人口—平成 28 (2016)～77(2065)年—附：参考推計　平成 78 (2066)

世帯」，「夫婦と子から成る世帯」，「ひとり親と子から成る世帯」，「その他の一般世帯」[3]の 5 類型である
（表 I -1）．

表 I -1．本推計と国勢調査の世帯の類型

本推計の世帯の類型		国勢調査の世帯の類型			世帯数[注)]
一般世帯	単独世帯	一般世帯		単独世帯	18,418
	核家族世帯 夫婦のみの世帯		核家族世帯	夫婦のみの世帯	10,718
	夫婦と子から成る世帯			夫婦と子供から成る世帯	14,288
	ひとり親と子から成る世帯			男親と子供から成る世帯	703
				女親と子供から成る世帯	4,045
	その他の一般世帯		親族のみの世帯 核家族以外の世帯	夫婦と両親から成る世帯	191
				夫婦とひとり親から成る世帯	676
				夫婦，子供と両親から成る世帯	710
				夫婦，子供とひとり親から成る世帯	1,214
				夫婦と他の親族（親，子供を含まない）から成る世帯	113
				夫婦，子供と他の親族（親を含まない）から成る世帯	410
				夫婦，親と他の親族（子供を含まない）から成る世帯	86
				夫婦，子供，親と他の親族から成る世帯	273
				兄弟姉妹のみから成る世帯	323
				他に分類されない世帯	565
				非親族を含む世帯	464
		施設等の世帯		寮・寄宿舎の学生・生徒	6
				病院・療養所の入院者	11
				社会施設の入所者	61
				自衛隊営舎内居住者	3
				矯正施設の入所者	1
				その他	36

注：世帯数は2015年国勢調査の値（単位は千世帯）．ただし，家族類型不詳の一般世帯数（135,238）は除く．

～127（2115）年　平成 29 年推計』人口問題研究資料第 336 号，2017 年 7 月．
[3]「その他の一般世帯」は，国勢調査の家族類型で「核家族以外の世帯」と「非親族を含む世帯」から成るが，後者の
割合は 2015 年で 9.2%にとどまる．なお，「核家族以外の世帯」のうち約半数は三世代世帯である．

II 推計の方法

1. 動的モデルとしての世帯推移率法

　国立社会保障・人口問題研究所では，旧厚生省人口問題研究所で試算的に公表されてきたものも含めると，過去10回にわたって全国世帯数の将来推計が行われてきた．旧厚生省人口問題研究所で行われた7回の推計[4]のうち，1回目から6回目までが主に世帯主率法，7回目が世帯主率法と家族類型別純遷移率法を組み合わせた方法によって行われた．それに対し国立社会保障・人口問題研究所が公表した過去4回の推計[5]では，今回の推計と同じ世帯推移率法が用いられた．

　世帯主率法は，男女別，年齢別，配偶関係別，世帯類型別などの世帯主率を将来に向けて補外し，それを別途に推計された将来人口に適用することによって，将来の世帯主数＝世帯数を得るものである．世帯主率は国勢調査などから容易に得られ，他に特殊なデータを必要としないため，世帯主率法は現在でも多くの公式推計で用いられている．純遷移率法は世帯主の男女別，年齢別の家族類型間の5年間の純遷移率の安定性に着目して，過去の純遷移率を将来に適用する方法である．

表II-1　世帯推計方法の分類

	マクロ・モデル	マイクロ・モデル
静的モデル	世帯主率法 世帯主率法の拡張 プロペンシティ法	（なし）
動的モデル	世帯推移率法 多相生命表	マイクロ・シミュレーション

Bell, Martin, Jim Cooper and Magda Les, 1995

Household and Family Forecasting Models - A Review,

Commonwealth Department of Housing and Regional

Regional Development, Commonwealth of Australia,.

1995, p. 4.

---

[4] 河野稠果「わが国世帯数の将来推計：一試算」人口問題研究第83号，1961年7月，pp.1-13.

厚生省人口問題研究所『全国・都道府県別世帯数の将来推計（中間報告）昭和40〜45年間各年10月1日　昭和45〜65年間毎5年10月1日　昭和41年8月推計』研究資料第170号，1966年8月.

厚生省人口問題研究所『わが国世帯数の将来推計　昭和45年〜60年　各年10月1日現在　昭和46年10月推計』研究資料第197号，1971年10月.

厚生省人口問題研究所『わが国世帯数の将来推計　昭和45年〜75年，10月1日現在　昭和50年5月暫定推計』研究資料第210号，1975年6月.

伊藤達也・山本千鶴子「全国世帯数の将来推計（昭和52年1月暫定推計）：昭和45年〜75年」人口問題研究第141号，1977年1月，pp.32-39.

厚生省人口問題研究所『わが国世帯数の将来推計（試算）－昭和60〜100年－　昭和62年10月推計』研究資料第249号，1987年11月.

厚生省人口問題研究所『日本の世帯数の将来推計　全国推計/都道府県別推計－1990（平成2）年〜2010（平成22）年－　第I部全国推計　1993（平成5）年10月推計　第II部　都道府県別推計　1995（平成7）年3月推計』研究資料第283号，1995年3月.

[5] 国立社会保障・人口問題研究所『日本の世帯数の将来推計　全国推計/都道府県別推計－1995（平成7）年〜2020（平成32）年－　全国推計[1998（平成10）年10月推計]　都道府県推計[2000（平成12）年3月推計]　』研究資料第298号，2000年3月.

国立社会保障・人口問題研究所『日本の世帯数の将来推計（全国推計）－2000（平成12）年〜2025（平成37）年－[2003（平成15）年10月推計]　』研究資料第308号，2003年11月.

国立社会保障・人口問題研究所『日本の世帯数の将来推計（全国推計）－2005（平成17）年〜2030（平成42）年－[2008（平成20）年3月推計]　』研究資料第318号，2008年3月.

国立社会保障・人口問題研究所『日本の世帯数の将来推計（全国推計）－2010（平成25）年〜2035（平成47）年－[2013（平成25）年1月推計]　』研究資料第329号，2013年3月.

表Ⅱ-1のように，世帯主率法はプロペンシティ法とともに，静的なマクロ・モデルに分類される．Bell らの分類では，純遷移率法は世帯主率法に含まれる．プロペンシティ法は，本来は個人の所属世帯の規模別分布から世帯数を求める方法である．しかしオーストラリアやニュージーランドの公式推計[6]では，世帯類型と所属成員の種類の組合せによって居住状態を定義し，その分布を将来に向けて外挿するプロペンシティ法が用いられている．これらは「世帯主」という概念を排除するために，プロペンシティ法を採用しているらしい．

マクロ・モデルは人口を集合体として扱い，状態の分布や状態間の推移率等を対象とする．これに対しマイクロ・モデルは，個人を単位とし，設定された確率分布に従いシミュレーションを行う．マイクロ・シミュレーションはランダム性を含むため，信頼出来る結果を得るためには多数のランを実行する必要がある．研究としてはマイクロ・モデルが世帯推計に適用された例はあるが[7]，公式推計に用いられた例はないと思われる．

世帯主率法が静的とされるのは，フローを無視しストックのみ扱うためである．図Ⅱ-1は封鎖人口で2つの生存状態が区別される場合のストックとフローの関係を表したもので，たとえば $_nK_{x,y}^{(1)}$ は y 年に x 歳以上 $x+n$ 歳未満の世帯主数，$_nK_{x,y}^{(2)}$ は y 年に x 歳以上 $x+n$ 歳未満の非世帯主数と解釈できる．$_nd_{x,y}^{(11)}$ は世帯主にとどまった者，$_nd_{x,y}^{(22)}$ は非世帯主にとどまった者，$_nd_{x,y}^{(21)}$ は新たに世帯主になった者，$_nd_{x,y}^{(12)}$ は世帯主をやめた者の数である．死亡数 $_nd_{x,y}^{(1d)}$ および $_nd_{x,y}^{(2d)}$ を加え，世帯主と非世帯主のストックの変化は，合計6種類のフローによって生じていることになる．

本来，人口モデルは出生，死亡，移動といったライフイベントの生起確率を基礎として構築されるべきものである．人口推計の基本仮定は，こうしたライフイベントの男女別，年齢別パターンが比較的ゆっくりと，予測可能な仕方で変化するというものである．実際，国立社会保障・人口問題研究所の公表する将来人口推計は，こうした考え方に基づいて実施されている．

ところが世帯推計はこのレベルに達せず，ライフイベントの生起確率という視点を欠いていた．「世帯主率」の「率」とは実は「割合」に過ぎず，生起確率である死亡率・出生率・移動率とは根本的に異なるものである．すなわち前者はストック，後者はフローに関する概念である．ストックはフローの積み重ねの結果として変化する．従って世帯主割合は，世帯主・非世帯主それぞれの死亡に加え，世帯主状態への入フロー（当該期間に新たに世帯主になった者）と，世帯主状態からの出フロー（当該期間に世帯主をやめた者）の差によって定まる．それにもかかわらず，世帯主率法はこの過程を無視し，ストックを直接予測しようとする．これは全国人口推計や都道府県別人口推計に比べ，変動のメカニズムを反映できていない方法である．

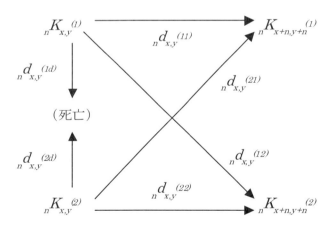

図Ⅱ-1　二つの状態間フローとストック

この世帯推計における方法論的立ち後れを解決すべく考え出されたのが，世帯推移率法(household transition method)である．純遷移率法はこの方法に移行する過渡的な準動的マクロ・モデルであった．後述するように世帯動態調査によって推移確率行列の作成が可能になったことを契機に，本格的な動的モデルの構築に取り組んだ．

表Ⅱ-1では多相生命表の応用も動的マクロ・モデルに分類されており，またマイクロ・シミュレーションは本質的に動的なモデルだが，世帯の動的モデル(dynamic model)といえばふつう世帯推移率法を指す．この方法の

---

[6] Australian Bureau of Statistics (2010) "Household and Family Projections, Australia, 2006 to 2031,"
Statistics New Zealand (2004) "New Zealand Family and Household Projections 2001(base)-2021."
[7] 日本での適用例として，稲垣誠一(2007)『日本の将来社会・人口構造分析－マイクロ・シミュレーションモデル(INAHSIM)による推計』日本統計協会がある．

世帯推計への適用は，1980年代以降主にヨーロッパで行われて来た．オランダのLIPROモデル[8]が最も有名だが，他にスウェーデン，ドイツ，イギリス，アメリカ等で適用例がある[9]．

現在でも多くの公式推計で用いられている世帯主率法に比べ適用例が少ないのは，データの制約による．初婚数・再婚数・離婚数といった配偶関係間のフローは，かなりの部分が人口動態統計から得られる．しかし世帯内地位間のフローは，たとえ「世帯主」「非世帯主」という最も単純な二分法の場合でさえ，官庁統計からは得られない．従って，世帯推移率法に必要なデータを得るためには，2時点のセンサスや人口登録データ間のマッチングか，大規模な標本調査を行わなければならない．今回推計では，後述する全国標本調査（第6回世帯動態調査）からフロー・データを得た．

世帯推移率法は，数学的には単純なマルコフ過程であり，例えば封鎖人口で生存状態がふたつの場合には，行列演算で次のように表せる．

$$\begin{bmatrix} {}_nK_{x+n,y+n}^{(1)} & {}_nK_{x+n,y+n}^{(2)} & {}_nD_{x,y} \end{bmatrix} = \begin{bmatrix} {}_nK_{x,y}^{(1)} & {}_nK_{x,y}^{(2)} & 0 \end{bmatrix} \begin{bmatrix} p_{x,y}^{(11)} & p_{x,y}^{(12)} & p_{x,y}^{(1d)} \\ p_{x,y}^{(21)} & p_{x,y}^{(22)} & p_{x,y}^{(2d)} \\ 0 & 0 & 1 \end{bmatrix},$$

または，$\mathbf{k}_{x+n,y+n} = \mathbf{k}_{x,y}\mathbf{A}_{x,y}$．

ここで ${}_nD_{x,y}$ は推計期間内の死亡数，$p_{x,y}^{(ij)}$ は推移確率である．$\mathbf{k}_{x+n,y+n}$ を期末人口ベクトル，$\mathbf{k}_{x,y}$ を期首人口ベクトル，$\mathbf{A}_{x,y}$ を推移確率行列と呼ぶ．推移確率行列の左から，期首人口ベクトルの代りに対角行列をかければ，期間内のフロー行列が得られる．この意味で，世帯推移率法ではフローが明示的にモデル化されているといえる．

2. 推計手法の概要

推計の作業は，図II-2に示した手順によって行われた．推計の主要な部分は，前回同様世帯推移率法を用いた．これは生存者を複数の状態に分割し，状態間の推移確率行列によって将来の状態別人口を推計する方法である．推計すべき状態は，配偶関係と世帯内地位の組合せである．

国勢調査における世帯内地位と配偶関係の間には強い相関があり，親と同居する未婚子が世帯主になったり，夫と同居する妻が世帯主になる場合は稀である．こうした例外的な組合せを放置すると，推移確率行列が不必要に大きくなる上に，調査データから信頼し得る推移確率を求めることができない．そこで国勢調査および第7回世帯動態調査（後述）の世帯主に対し，推計モデルの対象となる世帯の準拠成員をマーカと呼び，以下の規則を設けてマーカの地位と性・配偶関係の組合せを限定した．

(1) 夫婦のみの世帯および夫婦と子の世帯では夫をマーカとする．
(2) ひとり親と子の世帯では親をマーカとする．
(3) 夫と同居する妻がその他の世帯の世帯主の場合，夫をマーカとする．
(4) 未婚者が親夫婦を含むその他の世帯の世帯主の場合，父親をマーカとする．

この結果，一般世帯人員について次のように男性12種類，女性11種類の配偶関係と世帯内地位の組合せを定義した．有配偶男性の「ひとり親と子から成る世帯」のマーカはごく少ないので推計作業では「単独世帯」と併合し，推計後に分割した．2015年基準人口は，国勢調査の男女別，5歳階級別，家族類型別世帯主数および非世

---

[8] van Imhoff, Evert and Nico Keilman, *LIPRO 2.0: An Application of a Dynamic Demographic Projection Model to Household Structure in the Netherlands*, Amsterdam/Lisse, Swets & Zeitlinger B.V., 1991.

[9] Keilman, N., "Dynamic household models", in Keilman, Nico, Anton Kuijsten and Ad Vossen (eds.), *Modelling Household Formation and Dissolution*, Oxford, Clarendon Press, 1988, pp. 123-138; Murphy, M., "Household Modelling and Forecasting - Dynamic Approaches with Use of Linked Census Data", Environment and Planning A, 1991, Vol. 23, pp. 885-902; Zeng Yi, Kenneth C. Land, Zhenglian Wang and Danan Gu, "U.S. Family Household Momentum and Dynamics: an Extension and Application of the ProFamy Method," *Population Policy and Research Review*, Vol. 25, pp. 1-41, 2006.

帯主数を男女別，5歳階級別，家族類型別マーカ数および非マーカ数に変換して得た．

男性
S: hS　未　婚・単独世帯のマーカ
S: h0　〃　　その他の世帯のマーカ*
S: nh　〃　　非マーカ
M: hS　有配偶・単独世帯のマーカ**
M: hC　〃　　夫婦のみの世帯のマーカ
M: hN　〃　　夫婦と子の世帯のマーカ
M: h0　〃　　その他の世帯のマーカ
M: nh　〃　　非マーカ
W: hS　死離別・単独世帯のマーカ
W: hP　〃　　ひとり親と子の世帯のマーカ
W: h0　〃　　その他の世帯のマーカ
W: nh　〃　　非マーカ

女性
S: hS　未　婚・単独世帯のマーカ
S: h0　〃　　その他の世帯のマーカ*
S: nh　〃　　非マーカ
M: hS　有配偶・単独世帯のマーカ
M: hP　〃　　ひとり親と子の世帯のマーカ
M: sp　〃　　配偶者
M: nh　〃　　その他の非マーカ
W: hS　死離別・単独世帯のマーカ
W: hP　〃　　ひとり親と子の世帯のマーカ
W: h0　〃　　その他の世帯のマーカ
W: nh　〃　　非マーカ

　　* 親夫婦を含まない世帯
　　** ひとり親と子の世帯のマーカを含む

　施設世帯人員についてはデータの制約上推移確率が得られないため，後述のように趨勢延長によって男女別，5歳階級別，配偶関係別施設割合を推計した．これを男女別，5歳階級別，配偶関係別将来推計人口に適用して一般世帯人員を求めた．一方で上に示した配偶関係と世帯内地位の組合せ間の推移確率行列によって世帯内地位分布を求め，そこから男女別，5歳階級別に，配偶関係と世帯内地位（マーカ・非マーカ）別人口を得た．この5年ごとの推計結果に基づき，線型補間によって各年の結果を求めた．さらに2015年基準人口作成時の世帯主・非世帯主からマーカ・非マーカへの変換を逆に適用し，男女別，5歳階級別，配偶関係別，世帯内地位（世帯主・非世帯主）別人口を得た．

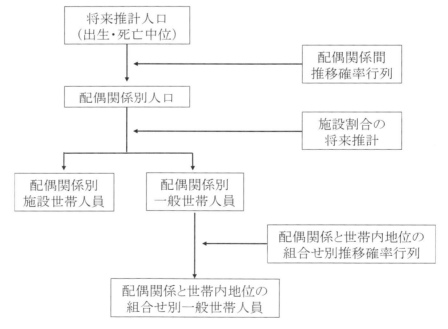

図Ⅱ-2．世帯推計の手順

3. 将来の配偶関係間推移確率の設定

　配偶関係間推移確率行列は，まず2015年国勢調査と人口動態統計から仮の行列を作った．これを2010年国勢調査に適用し，2015年国勢調査の男女別・年齢別・配偶関係別分布を再現するように各種確率を調整し，2010～15年の期間に対応する配偶関係間推移確率行列を作った．この行列を出発点とし，初婚確率・再婚確率・死離別確率・死亡確率の変化を勘案した将来の配偶関係間推移確率行列（2015～20年から2035～40年までの5

期間）を作成した.

　女性の初婚・再婚確率は，全国人口の将来推計（出生中位・死亡中位推計）で用いられた 15〜49 歳の初婚・再婚確率に従い，50 歳以上も 15〜49 歳未満の趨勢に合わせて変化させた．女性の初婚確率・再婚確率によって生じる結婚総数に合致するよう，男性の初婚確率・再婚確率を調整した．死亡確率は配偶関係間の死亡率格差を保存しつつ，将来推計人口で用いられた将来生命表の死亡確率に合致するよう調整した．死離別確率は死別確率と離婚確率の加重平均だが，死別確率は将来生命表における異性の死亡確率の低下に合わせて低下させた．離婚確率は 2010〜15 年に上昇した年齢と下降した年齢が混在しているが，それほど大きな変化ではないので 2015 年以後不変と仮定した.

4. 施設世帯人員割合の将来推計

　第 7 回世帯動態調査[10]では一般世帯人員の世帯内地位間推移パターンが得られるが，一般世帯と施設世帯との間での推移に関するデータは得られない．そこで将来の施設世帯人員割合は，趨勢延長によって推計した．すなわち 2010〜15 年の国勢調査における男女別，5 歳階級別，配偶関係別施設世帯人員割合の変化率をスムージングし，それが持続すると仮定した.

5. 推移確率行列の作成

　一般世帯の世帯内地位間の推移確率は，配偶関係間の各種推移確率と第 7 回世帯動態調査において観察された推移パターンから得た．この調査では，調査時点である 2014 年 7 月 1 日と，5 年前である 2009 年 7 月 1 日の世帯内地位が得られる．この調査データにおいて，妻が世帯主になっている場合は夫と組替え，未婚子が世帯主になっている場合は父親を優先して親と組替えるなど，上で定義された配偶関係と世帯内地位の組合せに合わせて世帯主・非世帯主からマーカ・非マーカへの変換を行った．調整後の世帯内地位について男女別，5 歳階級別に推移度数行列を作成した．うちごく稀な推移は省略し，行列を単純化した．この行列から，配偶関係間推移ごとに条件付き推移確率を求めた.

　こうして得られた条件付き推移確率を配偶関係間推移確率に乗じて，男女・5 歳階級別の配偶関係と世帯内地位の組合せ間の推移確率行列を作成した．これを 2010 年国勢調査から得た世帯内地位ベクトルに乗じた結果を 2015 年国勢調査から得た世帯内地位ベクトルと比較し，推移確率を調整した.

6. 基準人口

　推計の出発点となる基準人口，すなわち男女別，5 歳階級別，配偶関係別と世帯内地位（マーカ・非マーカ）の組合せ別一般世帯人員と，男女別，5 歳階級別，配偶関係別施設世帯人員は，2015 年国勢調査から得た．年齢・配偶関係・世帯の家族類型等の不詳は，反復推計を用いて案分した．このため年齢別・配偶関係別人口や家族類型別世帯数は，国勢調査の公表値と一致しない．不詳案分後の一般世帯人員は，先述の規則によって世帯主・非世帯主からマーカ・非マーカに変換して得た.

7. 推計結果

　推計ではまず将来の男女別，5 歳階級別，配偶関係別人口を確定した．これは上で求めた 2015 年基準人口の男女年齢別の配偶関係分布から出発し，用意した配偶関係間推移確率行列を逐次的に適用して将来の配偶関係別分布を求め，それを男女別，5 歳階級別将来推計人口（出生中位・死亡中位推計）に乗じて得た．これに用意した男女別，5 歳階級別，配偶関係別施設割合の将来推計値を適用し，一般世帯人員と施設世帯人員に分割した.

　上述の 2015 年基準人口から出発し，配偶関係と世帯内地位の組合せ間の推移確率行列を逐次的に適用して将来の配偶関係と世帯内地位の組合せ別分布を求めた．それを上で求めた男女別，5 歳階級別，配偶関係別一般世帯人員に乗じて，将来（各 5 年）の配偶関係と世帯内地位の組合せ（マーカ・非マーカ）別人口を求めた．これをもとに線型補間によって各年毎の結果を求め，さらにマーカ・非マーカから世帯主・非世帯主に変換し，最終的に男女別，5 歳階級別，配偶関係別，家族類型別世帯主数を得た．この世帯主数が，すなわち将来の世帯数である.

---

[10] 国立社会保障・人口問題研究所『第 7 回世帯動態調査 （2014 年社会保障・人口問題基本調査）　現代日本の世帯変動』調査研究報告資料第 34 号，2016 年 3 月.

III 推計結果の概要

1. 一般世帯人員と一般世帯総数（図III-1）

　全国の将来推計人口（出生中位・死亡中位推計）によると，日本の総人口は今後長期にわたって減少が続く．今回の推計によれば，一般世帯人員の動向は総人口と概ね同様の傾向を示す．結果表1にみるように，一般世帯人員は2015年の1億2,430万人から毎年減少し，2040年の一般世帯人員は1億570万人と，2015年に比べ1,860万人少ない．

　これに対し一般世帯総数は，図III-1にみるように，2015年の5,333万世帯から2023年まで増加を続け，5,419万世帯でピークを迎える．その後は減少に転じ，2040年の一般世帯総数は5,076万世帯と，2015年に比べ257万世帯少ない．

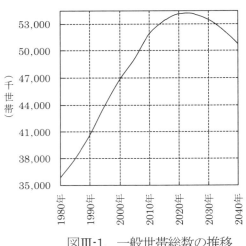
図III-1．一般世帯総数の推移

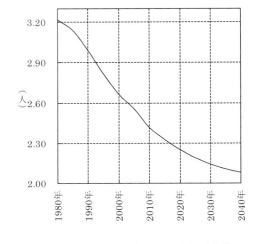
図III-2．平均世帯人員の推移

2. 平均世帯人員（図III-2）

　人口減少局面に入っても世帯数が増加を続けることは，世帯規模の縮小が続くことを意味する．一般世帯の平均世帯人員は，2015年の2.33人から2040年の2.08人まで減少を続ける．ただし，変化の速度は，図III-2にみるように次第に緩やかになると見込まれる．

3. 家族類型別一般世帯数および割合（表III-1，図III-3）

　表III-1および図III-3にみるように，「夫婦と子から成る世帯」「その他の一般世帯」は既に減少を開始しており，今後も減少し続ける．他の家族類型は増加を続けてきたが，2025年以降は「夫婦のみの世帯」が減少に転じ，2030年代には「単独世帯」「ひとり親と子から成る世帯」も減少を開始すると予想される．

　「単独世帯」は2015年の1,842万世帯から増加を続け，一般世帯総数が減少に転じる2023年以降も増加し，2032年以後ようやく減少に転じる．この結果，2040年には2015年より153万世帯多い1,994万世帯となり，一般世帯総数に占める割合も2015年の34.5％から2040年の39.3％へ4.8ポイント上昇する．

　「夫婦のみの世帯」は当面増加するが，「単独世帯」ほど急速ではなく，また2025年以降は減少に転じる．すなわち，2015年の1,076万世帯から2025年の1,120万世帯まで増加した後，2040年には1,071万世帯まで減少する．ただし一般世帯総数に占める割合は2015年の20.2％から2025年には20.7％，2040年には21.1％と増加を続ける．

　「夫婦と子から成る世帯」は，1985年をピークに既に減少局面に入っているが，今後それが加速し，2015年の1,434万世帯から2040年には1,182万世帯まで減少する．この「夫婦と子から成る世帯」は，かつて一般世帯総数の40％以上を占める主要な類型であったが，2015年時点で26.9％と割合をかなり低下させており，2040年にはさらに23.3％まで低下すると見込まれる．

　「ひとり親と子から成る世帯」は2015年の477万世帯から2029年の515万世帯まで増加し，その後減少して2040年には492万世帯となる．一般世帯総数に占める割合は，2015年の8.9％から2030年には9.6％，2040

年には9.7%に増加する.

　「その他の一般世帯」の大部分は，核家族世帯に直系尊属か直系卑属が加わったいわゆる直系家族だが，この類型は「夫婦と子から成る世帯」同様，1980年代後半には減少に転じている．減少は今後も続き，2015年の504万世帯から2040年には335万世帯となる．一般世帯総数に占める割合も，2015年の9.5%から2040年には6.6%まで低下する．この結果，「その他の一般世帯」は世帯数・割合とも「ひとり親と子から成る世帯」を下回り，最小となる.

表Ⅲ-1. 家族類型別一般世帯数および割合

年次	一　　般　　世　　帯						
	総数	単独	核　家　族　世　帯				その他
			総数	夫婦のみ	夫婦と子	ひとり親と子	
	世　　帯　　数　（1,000世帯）						
1980年	35,824	7,105	21,594	4,460	15,081	2,053	7,124
1985年	37,980	7,895	22,804	5,212	15,189	2,403	7,282
1990年	40,670	9,390	24,218	6,294	15,172	2,753	7,063
1995年	43,900	11,239	25,760	7,619	15,032	3,108	6,901
2000年	46,782	12,911	27,332	8,835	14,919	3,578	6,539
2005年	49,063	14,457	28,394	9,637	14,646	4,112	6,212
2010年	51,842	16,785	29,207	10,244	14,440	4,523	5,765
2015年	53,332	18,418	29,870	10,758	14,342	4,770	5,044
2020年	54,107	19,342	30,254	11,101	14,134	5,020	4,510
2025年	54,116	19,960	30,034	11,203	13,693	5,137	4,123
2030年	53,484	20,254	29,397	11,138	13,118	5,141	3,833
2035年	52,315	20,233	28,499	10,960	12,465	5,074	3,583
2040年	50,757	19,944	27,463	10,715	11,824	4,924	3,350
	割　　合　　（%）						
1980年	100.0	19.8	60.3	12.5	42.1	5.7	19.9
1985年	100.0	20.8	60.0	13.7	40.0	6.3	19.2
1990年	100.0	23.1	59.5	15.5	37.3	6.8	17.4
1995年	100.0	25.6	58.7	17.4	34.2	7.1	15.7
2000年	100.0	27.6	58.4	18.9	31.9	7.6	14.0
2005年	100.0	29.5	57.9	19.6	29.9	8.4	12.7
2010年	100.0	32.4	56.4	19.8	27.9	8.7	11.1
2015年	100.0	34.5	56.0	20.2	26.9	8.9	9.5
2020年	100.0	35.7	55.9	20.5	26.1	9.3	8.3
2025年	100.0	36.9	55.5	20.7	25.3	9.5	7.6
2030年	100.0	37.9	55.0	20.8	24.5	9.6	7.2
2035年	100.0	38.7	54.5	21.0	23.8	9.7	6.8
2040年	100.0	39.3	54.1	21.1	23.3	9.7	6.6

注：四捨五入のため合計は必ずしも一致しない.
　　2015年は家族類型不詳を案分した世帯数.
　　2010年の総数には家族類型不詳を含む．割合の分母には不詳を含まない.

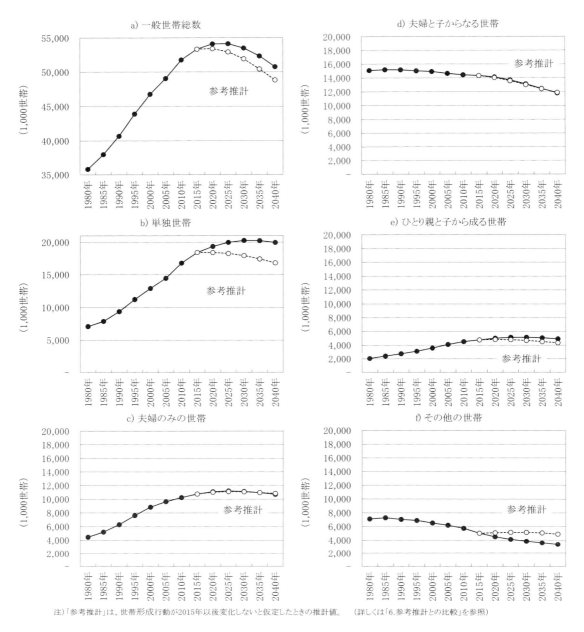

図III-3. 家族類型別一般世帯数の推移（1980～2040年）

　なお，前回（2013年）推計における2035年の将来推計値と比較すると，「単独」は1846万世帯(37.2%)が2023万世帯(38.7%)に増加，「夫婦と子」は1153万世帯(23.3%)が1246万世帯(23.8%)に増加，「ひとり親と子」は565万世帯(11.4%)が507万世帯(9.7%)に減少している．

4．世帯主が65歳以上および75歳以上の世帯の見通し（表III-2）
（1）世帯主が65歳以上および75歳以上の一般世帯総数の見通し
　表III-2に示したように，世帯主年齢が65歳以上の一般世帯の総数は，2015年の1,918万世帯から2040年の2,242万世帯へと324万世帯増加することになる．世帯主年齢が75歳以上の世帯は，2015年の888万世帯から2040年の1,217万世帯へ，329万世帯増加する．

表Ⅲ-2. 世帯主65歳以上・75歳以上の世帯の家族類型別世帯数, 割合 （2015〜2040年）

年次	一　般　世　帯						
	総　数	単　独	核　家　族　世　帯				その他
			総　数	夫婦のみ	夫婦と子	ひとり親と子	

世　帯　数　（1,000世帯）

年次	総数	単独	総数	夫婦のみ	夫婦と子	ひとり親と子	その他
世帯主65歳以上							
2015年	19,179	6,253	10,800	6,277	2,862	1,661	2,126
2020年	20,645	7,025	11,551	6,740	2,990	1,821	2,069
2025年	21,031	7,512	11,582	6,763	2,915	1,904	1,937
2030年	21,257	7,959	11,483	6,693	2,842	1,948	1,816
2035年	21,593	8,418	11,449	6,666	2,811	1,972	1,727
2040年	22,423	8,963	11,752	6,870	2,906	1,976	1,708
世帯主75歳以上 （再掲）							
2015年	8,883	3,369	4,575	2,735	970	870	939
2020年	10,424	3,958	5,521	3,279	1,202	1,039	945
2025年	12,247	4,700	6,519	3,881	1,435	1,203	1,029
2030年	12,763	5,045	6,693	3,976	1,454	1,264	1,025
2035年	12,403	5,075	6,371	3,762	1,356	1,253	957
2040年	12,171	5,122	6,153	3,635	1,299	1,220	896

割　合　（%）

年次	総数	単独	総数	夫婦のみ	夫婦と子	ひとり親と子	その他
世帯主65歳以上							
2015年	100.0	32.6	56.3	32.7	14.9	8.7	11.1
2020年	100.0	34.0	56.0	32.6	14.5	8.8	10.0
2025年	100.0	35.7	55.1	32.2	13.9	9.1	9.2
2030年	100.0	37.4	54.0	31.5	13.4	9.2	8.5
2035年	100.0	39.0	53.0	30.9	13.0	9.1	8.0
2040年	100.0	40.0	52.4	30.6	13.0	8.8	7.6
世帯主75歳以上 （再掲）							
2015年	100.0	37.9	51.5	30.8	10.9	9.8	10.6
2020年	100.0	38.0	53.0	31.5	11.5	10.0	9.1
2025年	100.0	38.4	53.2	31.7	11.7	9.8	8.4
2030年	100.0	39.5	52.4	31.2	11.4	9.9	8.0
2035年	100.0	40.9	51.4	30.3	10.9	10.1	7.7
2040年	100.0	42.1	50.6	29.9	10.7	10.0	7.4

注：四捨五入のため合計は必ずしも一致しない。
　　2015年は、家族類型、世帯主の年齢不詳を案分した世帯数。

　世帯主が65歳以上の世帯数は一般世帯総数よりも増加率が高く, 総世帯数に占める世帯主が65歳以上の一般世帯数の割合は, 2015年の36.0%から2040年の44.2%へと大幅に上昇する. また, 世帯主が65歳以上の世帯に占める世帯主が75歳以上の世帯の割合も, 2015年の46.3%から2040年には54.3%へと増大し, 世帯の高齢化は一層進む.

（2）世帯主が65歳以上および75歳以上の家族類型別世帯数の見通し（表Ⅲ-2）

　世帯主が65歳以上の世帯数について家族類型別に2015年と2040年の値を比較すると, 顕著に増加するのは「単独世帯」の1.43倍（625万世帯→896万世帯）と, 「ひとり親と子から成る世帯」の1.19倍（166万世帯→198万世帯）である. 「夫婦のみの世帯」は1.09倍（628万世帯→687万世帯）, 「夫婦と子から成る世帯」は1.02倍（286万世帯→291万世帯）と緩やかな増加にとどまり, 「その他の一般世帯」は0.80倍（213万世帯→171万世帯）と減少する.

　世帯主が75歳以上の世帯については, いずれの家族類型も世帯主が65歳以上の世帯に比して伸びが大きく, 「単独世帯」は1.52倍（337万世帯→512万世帯）, 「ひとり親と子から成る世帯」は1.40倍（87万世帯→122万世帯）, 「夫婦のみの世帯」は1.33倍（274万世帯→363万世帯）, 「夫婦と子から成る世帯」は1.34倍（97万世帯→130万世帯）である. 65歳以上全体では期間全体で減少する「その他の一般世帯」も, 一時増加した後の減少となり, 2015年に対する2040年の比も0.95倍（94万世帯→90万世帯）と65歳以上の場合より減少幅が小さい.

　世帯主が65歳以上の世帯について, 2015年から2040年の家族類型別割合の変化をみると, 一貫して上昇するのは「単独世帯」で, 32.6%から40.0%へと上昇する. 「ひとり親と子から成る世帯」は, 2015年の8.7%か

ら 2030 年に 9.2%まで上昇後再び低下し，2040 年には 8.8%となる．それ以外の家族類型の割合は一貫して低下し，「夫婦のみの世帯」は 32.7%から 30.6%，「夫婦と子から成る世帯」は 14.9%から 13.0%，「その他の一般世帯」は 11.1%から 7.6%への低下となる．

　世帯主が 75 歳以上の世帯でも，一貫して割合が上昇するのは「単独世帯」で 37.9%から 42.1%となる．一方，一貫して低下するのは「その他の一般世帯」で 10.6%から 7.4%へ低下する．「夫婦のみの世帯」「夫婦と子から成る世帯」の割合は，一旦上昇した後低下に転じる．「ひとり親と子から成る世帯」の割合は，10%前後で上下動する．

5. 国際・地域間比較（表Ⅲ-3）

　表Ⅲ-3 は，日本の現在および将来の世帯の特性を，現在の欧米および東アジアと比較したものである．2015 年の日本の平均世帯人員（2.33 人）は，北西欧諸国よりやや高く，アメリカ・カナダよりやや低い．日本の単独世帯割合（34.5%）も多くの北西欧諸国よりは低いが，アメリカ・カナダよりは高い．韓国・台湾は出生率で日本や欧米諸国を追い越し世界最低水準を示しているが，世帯規模や独居割合ではまだ追いついていない．

　今回の推計によると，日本の平均世帯人員は 2040 年には 2.08 人まで低下すると見込まれる．これは 2015 年前後の北西欧諸国の平均的な水準で，ノルウェー，オーストリア，オランダ，フランスよりはやや小さい．しかし 25 年経った時点でも，現在のデンマークやドイツの平均世帯人員ほどには小さくならないと予想される．日本の単独世帯割合は 2040 年に 39.3%と予想され，やはり現在の北西欧諸国の平均的な水準に至る．それでも現在のデンマーク，ドイツほどには高くならないという予想である．

表Ⅲ-3. 平均世帯人員と単独世帯割合の国際・地域間比較

国・地域	（年次）	平均世帯人員（人）	単独世帯割合（%）
ノルウェー	（2015年）	2.2	38.4
デンマーク	（2016年）	2.0	44.8
イギリス	（2016年）	2.3	29.7
ドイツ	（2016年）	2.0	40.7
オーストリア	（2016年）	2.2	37.0
オランダ	（2016年）	2.2	37.6
フランス	（2016年）	2.2	35.5
アメリカ	（2016年）	2.7	28.0
カナダ	（2016年）	2.4	28.2
韓国	（2015年）	2.5	27.2
台湾	（2015年）	2.8	31.6
日本	（2015年）	2.33	34.5
日本	（2040年）	2.08	39.3

資料：
ノルウェー：Statistics Norway(https://www.ssb.no/en/)
アメリカ：U.S Census Bureau(https://www.census.gov/)
カナダ：Statistics Canada(http://www.statcan.gc.ca/)
韓国：統計庁(http://kostat.go.kr/portal/korea/index.action)
台湾：行政院主計總處(http://www.dgbas.gov.tw/mp.asp?mp=1)
上記以外：EUROSTAT(http://ec.europa.eu/eurostat)

6. 参考推計との比較（図Ⅲ-3，表Ⅲ-4）

　参考推計は，男女別，5 歳階級別の配偶関係と世帯内地位（世帯主・非世帯主）の組合せ別分布を，2015 年の値で一定とした場合の，今後の世帯数の変化を表したものである．これは，世帯形成行動が 2015 年以後変化しないとの仮定に基づいた推計であり，将来の世帯数の変化は，全国の将来推計人口（出生中位・死亡中位推計）で見込まれる人口規模と男女・年齢構造の変化のみによってもたらされる．

　表Ⅲ-4 によると，世帯形成行動が今後一切変化しなかった場合でも，2020 年ごろまで世帯数は増加するが，本推計で見込まれるほどには増加しない．世帯形成行動の変化は，それがなかった場合に比べて 2040 年の世帯数を約 4%増やすことになる．

　今後の人口規模と男女・年齢別構造の変化は，「単独世帯」の数を 2015 年の 1,842 万世帯から 1,681 万世帯まで減少させる方向に作用する．これは，過去 30 年以上続いている出生数減少のため，単独世帯主が多い 20 歳代の人口が減少するためである．従って，本推計における「単独世帯」の増加は，もっぱら晩婚化，未婚化，離婚の増加，親子同居率低下といった結婚・世帯形成行動の変化によってもたらされることがわかる．

　核家族世帯に含まれる「夫婦のみの世帯」「ひとり親と子から成る世帯」については，参考推計ではいずれも一時増加した後に減少に転じており，長期的な変化の趨勢は本推計と共通する．つまりこれら世帯の動向は，人口構造と行動変化の要因が同時に作用した結果生じると解釈できる．「夫婦と子からなる世帯」は一貫して減少し，参考推計とほとんど異ならない．

　「その他の一般世帯」の動向は，本推計と参考推計で大きく異なる．参考推計によると，世帯形成行動に変化がない場合，「その他の一般世帯」は 2030 年ごろまで増加するはずである．従って本推計におけるこの類型の一貫した減少は，親子同居率の変化をはじめとする世帯形成行動の変化によって生じるものといえる．

表III-4. 本推計と参考推計との比較

	一 般 世 帯 数						
	総　数	単　独	核　家　族　世　帯				その他
			総　数	夫婦のみ	夫婦と子	ひとり親と子	
2015年	53,332	18,418	29,870	10,758	14,342	4,770	5,044
	本　推　計　　（1,000世帯）						
2020年	54,107	19,342	30,254	11,101	14,134	5,020	4,510
2025年	54,116	19,960	30,034	11,203	13,693	5,137	4,123
2030年	53,484	20,254	29,397	11,138	13,118	5,141	3,833
2035年	52,315	20,233	28,499	10,960	12,465	5,074	3,583
2040年	50,757	19,944	27,463	10,715	11,824	4,924	3,350
	参　考　推　計　　（1,000世帯）						
2020年	53,408	18,407	29,894	11,032	14,037	4,825	5,108
2025年	52,930	18,260	29,503	11,123	13,576	4,805	5,167
2030年	51,907	17,926	28,802	11,085	13,021	4,696	5,179
2035年	50,427	17,401	27,936	10,968	12,439	4,530	5,090
2040年	48,826	16,810	27,106	10,857	11,895	4,353	4,910
	指　数　　（参　考　推　計　＝　100）						
2020年	101.3	105.1	101.2	100.6	100.7	104.0	88.3
2025年	102.2	109.3	101.8	100.7	100.9	106.9	79.8
2030年	103.0	113.0	102.1	100.5	100.7	109.5	74.0
2035年	103.8	116.4	102.0	99.9	100.2	112.0	70.4
2040年	104.0	118.6	101.3	98.7	99.4	113.1	68.2

注：四捨五入のため合計は必ずしも一致しない。2015年は家族類型不詳を案分した世帯数。

7. 未婚率の動向（表Ⅲ-5）

　本推計では後述するように，世帯内地位別人口の将来推計に先立って配偶関係別人口の将来推計を行っている．配偶関係は「未婚」「有配偶」「死離別」の3類型である．今後の配偶関係の変化としては，男女とも晩婚化・未婚化によって未婚者の割合が増え，その分有配偶者の割合が減る．死離別者の割合は，過去の離婚率上昇の影響で若年で上昇する年齢層もあるが，高年齢層では死亡率の低下の影響を受けて低下する．ここでは未婚率の動向を概観するが，より詳細な結果は結果表4を参照していただきたい．

　表Ⅲ-5によると今後50歳未満の未婚率の上昇幅は小さく，場合によっては未婚率が低下する年齢層もある．しかし過去数十年間進行した未婚化によって，高齢者の未婚率は大幅な上昇が見込まれる．これは現在の高齢者が未婚が比較的稀だった1970年代までに結婚適齢期を終えたのに対し，今後は未婚が珍しくなくなった世代が高齢期に入ることによる．このため65歳以上の未婚率は，2015年には男性5.9%，女性4.5%であるのに対し，2040年には男性14.9%，女性9.9%まで大幅に上昇する．75歳以上も2015年の男性2.6%，女性3.9%から，2040年には男性10.2%，女性6.5%まで上昇すると見込まれる．

表Ⅲ-5. 未婚率（%）の推移

男	2015年	2020年	2025年	2030年	2035年	2040年
15～19歳	99.6	99.7	99.7	99.7	99.7	99.7
20～24歳	95.3	95.3	95.2	95.3	95.4	95.5
25～29歳	74.6	75.4	75.0	75.2	75.5	75.9
30～34歳	49.8	50.1	51.1	51.1	51.4	52.1
35～39歳	37.3	37.9	38.1	38.9	39.0	39.4
40～44歳	31.8	31.2	32.5	32.7	33.5	33.5
45～49歳	27.4	27.9	28.1	29.6	30.0	30.8
50～54歳	22.1	25.5	26.1	26.3	27.7	28.1
55～59歳	17.8	20.8	23.9	24.5	24.8	26.1
60～64歳	14.8	16.5	19.4	22.4	23.0	23.2
65～69歳	10.3	13.5	15.1	17.8	20.7	21.2
70～74歳	5.9	9.1	12.0	13.5	16.0	18.7
75～79歳	3.5	5.1	7.9	10.5	12.0	14.3
80～84歳	2.2	3.0	4.4	6.9	9.4	10.7
85歳以上	1.3	1.6	2.1	3.0	4.7	6.3
15歳以上総計	33.3	33.5	33.9	34.3	34.7	35.1
65歳以上（再掲）	5.9	7.6	9.0	10.8	13.0	14.9
75歳以上（再掲）	2.6	3.5	5.3	7.0	8.4	10.2

女	2015年	2020年	2025年	2030年	2035年	2040年
15～19歳	99.4	99.4	99.4	99.4	99.4	99.4
20～24歳	91.7	90.8	90.7	90.7	90.7	90.7
25～29歳	63.1	63.3	62.7	62.6	62.6	62.6
30～34歳	36.6	35.4	35.7	35.5	35.4	35.4
35～39歳	25.4	25.3	24.7	25.1	25.0	24.9
40～44歳	20.5	20.8	20.9	20.6	21.1	21.1
45～49歳	17.1	18.8	18.9	19.0	18.9	19.4
50～54歳	12.6	16.2	17.9	18.0	18.1	17.9
55～59歳	8.8	12.1	15.6	17.2	17.4	17.4
60～64歳	6.6	8.4	11.6	15.0	16.6	16.7
65～69歳	5.6	6.3	8.1	11.2	14.4	15.9
70～74歳	4.5	5.3	6.1	7.8	10.8	14.0
75～79歳	4.0	4.4	5.2	5.9	7.6	10.5
80～84歳	4.0	3.8	4.2	4.9	5.6	7.2
85歳以上	3.6	3.4	3.2	3.3	3.7	4.1
15歳以上総計	24.0	23.9	24.1	24.3	24.6	24.9
65歳以上（再掲）	4.5	4.7	5.2	6.3	7.9	9.9
75歳以上（再掲）	3.9	3.8	4.2	4.5	5.2	6.5

- 14 -

8. 独居率の動向（表Ⅲ-6）

　前述のように一般世帯に占める単独世帯の割合は，2015年の34.5%から2040年には39.3%まで上昇すると予想される．単独世帯の数はすなわち独居者の数，一般世帯の数はすなわち世帯主の数だから，これは世帯主に占める独居者の割合に当たる．しかし分母を世帯主に限定せず全人口（施設人員を含む）とした独居率にも関心が向けられ，男女・年齢階級別の独居率があればなお良いだろう．そこで表Ⅲ-6には将来の独居率を男女別・5歳階級別に示した．

　独居率の動向は未婚率に強く影響される．若年層では未婚率が今後あまり上昇しないため，独居率の上昇も1〜2ポイントにとどまる年齢層が多い．一方高年齢層では独居率の上昇が著しく，65歳以上の男性では2015年の14.0%から2040年の20.8%へ，75歳以上では12.8%から18.4%への上昇が見込まれる．女性も65歳以上では2015年の21.8%から2040年の24.5%まで上昇が見込まれるが，75歳以上に限定すると独居率はほとんど上昇しない．これは表Ⅲ-5にみたように75歳以上女性の未婚率の上昇が小幅にとどまり，また未婚化の影響は夫の死亡率低下に伴う有配偶率の上昇によって相殺されるためだろう．

表Ⅲ-6. 独居率（%）の推移

男	2015年	2020年	2025年	2030年	2035年	2040年
15〜19歳	7.1	7.0	7.0	7.0	7.0	7.0
20〜24歳	30.2	30.2	30.2	30.2	30.2	30.2
25〜29歳	30.6	31.3	31.1	31.2	31.3	31.4
30〜34歳	21.9	23.1	23.5	23.5	23.6	23.8
35〜39歳	17.5	18.6	19.2	19.6	19.6	19.6
40〜44歳	17.1	17.0	18.1	18.5	18.8	18.7
45〜49歳	18.1	17.7	18.2	19.1	19.6	19.8
50〜54歳	18.2	19.5	19.4	19.7	20.5	20.9
55〜59歳	17.8	20.4	21.8	21.7	22.0	22.8
60〜64歳	17.4	19.5	21.9	23.4	23.3	23.5
65〜69歳	16.0	18.2	20.2	22.4	23.9	23.9
70〜74歳	13.5	15.9	17.8	19.6	21.5	22.8
75〜79歳	12.3	13.7	15.5	17.1	18.8	20.3
80〜84歳	12.6	13.3	14.2	15.5	16.8	18.3
85歳以上	14.2	14.5	15.0	15.5	16.0	16.8
15歳以上総計	17.9	18.8	19.7	20.4	21.0	21.5
65歳以上（再掲）	14.0	15.5	16.8	18.2	19.7	20.8
75歳以上（再掲）	12.8	13.8	15.0	16.1	17.1	18.4

女	2015年	2020年	2025年	2030年	2035年	2040年
15〜19歳	5.6	5.6	5.6	5.6	5.6	5.6
20〜24歳	23.3	23.1	23.1	23.1	23.1	23.1
25〜29歳	20.6	20.9	20.8	20.7	20.7	20.7
30〜34歳	13.4	13.8	13.9	13.9	13.8	13.8
35〜39歳	9.9	10.6	10.9	11.0	11.0	11.0
40〜44歳	8.9	9.8	10.2	10.4	10.6	10.6
45〜49歳	9.3	10.5	11.1	11.5	11.7	11.9
50〜54歳	10.1	11.4	12.5	13.0	13.4	13.6
55〜59歳	10.9	12.6	14.0	15.0	15.5	15.9
60〜64歳	12.7	13.9	15.6	17.1	18.1	18.6
65〜69歳	16.0	16.1	17.2	18.8	20.2	21.2
70〜74歳	20.0	19.8	19.9	20.8	22.3	23.6
75〜79歳	25.2	25.0	24.9	25.0	25.7	26.8
80〜84歳	29.1	29.1	29.0	28.7	28.6	29.0
85歳以上	22.9	24.4	24.8	24.8	24.8	23.9
15歳以上総計	15.3	16.3	17.2	17.9	18.4	18.9
65歳以上（再掲）	21.8	22.4	23.2	23.9	24.3	24.5
75歳以上（再掲）	25.6	25.9	26.0	26.1	26.0	25.8

IV. 結果表・仮定値表

結果表1　世帯の家族類型別一般世帯数、平均世帯人員

年　次	一　　般　　世　　帯　　数　(1,000世帯)							一般世帯人員 (1,000人)	平均世帯人員 (人)
	総　数	単　独	核　家　族　世　帯				その他		
			総　数	夫婦のみ	夫婦と子	ひとり親と子			
2015（平成27）	53,332	18,418	29,870	10,758	14,342	4,770	5,044	124,296	2.33
2016（　28）	53,523	18,618	29,981	10,826	14,330	4,824	4,924	123,947	2.32
2017（　29）	53,722	18,818	30,094	10,912	14,297	4,885	4,810	123,540	2.30
2018（　30）	53,889	19,007	30,181	10,988	14,254	4,939	4,702	123,082	2.28
2019（　31）	54,023	19,182	30,240	11,056	14,199	4,985	4,601	122,580	2.27
2020（　32）	54,107	19,342	30,254	11,101	14,134	5,020	4,510	122,029	2.26
2021（　33）	54,134	19,484	30,232	11,116	14,067	5,049	4,419	121,431	2.24
2022（　34）	54,175	19,627	30,209	11,144	13,983	5,082	4,338	120,786	2.23
2023（　35）	54,189	19,757	30,170	11,170	13,892	5,108	4,261	120,115	2.22
2024（　36）	54,178	19,873	30,116	11,193	13,795	5,128	4,189	119,427	2.20
2025（　37）	54,116	19,960	30,034	11,203	13,693	5,137	4,123	118,710	2.19
2026（　38）	54,007	20,029	29,921	11,185	13,595	5,141	4,057	117,963	2.18
2027（　39）	53,903	20,100	29,805	11,175	13,480	5,150	3,998	117,166	2.17
2028（　40）	53,786	20,166	29,679	11,165	13,361	5,153	3,941	116,358	2.16
2029（　41）	53,642	20,215	29,541	11,150	13,238	5,154	3,886	115,533	2.15
2030（　42）	53,484	20,254	29,397	11,138	13,118	5,141	3,833	114,742	2.15
2031（　43）	53,301	20,286	29,235	11,112	13,004	5,119	3,780	113,958	2.14
2032（　44）	53,083	20,292	29,061	11,077	12,872	5,112	3,729	113,071	2.13
2033（　45）	52,848	20,287	28,880	11,041	12,736	5,103	3,680	112,161	2.12
2034（　46）	52,588	20,265	28,692	11,001	12,599	5,092	3,631	111,239	2.12
2035（　47）	52,315	20,233	28,499	10,960	12,465	5,074	3,583	110,327	2.11
2036（　48）	52,030	20,201	28,294	10,909	12,337	5,048	3,535	109,421	2.10
2037（　49）	51,736	20,156	28,093	10,864	12,209	5,021	3,488	108,509	2.10
2038（　50）	51,429	20,098	27,890	10,819	12,080	4,991	3,441	107,588	2.09
2039（　51）	51,103	20,028	27,680	10,770	11,951	4,958	3,395	106,655	2.09
2040（　52）	50,757	19,944	27,463	10,715	11,824	4,924	3,350	105,698	2.08
割　合　(%)									
2015（平成27）	100.0	34.5	56.0	20.2	26.9	8.9	9.5		
2016（　28）	100.0	34.8	56.0	20.2	26.8	9.0	9.2		
2017（　29）	100.0	35.0	56.0	20.3	26.6	9.1	9.0		
2018（　30）	100.0	35.3	56.0	20.4	26.4	9.2	8.7		
2019（　31）	100.0	35.5	56.0	20.5	26.3	9.2	8.5		
2020（　32）	100.0	35.7	55.9	20.5	26.1	9.3	8.3		
2021（　33）	100.0	36.0	55.8	20.5	26.0	9.3	8.2		
2022（　34）	100.0	36.2	55.8	20.6	25.8	9.4	8.0		
2023（　35）	100.0	36.5	55.7	20.6	25.6	9.4	7.9		
2024（　36）	100.0	36.7	55.6	20.7	25.5	9.5	7.7		
2025（　37）	100.0	36.9	55.5	20.7	25.3	9.5	7.6		
2026（　38）	100.0	37.1	55.4	20.7	25.2	9.5	7.5		
2027（　39）	100.0	37.3	55.3	20.7	25.0	9.6	7.4		
2028（　40）	100.0	37.5	55.2	20.8	24.8	9.6	7.3		
2029（　41）	100.0	37.7	55.1	20.8	24.7	9.6	7.2		
2030（　42）	100.0	37.9	55.0	20.8	24.5	9.6	7.2		
2031（　43）	100.0	38.1	54.8	20.8	24.4	9.6	7.1		
2032（　44）	100.0	38.2	54.7	20.9	24.2	9.6	7.0		
2033（　45）	100.0	38.4	54.6	20.9	24.1	9.7	7.0		
2034（　46）	100.0	38.5	54.6	20.9	24.0	9.7	6.9		
2035（　47）	100.0	38.7	54.5	21.0	23.8	9.7	6.8		
2036（　48）	100.0	38.8	54.4	21.0	23.7	9.7	6.8		
2037（　49）	100.0	39.0	54.3	21.0	23.6	9.7	6.7		
2038（　50）	100.0	39.1	54.2	21.0	23.5	9.7	6.7		
2039（　51）	100.0	39.2	54.2	21.1	23.4	9.7	6.6		
2040（　52）	100.0	39.3	54.1	21.1	23.3	9.7	6.6		

注：四捨五入のため合計は必ずしも一致しない。
　　2015年の世帯数は家族類型不詳、年齢不詳を案分したものである。

結果表2 世帯の家族類型・世帯主の男女5歳階級別一般世帯数及び割合

2015(平成27)年

年 齢	一 般 世 帯 数 (1,000世帯)							割 合 (%)					
	総 数	単 独	核 家 族 世 帯				その他	単 独	核 家 族 世 帯				その他
			総 数	夫婦のみ	夫婦と子	ひとり親と子			総 数	夫婦のみ	夫婦と子	ひとり親と子	
総 数													
総 数	53,332	18,418	29,870	10,758	14,342	4,770	5,044	34.5	56.0	20.2	26.9	8.9	9.5
15～19歳	395	385	5	1	2	2	5	97.5	1.3	0.3	0.5	0.5	1.3
20～24歳	1,827	1,636	127	39	63	25	64	89.6	6.9	2.1	3.4	1.4	3.5
25～29歳	2,572	1,680	782	298	401	83	110	65.3	30.4	11.6	15.6	3.2	4.3
30～34歳	3,169	1,307	1,738	429	1,139	169	125	41.2	54.8	13.5	35.9	5.3	3.9
35～39歳	3,799	1,159	2,468	404	1,771	293	172	30.5	65.0	10.6	46.6	7.7	4.5
40～44歳	4,704	1,283	3,147	438	2,204	505	275	27.3	66.9	9.3	46.8	10.7	5.8
45～49歳	4,461	1,203	2,903	423	1,901	580	354	27.0	65.1	9.5	42.6	13.0	7.9
50～54歳	4,274	1,135	2,655	510	1,586	559	484	26.6	62.1	11.9	37.1	13.1	11.3
55～59歳	4,147	1,090	2,448	723	1,260	465	610	26.3	59.0	17.4	30.4	11.2	14.7
60～64歳	4,804	1,288	2,797	1,216	1,153	427	719	26.8	58.2	25.3	24.0	8.9	15.0
65～69歳	5,680	1,559	3,400	1,850	1,114	436	721	27.5	59.9	32.6	19.6	7.7	12.7
70～74歳	4,616	1,325	2,825	1,691	779	355	467	28.7	61.2	36.6	16.9	7.7	10.1
75～79歳	3,815	1,237	2,207	1,353	532	322	371	32.4	57.8	35.5	13.9	8.4	9.7
80～84歳	2,910	1,129	1,477	902	300	275	304	38.8	50.8	31.0	10.3	9.5	10.4
85歳以上	2,158	1,002	891	480	138	273	264	46.5	41.3	22.3	6.4	12.7	12.2
65歳以上 (再掲)	19,179	6,253	10,800	6,277	2,862	1,661	2,126	32.6	56.3	32.7	14.9	8.7	11.1
75歳以上 (再掲)	8,883	3,369	4,575	2,735	970	870	939	37.9	51.5	30.8	10.9	9.8	10.6
男													
総 数	39,842	9,600	26,091	10,612	14,183	1,297	4,151	24.1	65.5	26.6	35.6	3.3	10.4
15～19歳	226	220	4	1	2	1	3	97.2	1.6	0.4	0.8	0.4	1.2
20～24歳	1,081	944	102	35	61	6	36	87.3	9.4	3.3	5.6	0.5	3.3
25～29歳	1,785	1,022	689	282	391	16	74	57.2	38.6	15.8	21.9	0.9	4.2
30～34歳	2,469	820	1,555	410	1,114	30	94	33.2	63.0	16.6	45.1	1.2	3.8
35～39歳	3,076	749	2,188	390	1,741	58	139	24.4	71.1	12.7	56.6	1.9	4.5
40～44歳	3,789	851	2,711	425	2,174	112	227	22.5	71.6	11.2	57.4	3.0	6.0
45～49歳	3,533	798	2,440	411	1,879	150	294	22.6	69.1	11.6	53.2	4.2	8.3
50～54歳	3,395	733	2,246	499	1,571	177	415	21.6	66.2	14.7	46.3	5.2	12.2
55～59歳	3,346	675	2,133	712	1,250	171	538	20.2	63.7	21.3	37.4	5.1	16.1
60～64歳	3,877	734	2,506	1,205	1,147	154	637	18.9	64.6	31.1	29.6	4.0	16.4
65～69歳	4,452	756	3,075	1,836	1,110	129	621	17.0	69.1	41.3	24.9	2.9	13.9
70～74歳	3,412	491	2,543	1,682	777	85	378	14.4	74.5	49.3	22.8	2.5	11.1
75～79歳	2,584	346	1,952	1,347	530	75	287	13.4	75.5	52.1	20.5	2.9	11.1
80～84歳	1,742	254	1,263	899	300	65	225	14.6	72.5	51.6	17.2	3.8	12.9
85歳以上	1,076	210	684	479	138	68	182	19.5	63.6	44.5	12.8	6.3	16.9
65歳以上 (再掲)	13,265	2,056	9,518	6,242	2,854	422	1,692	15.5	71.7	47.1	21.5	3.2	12.8
75歳以上 (再掲)	5,402	809	3,899	2,724	968	208	694	15.0	72.2	50.4	17.9	3.8	12.8
女													
総 数	13,489	8,817	3,779	146	159	3,473	893	65.4	28.0	1.1	1.2	25.7	6.6
15～19歳	169	165	1	0	0	1	2	97.8	0.8	0.1	0.1	0.7	1.4
20～24歳	746	693	25	3	2	20	28	92.9	3.3	0.4	0.3	2.6	3.8
25～29歳	787	658	93	16	10	66	36	83.6	11.8	2.1	1.3	8.4	4.6
30～34歳	701	487	183	19	25	139	30	69.6	26.1	2.8	3.5	19.8	4.3
35～39歳	723	410	280	14	30	235	33	56.7	38.7	2.0	4.2	32.6	4.5
40～44歳	916	432	436	13	30	393	48	47.2	47.6	1.4	3.3	42.9	5.3
45～49歳	928	405	464	12	22	430	60	43.6	50.0	1.3	2.3	46.4	6.4
50～54歳	879	402	409	11	15	382	69	45.7	46.5	1.3	1.8	43.4	7.8
55～59歳	801	415	315	11	10	294	71	51.8	39.3	1.4	1.2	36.7	8.9
60～64歳	927	554	291	12	6	273	82	59.7	31.4	1.3	0.7	29.5	8.9
65～69歳	1,228	803	324	13	4	307	100	65.4	26.4	1.1	0.3	25.0	8.2
70～74歳	1,205	834	282	10	2	270	89	69.2	23.4	0.8	0.2	22.4	7.4
75～79歳	1,231	892	255	7	1	247	85	72.4	20.7	0.5	0.1	20.1	6.9
80～84歳	1,168	876	214	3	1	210	79	75.0	18.3	0.3	0.0	18.0	6.7
85歳以上	1,082	792	207	2	0	206	82	73.2	19.2	0.2	0.0	19.0	7.6
65歳以上 (再掲)	5,914	4,197	1,283	34	8	1,240	434	71.0	21.7	0.6	0.1	21.0	7.3
75歳以上 (再掲)	3,481	2,560	676	12	2	663	245	73.5	19.4	0.3	0.1	19.0	7.0

注 : 四捨五入のため合計は必ずしも一致しない。
　　家族類型不詳、年齢不詳を案分したものである。

結果表2 世帯の家族類型・世帯主の男女5歳階級別一般世帯数及び割合（続き）

2016（平成28）年

年齢	一 般 世 帯 数 （1,000世帯）							割 合 （％）					
	総数	単独	核 家 族 世 帯				その他	単独	核 家 族 世 帯				その他
			総数	夫婦のみ	夫婦と子	ひとり親と子			総数	夫婦のみ	夫婦と子	ひとり親と子	
総数													
総数	53,523	18,618	29,981	10,826	14,330	4,824	4,924	34.8	56.0	20.2	26.8	9.0	9.2
15～19歳	393	382	5	1	2	2	5	97.4	1.3	0.3	0.5	0.5	1.3
20～24歳	1,828	1,642	125	38	62	25	61	89.8	6.8	2.1	3.4	1.4	3.4
25～29歳	2,517	1,653	759	288	385	86	104	65.7	30.2	11.5	15.3	3.4	4.1
30～34歳	3,137	1,297	1,722	425	1,121	176	118	41.3	54.9	13.6	35.7	5.6	3.8
35～39歳	3,696	1,137	2,393	383	1,712	297	166	30.8	64.7	10.4	46.3	8.0	4.5
40～44歳	4,651	1,267	3,121	436	2,197	488	263	27.2	67.1	9.4	47.2	10.5	5.7
45～49歳	4,735	1,283	3,090	462	2,027	601	361	27.1	65.3	9.8	42.8	12.7	7.6
50～54歳	4,214	1,145	2,620	508	1,554	558	450	27.2	62.2	12.1	36.9	13.2	10.7
55～59歳	4,149	1,118	2,449	726	1,254	469	581	26.9	59.0	17.5	30.2	11.3	14.0
60～64歳	4,590	1,245	2,665	1,152	1,092	421	680	27.1	58.1	25.1	23.8	9.2	14.8
65～69歳	5,959	1,665	3,544	1,930	1,158	455	750	27.9	59.5	32.4	19.4	7.6	12.6
70～74歳	4,381	1,279	2,660	1,595	732	332	443	29.2	60.7	36.4	16.7	7.6	10.1
75～79歳	3,943	1,269	2,303	1,411	557	335	371	32.2	58.4	35.8	14.1	8.5	9.4
80～84歳	3,024	1,164	1,556	944	324	288	303	38.5	51.5	31.2	10.7	9.5	10.0
85歳以上	2,307	1,071	967	525	151	291	269	46.4	41.9	22.7	6.6	12.6	11.7
65歳以上（再掲）	19,614	6,448	11,030	6,405	2,923	1,701	2,136	32.9	56.2	32.7	14.9	8.7	10.9
75歳以上（再掲）	9,274	3,504	4,826	2,880	1,032	914	943	37.8	52.0	31.1	11.1	9.9	10.2
男													
総数	39,901	9,696	26,165	10,680	14,171	1,314	4,040	24.3	65.6	26.8	35.5	3.3	10.1
15～19歳	225	218	4	1	2	1	3	97.2	1.6	0.4	0.8	0.4	1.2
20～24歳	1,083	949	100	35	60	5	34	87.6	9.2	3.2	5.5	0.5	3.2
25～29歳	1,741	1,007	663	273	375	16	70	57.9	38.1	15.7	21.5	0.9	4.0
30～34歳	2,437	816	1,532	406	1,097	29	89	33.5	62.9	16.7	45.0	1.2	3.7
35～39歳	2,978	734	2,111	370	1,683	58	133	24.6	70.9	12.4	56.5	2.0	4.5
40～44歳	3,745	832	2,696	423	2,167	105	218	22.2	72.0	11.3	57.9	2.8	5.8
45～49歳	3,741	838	2,608	449	2,004	154	296	22.4	69.7	12.0	53.6	4.1	7.9
50～54歳	3,342	741	2,215	497	1,539	180	385	22.2	66.3	14.9	46.0	5.4	11.5
55～59歳	3,337	691	2,136	715	1,244	176	510	20.7	64.0	21.4	37.3	5.3	15.3
60～64歳	3,698	713	2,384	1,141	1,086	157	602	19.3	64.5	30.9	29.4	4.2	16.3
65～69歳	4,671	821	3,204	1,916	1,154	134	646	17.6	68.6	41.0	24.7	2.9	13.8
70～74歳	3,244	489	2,396	1,586	730	80	359	15.1	73.9	48.9	22.5	2.5	11.1
75～79歳	2,681	358	2,038	1,405	556	78	285	13.3	76.0	52.4	20.7	2.9	10.6
80～84歳	1,824	267	1,333	941	323	69	225	14.6	73.1	51.6	17.7	3.8	12.3
85歳以上	1,155	224	746	523	151	72	185	19.4	64.6	45.3	13.1	6.2	16.0
65歳以上（再掲）	13,574	2,158	9,717	6,370	2,914	432	1,699	15.9	71.6	46.9	21.5	3.2	12.5
75歳以上（再掲）	5,659	848	4,116	2,868	1,030	218	694	15.0	72.7	50.7	18.2	3.9	12.3
女													
総数	13,622	8,922	3,815	146	159	3,511	885	65.5	28.0	1.1	1.2	25.8	6.5
15～19歳	168	164	1	0	0	1	2	97.8	0.9	0.1	0.1	0.7	1.4
20～24歳	745	693	25	3	2	20	27	93.0	3.4	0.4	0.3	2.7	3.6
25～29歳	776	646	96	16	10	70	34	83.3	12.4	2.1	1.3	9.0	4.3
30～34歳	700	481	190	19	24	147	29	68.8	27.2	2.7	3.5	21.0	4.1
35～39歳	718	404	282	13	30	239	33	56.2	39.2	1.9	4.1	33.3	4.6
40～44歳	906	435	426	13	30	383	45	48.0	47.0	1.4	3.3	42.3	5.0
45～49歳	994	445	483	13	23	447	66	44.8	48.6	1.3	2.3	45.0	6.6
50～54歳	872	404	405	11	15	378	64	46.3	46.4	1.3	1.8	43.3	7.4
55～59歳	811	427	314	11	10	293	71	52.6	38.6	1.3	1.2	36.1	8.7
60～64歳	892	533	281	11	6	264	78	59.7	31.5	1.3	0.7	29.6	8.7
65～69歳	1,287	844	339	14	4	321	104	65.6	26.4	1.1	0.3	24.9	8.1
70～74歳	1,137	790	264	9	2	253	84	69.4	23.2	0.8	0.2	22.2	7.3
75～79歳	1,262	911	265	7	1	257	86	72.2	21.0	0.5	0.1	20.4	6.8
80～84歳	1,200	898	224	3	1	220	79	74.8	18.6	0.3	0.1	18.3	6.6
85歳以上	1,153	847	221	2	0	219	85	73.5	19.2	0.2	0.0	19.0	7.3
65歳以上（再掲）	6,039	4,290	1,313	35	9	1,269	437	71.0	21.7	0.6	0.1	21.0	7.2
75歳以上（再掲）	3,615	2,656	710	12	2	696	249	73.5	19.6	0.3	0.1	19.2	6.9

注：四捨五入のため合計は必ずしも一致しない。

結果表2 世帯の家族類型・世帯主の男女5歳階級別一般世帯数及び割合（続き）

2017（平成29）年

年　齢	一　　般　　世　　帯　　数　（1,000世帯）							割　　合　　（％）					
	総　数	単　独	核　家　族　世　帯				その他	単　独	核　家　族　世　帯				その他
			総数	夫婦のみ	夫婦と子	ひとり親と子			総数	夫婦のみ	夫婦と子	ひとり親と子	
総　数													
総　数	53,722	18,818	30,094	10,912	14,297	4,885	4,810	35.0	56.0	20.3	26.6	9.1	9.0
15～19歳	389	379	5	1	2	2	5	97.4	1.3	0.3	0.5	0.5	1.3
20～24歳	1,832	1,647	125	37	61	26	60	89.9	6.8	2.0	3.3	1.4	3.3
25～29歳	2,475	1,632	744	281	373	89	99	66.0	30.1	11.4	15.1	3.6	4.0
30～34歳	3,096	1,284	1,701	420	1,101	180	112	41.5	54.9	13.6	35.5	5.8	3.6
35～39歳	3,609	1,120	2,330	368	1,667	296	158	31.0	64.6	10.2	46.2	8.2	4.4
40～44歳	4,549	1,237	3,061	426	2,155	480	252	27.2	67.3	9.4	47.4	10.6	5.5
45～49歳	4,841	1,316	3,167	481	2,079	607	358	27.2	65.4	9.9	43.0	12.5	7.4
50～54歳	4,349	1,207	2,704	532	1,600	572	438	27.7	62.2	12.2	36.8	13.1	10.1
55～59歳	4,199	1,159	2,478	738	1,263	477	561	27.6	59.0	17.6	30.1	11.4	13.4
60～64歳	4,400	1,212	2,549	1,097	1,037	415	640	27.5	57.9	24.9	23.6	9.4	14.5
65～69歳	5,742	1,629	3,396	1,847	1,106	443	717	28.4	59.1	32.2	19.3	7.7	12.5
70～74歳	4,584	1,353	2,769	1,664	762	342	462	29.5	60.4	36.3	16.6	7.5	10.1
75～79歳	4,088	1,314	2,402	1,471	583	348	373	32.1	58.7	36.0	14.3	8.5	9.1
80～84歳	3,113	1,190	1,621	979	343	299	301	38.2	52.1	31.5	11.0	9.6	9.7
85歳以上	2,457	1,139	1,043	569	166	308	275	46.4	42.5	23.2	6.7	12.6	11.2
65歳以上（再掲）	19,983	6,625	11,230	6,531	2,960	1,740	2,128	33.2	56.2	32.7	14.8	8.7	10.6
75歳以上（再掲）	9,658	3,643	5,066	3,019	1,092	955	949	37.7	52.5	31.3	11.3	9.9	9.8
男													
総　数	39,955	9,782	26,241	10,766	14,139	1,336	3,932	24.5	65.7	26.9	35.4	3.3	9.8
15～19歳	222	216	4	1	2	1	3	97.2	1.6	0.4	0.8	0.4	1.2
20～24歳	1,085	953	99	34	59	6	34	87.8	9.1	3.1	5.5	0.5	3.1
25～29歳	1,709	996	645	266	363	16	67	58.3	37.8	15.6	21.3	0.9	3.9
30～34歳	2,400	810	1,506	401	1,077	28	85	33.7	62.7	16.7	44.9	1.2	3.5
35～39歳	2,896	722	2,049	355	1,638	56	126	24.9	70.7	12.3	56.6	1.9	4.3
40～44歳	3,657	805	2,644	414	2,125	105	208	22.0	72.3	11.3	58.1	2.9	5.7
45～49歳	3,818	849	2,679	467	2,055	157	290	22.2	70.2	12.2	53.8	4.1	7.6
50～54歳	3,443	780	2,288	520	1,584	184	374	22.7	66.5	15.1	46.0	5.3	10.9
55～59歳	3,368	716	2,163	727	1,253	183	490	21.3	64.2	21.6	37.2	5.4	14.5
60～64歳	3,538	696	2,277	1,086	1,031	159	566	19.7	64.3	30.7	29.1	4.5	16.0
65～69歳	4,500	814	3,068	1,834	1,102	132	618	18.1	68.2	40.8	24.5	2.9	13.7
70～74歳	3,406	533	2,497	1,655	760	82	376	15.6	73.3	48.6	22.3	2.4	11.1
75～79歳	2,788	377	2,126	1,464	581	80	285	13.5	76.2	52.5	20.9	2.9	10.2
80～84歳	1,888	277	1,389	976	343	71	222	14.7	73.6	51.7	18.1	3.8	11.8
85歳以上	1,236	239	808	567	165	76	188	19.4	65.4	45.9	13.4	6.2	15.2
65歳以上（再掲）	13,818	2,240	9,889	6,495	2,951	442	1,689	16.2	71.6	47.0	21.4	3.2	12.2
75歳以上（再掲）	5,912	893	4,324	3,007	1,089	228	695	15.1	73.1	50.9	18.4	3.9	11.8
女													
総　数	13,767	9,036	3,853	146	158	3,549	879	65.6	28.0	1.1	1.1	25.8	6.4
15～19歳	167	163	1	0	0	1	2	97.7	0.9	0.1	0.1	0.7	1.4
20～24歳	747	694	26	3	2	21	27	93.0	3.4	0.4	0.3	2.8	3.6
25～29歳	766	636	99	16	10	73	32	83.0	12.9	2.0	1.3	9.6	4.1
30～34歳	696	474	195	19	24	152	27	68.1	28.0	2.7	3.4	21.9	3.9
35～39歳	713	399	282	13	29	240	32	55.9	39.5	1.8	4.0	33.7	4.6
40～44歳	892	432	417	13	29	375	43	48.4	46.7	1.4	3.3	42.1	4.9
45～49歳	1,023	467	488	13	24	451	69	45.6	47.7	1.3	2.3	44.1	6.7
50～54歳	906	427	416	12	16	388	64	47.1	45.9	1.3	1.8	42.8	7.0
55～59歳	831	444	316	11	10	295	71	53.4	38.0	1.3	1.2	35.5	8.6
60～64歳	862	516	272	11	6	256	74	59.9	31.6	1.2	0.7	29.7	8.5
65～69歳	1,242	815	328	13	4	310	99	65.6	26.4	1.1	0.3	25.0	8.0
70～74歳	1,178	820	272	10	2	260	86	69.6	23.1	0.8	0.2	22.1	7.3
75～79歳	1,300	937	276	7	1	268	87	72.0	21.2	0.5	0.1	20.6	6.7
80～84歳	1,224	913	232	4	1	228	79	74.6	19.0	0.3	0.1	18.6	6.4
85歳以上	1,221	900	235	2	0	232	87	73.7	19.2	0.2	0.0	19.0	7.1
65歳以上（再掲）	6,165	4,385	1,342	35	9	1,298	438	71.1	21.8	0.6	0.1	21.0	7.1
75歳以上（再掲）	3,745	2,750	743	13	2	728	253	73.4	19.8	0.3	0.1	19.4	6.8

注：四捨五入のため合計は必ずしも一致しない。

結果表2 世帯の家族類型・世帯主の男女5歳階級別一般世帯数及び割合（続き）

2018（平成30）年

年齢	一般世帯数（1,000世帯）							割合（%）					
	総数	単独	核家族世帯				その他	単独	核家族世帯				その他
			総数	夫婦のみ	夫婦と子	ひとり親と子			総数	夫婦のみ	夫婦と子	ひとり親と子	
総数													
総数	53,889	19,007	30,181	10,988	14,254	4,939	4,702	35.3	56.0	20.4	26.4	9.2	8.7
15～19歳	383	373	5	1	2	2	5	97.4	1.3	0.3	0.5	0.6	1.3
20～24歳	1,842	1,657	125	37	61	27	59	90.0	6.8	2.0	3.3	1.5	3.2
25～29歳	2,442	1,614	733	277	364	92	95	66.1	30.0	11.3	14.9	3.8	3.9
30～34歳	3,037	1,263	1,668	412	1,073	183	106	41.6	54.9	13.6	35.3	6.0	3.5
35～39歳	3,538	1,107	2,281	357	1,631	294	151	31.3	64.5	10.1	46.1	8.3	4.3
40～44歳	4,413	1,198	2,975	411	2,090	474	240	27.2	67.4	9.3	47.4	10.7	5.4
45～49歳	4,959	1,352	3,250	497	2,137	616	358	27.3	65.5	10.0	43.1	12.4	7.2
50～54歳	4,459	1,259	2,774	553	1,640	580	426	28.2	62.2	12.4	36.8	13.0	9.6
55～59歳	4,252	1,201	2,509	751	1,273	486	542	28.3	59.0	17.7	29.9	11.4	12.7
60～64歳	4,294	1,204	2,481	1,064	1,002	414	609	28.0	57.8	24.8	23.3	9.6	14.2
65～69歳	5,419	1,560	3,189	1,731	1,034	423	670	28.8	58.8	31.9	19.1	7.8	12.4
70～74歳	4,870	1,452	2,928	1,763	806	359	490	29.8	60.1	36.2	16.5	7.4	10.1
75～79歳	4,216	1,359	2,482	1,520	603	358	376	32.2	58.9	36.0	14.3	8.5	8.9
80～84歳	3,164	1,203	1,666	1,003	357	305	295	38.0	52.6	31.7	11.3	9.7	9.3
85歳以上	2,601	1,204	1,117	611	180	326	280	46.3	43.0	23.5	6.9	12.5	10.8
65歳以上（再掲）	20,270	6,778	11,381	6,628	2,981	1,773	2,111	33.4	56.1	32.7	14.7	8.7	10.4
75歳以上（再掲）	9,981	3,766	5,264	3,134	1,141	990	951	37.7	52.7	31.4	11.4	9.9	9.5
男													
総数	39,989	9,865	26,295	10,843	14,097	1,356	3,829	24.7	65.8	27.1	35.3	3.4	9.6
15～19歳	219	212	4	1	2	1	3	97.2	1.6	0.4	0.8	0.4	1.2
20～24歳	1,091	960	99	34	59	6	33	87.9	9.1	3.1	5.4	0.5	3.0
25～29歳	1,683	987	632	261	355	16	65	58.6	37.5	15.5	21.1	0.9	3.8
30～34歳	2,349	799	1,470	394	1,050	27	80	34.0	62.6	16.8	44.7	1.1	3.4
35～39歳	2,831	712	1,999	344	1,603	53	119	25.2	70.6	12.2	56.6	1.9	4.2
40～44歳	3,540	775	2,567	399	2,061	106	198	21.9	72.5	11.3	58.2	3.0	5.6
45～49歳	3,905	865	2,754	483	2,112	159	287	22.1	70.5	12.4	54.1	4.1	7.3
50～54歳	3,524	810	2,351	541	1,624	186	363	23.0	66.7	15.4	46.1	5.3	10.3
55～59歳	3,403	741	2,191	739	1,262	189	471	21.8	64.4	21.7	37.1	5.6	13.8
60～64歳	3,444	693	2,213	1,054	997	163	538	20.1	64.3	30.6	28.9	4.7	15.6
65～69歳	4,245	789	2,879	1,719	1,030	130	578	18.6	67.8	40.5	24.3	3.1	13.6
70～74歳	3,628	585	2,643	1,753	804	86	400	16.1	72.8	48.3	22.2	2.4	11.0
75～79歳	2,882	399	2,197	1,513	602	82	287	13.8	76.2	52.5	20.9	2.9	9.9
80～84歳	1,930	284	1,428	999	357	73	218	14.7	74.0	51.8	18.5	3.8	11.3
85歳以上	1,314	254	869	609	180	81	190	19.4	66.2	46.3	13.7	6.1	14.5
65歳以上（再掲）	13,999	2,311	10,015	6,592	2,972	451	1,672	16.5	71.5	47.1	21.2	3.2	11.9
75歳以上（再掲）	6,126	937	4,494	3,121	1,138	235	695	15.3	73.4	50.9	18.6	3.8	11.3
女													
総数	13,901	9,142	3,885	145	157	3,583	874	65.8	28.0	1.0	1.1	25.8	6.3
15～19歳	164	160	1	0	0	1	2	97.7	0.9	0.1	0.1	0.8	1.4
20～24歳	750	698	26	3	2	21	26	93.0	3.5	0.4	0.3	2.8	3.5
25～29歳	759	628	101	15	9	77	30	82.7	13.3	2.0	1.2	10.1	4.0
30～34歳	687	464	198	19	23	156	25	67.5	28.8	2.7	3.4	22.7	3.7
35～39歳	707	394	281	13	28	241	32	55.7	39.8	1.8	4.0	34.0	4.5
40～44歳	873	423	408	12	29	367	42	48.5	46.7	1.4	3.3	42.0	4.8
45～49歳	1,054	487	496	14	24	457	71	46.2	47.0	1.3	2.3	43.4	6.8
50～54歳	935	449	423	12	16	394	63	48.0	45.2	1.3	1.8	42.1	6.8
55～59歳	849	460	318	11	11	297	71	54.2	37.5	1.3	1.2	34.9	8.4
60～64歳	849	511	267	10	6	251	71	60.1	31.5	1.2	0.7	29.6	8.4
65～69歳	1,173	771	310	12	4	294	93	65.7	26.4	1.1	0.3	25.0	7.9
70～74歳	1,243	867	285	10	2	273	90	69.8	23.0	0.8	0.2	22.0	7.3
75～79歳	1,334	960	285	7	1	276	89	72.0	21.4	0.5	0.1	20.7	6.7
80～84歳	1,234	919	237	4	1	233	78	74.5	19.2	0.3	0.1	18.9	6.3
85歳以上	1,287	950	248	2	0	246	89	73.8	19.3	0.2	0.0	19.1	6.9
65歳以上（再掲）	6,271	4,467	1,366	36	9	1,321	439	71.2	21.8	0.6	0.1	21.1	7.0
75歳以上（再掲）	3,855	2,829	770	13	2	755	256	73.4	20.0	0.3	0.1	19.6	6.6

注：四捨五入のため合計は必ずしも一致しない。

結果表2　世帯の家族類型・世帯主の男女5歳階級別一般世帯数及び割合（続き）

2019（平成31）年

年齢	一般世帯数（1,000世帯）							割合（%）					
	総数	単独	核家族世帯				その他	単独	核家族世帯				その他
			総数	夫婦のみ	夫婦と子	ひとり親と子			総数	夫婦のみ	夫婦と子	ひとり親と子	
総数													
総数	54,023	19,182	30,240	11,056	14,199	4,985	4,601	35.5	56.0	20.5	26.3	9.2	8.5
15～19歳	376	367	5	1	2	2	5	97.4	1.3	0.3	0.5	0.6	1.3
20～24歳	1,839	1,656	125	37	61	27	58	90.0	6.8	2.0	3.3	1.5	3.2
25～29歳	2,436	1,612	733	276	361	95	92	66.2	30.1	11.3	14.8	3.9	3.8
30～34歳	2,965	1,236	1,628	403	1,041	184	101	41.7	54.9	13.6	35.1	6.2	3.4
35～39歳	3,483	1,096	2,243	349	1,603	291	144	31.5	64.4	10.0	46.0	8.4	4.1
40～44歳	4,259	1,158	2,873	393	2,013	467	228	27.2	67.5	9.2	47.3	11.0	5.4
45～49歳	5,045	1,378	3,311	507	2,179	625	356	27.3	65.6	10.0	43.2	12.4	7.1
50～54歳	4,570	1,309	2,843	575	1,683	585	417	28.6	62.2	12.6	36.8	12.8	9.1
55～59歳	4,302	1,242	2,537	763	1,281	493	523	28.9	59.0	17.7	29.8	11.5	12.2
60～64歳	4,268	1,221	2,459	1,055	988	417	588	28.6	57.6	24.7	23.1	9.8	13.8
65～69歳	5,040	1,469	2,953	1,598	953	401	618	29.2	58.6	31.7	18.9	8.0	12.3
70～74歳	5,135	1,546	3,074	1,853	846	375	516	30.1	59.9	36.1	16.5	7.3	10.0
75～79歳	4,406	1,431	2,589	1,586	630	373	386	32.5	58.8	36.0	14.3	8.5	8.8
80～84歳	3,169	1,199	1,683	1,011	365	307	287	37.8	53.1	31.9	11.5	9.7	9.0
85歳以上	2,729	1,261	1,185	649	194	342	283	46.2	43.4	23.8	7.1	12.5	10.4
65歳以上（再掲）	20,478	6,907	11,483	6,697	2,987	1,799	2,088	33.7	56.1	32.7	14.6	8.8	10.2
75歳以上（再掲）	10,303	3,892	5,457	3,246	1,188	1,023	955	37.8	53.0	31.5	11.5	9.9	9.3
男													
総数	40,002	9,943	26,328	10,911	14,043	1,374	3,732	24.9	65.8	27.3	35.1	3.4	9.3
15～19歳	215	209	3	1	2	1	3	97.2	1.6	0.4	0.8	0.4	1.2
20～24歳	1,090	959	98	34	59	6	32	88.0	9.0	3.1	5.4	0.5	3.0
25～29歳	1,678	987	628	261	352	16	62	58.8	37.5	15.6	21.0	0.9	3.7
30～34歳	2,290	784	1,430	385	1,019	26	77	34.2	62.4	16.8	44.5	1.1	3.3
35～39歳	2,780	705	1,961	336	1,575	49	113	25.4	70.6	12.1	56.7	1.8	4.1
40～44歳	3,407	745	2,474	382	1,985	108	188	21.9	72.6	11.2	58.3	3.2	5.5
45～49歳	3,969	876	2,809	493	2,154	163	283	22.1	70.8	12.4	54.3	4.1	7.1
50～54歳	3,605	837	2,415	563	1,667	186	353	23.2	67.0	15.6	46.2	5.2	9.8
55～59歳	3,435	766	2,216	751	1,271	194	453	22.3	64.5	21.9	37.0	5.7	13.2
60～64歳	3,415	704	2,193	1,044	982	167	518	20.6	64.2	30.6	28.8	4.9	15.2
65～69歳	3,946	751	2,663	1,587	949	126	532	19.0	67.5	40.2	24.1	3.2	13.5
70～74歳	3,832	635	2,776	1,842	843	90	422	16.6	72.4	48.1	22.0	2.3	11.0
75～79歳	3,015	430	2,291	1,578	628	85	294	14.3	76.0	52.3	20.8	2.8	9.8
80～84歳	1,941	287	1,444	1,007	364	73	210	14.8	74.4	51.9	18.7	3.8	10.8
85歳以上	1,384	268	924	647	193	85	191	19.4	66.8	46.7	14.0	6.1	13.8
65歳以上（再掲）	14,119	2,372	10,098	6,661	2,978	459	1,649	16.8	71.5	47.2	21.1	3.2	11.7
75歳以上（再掲）	6,341	985	4,660	3,232	1,186	242	696	15.5	73.5	51.0	18.7	3.8	11.0
女													
総数	14,021	9,239	3,913	145	156	3,612	869	65.9	27.9	1.0	1.1	25.8	6.2
15～19歳	162	158	1	0	0	1	2	97.7	0.9	0.1	0.1	0.8	1.4
20～24歳	749	697	26	3	2	21	26	93.0	3.5	0.4	0.3	2.9	3.4
25～29歳	759	625	104	15	9	80	29	82.4	13.8	2.0	1.2	10.5	3.8
30～34歳	675	453	199	18	23	158	24	67.0	29.4	2.7	3.3	23.4	3.5
35～39歳	703	391	282	12	27	242	31	55.6	40.0	1.7	3.9	34.4	4.4
40～44歳	852	413	399	12	28	359	41	48.4	46.8	1.4	3.3	42.2	4.8
45～49歳	1,077	502	502	14	25	462	73	46.7	46.6	1.3	2.3	43.0	6.8
50～54歳	965	473	428	13	17	399	64	49.0	44.4	1.3	1.7	41.3	6.7
55～59歳	867	476	320	11	11	298	71	54.9	37.0	1.3	1.2	34.4	8.2
60～64歳	853	517	266	10	6	250	70	60.6	31.2	1.2	0.7	29.3	8.2
65～69歳	1,094	718	290	11	4	274	86	65.7	26.5	1.0	0.4	25.1	7.8
70～74歳	1,302	910	298	11	2	285	94	69.9	22.9	0.8	0.2	21.9	7.2
75～79歳	1,391	1,001	298	8	1	289	92	72.0	21.4	0.5	0.1	20.7	6.6
80～84歳	1,227	912	239	4	1	234	76	74.3	19.5	0.3	0.1	19.1	6.2
85歳以上	1,345	993	260	2	0	258	91	73.9	19.4	0.2	0.0	19.2	6.8
65歳以上（再掲）	6,359	4,535	1,385	36	9	1,340	439	71.3	21.8	0.6	0.1	21.1	6.9
75歳以上（再掲）	3,963	2,907	797	14	2	781	259	73.3	20.1	0.3	0.1	19.7	6.5

注：四捨五入のため合計は必ずしも一致しない。

結果表2 世帯の家族類型・世帯主の男女5歳階級別一般世帯数及び割合（続き）

2020（平成32）年

年齢	一般世帯数（1,000世帯） 総数	単独	核家族世帯 総数	夫婦のみ	夫婦と子	ひとり親と子	その他	割合（%） 単独	核家族世帯 総数	夫婦のみ	夫婦と子	ひとり親と子	その他
総数													
総数	54,107	19,342	30,254	11,101	14,134	5,020	4,510	35.7	55.9	20.5	26.1	9.3	8.3
15〜19歳	368	358	5	1	2	2	5	97.4	1.3	0.3	0.5	0.6	1.3
20〜24歳	1,833	1,651	125	37	61	27	57	90.1	6.8	2.0	3.3	1.5	3.1
25〜29歳	2,447	1,618	739	278	362	99	90	66.1	30.2	11.4	14.8	4.0	3.7
30〜34歳	2,897	1,211	1,589	394	1,011	184	96	41.8	54.9	13.6	34.9	6.4	3.3
35〜39歳	3,428	1,083	2,206	342	1,575	289	138	31.6	64.4	10.0	46.0	8.4	4.0
40〜44歳	4,136	1,127	2,789	377	1,947	466	220	27.2	67.4	9.1	47.1	11.3	5.3
45〜49歳	5,050	1,386	3,315	507	2,189	619	349	27.4	65.6	10.0	43.3	12.3	6.9
50〜54歳	4,648	1,344	2,895	592	1,715	588	409	28.9	62.3	12.7	36.9	12.7	8.8
55〜59歳	4,424	1,303	2,606	788	1,312	506	514	29.5	58.9	17.8	29.7	11.4	11.6
60〜64歳	4,232	1,235	2,433	1,043	971	419	564	29.2	57.5	24.7	22.9	9.9	13.3
65〜69歳	4,776	1,411	2,787	1,504	896	387	579	29.5	58.3	31.5	18.8	8.1	12.1
70〜74歳	5,444	1,656	3,244	1,957	892	395	545	30.4	59.6	35.9	16.4	7.3	10.0
75〜79歳	4,320	1,417	2,529	1,549	615	365	374	32.8	58.5	35.9	14.2	8.4	8.7
80〜84歳	3,238	1,220	1,734	1,041	378	315	284	37.7	53.5	32.1	11.7	9.7	8.8
85歳以上	2,866	1,322	1,258	689	208	360	286	46.1	43.9	24.1	7.3	12.6	10.0
65歳以上（再掲）	20,645	7,025	11,551	6,740	2,990	1,821	2,069	34.0	56.0	32.6	14.5	8.8	10.0
75歳以上（再掲）	10,424	3,958	5,521	3,279	1,202	1,039	945	38.0	53.0	31.5	11.5	10.0	9.1
男													
総数	39,989	10,022	26,323	10,956	13,978	1,388	3,645	25.1	65.8	27.4	35.0	3.5	9.1
15〜19歳	209	203	3	1	2	1	2	97.2	1.6	0.4	0.8	0.4	1.2
20〜24歳	1,087	957	98	34	59	6	32	88.0	9.0	3.1	5.4	0.5	2.9
25〜29歳	1,684	992	631	263	353	16	61	58.9	37.5	15.6	20.9	0.9	3.6
30〜34歳	2,234	770	1,391	377	989	25	73	34.4	62.3	16.9	44.3	1.1	3.3
35〜39歳	2,730	697	1,925	330	1,548	47	108	25.5	70.5	12.1	56.7	1.7	4.0
40〜44歳	3,299	723	2,396	366	1,920	110	180	21.9	72.6	11.1	58.2	3.3	5.4
45〜49歳	3,969	876	2,816	493	2,164	159	277	22.1	70.9	12.4	54.5	4.0	7.0
50〜54歳	3,660	852	2,464	579	1,698	187	343	23.3	67.3	15.8	46.4	5.1	9.4
55〜59歳	3,525	804	2,278	777	1,301	201	443	22.8	64.6	22.0	36.9	5.7	12.6
60〜64歳	3,376	713	2,168	1,033	965	170	495	21.1	64.2	30.6	28.6	5.0	14.6
65〜69歳	3,737	728	2,511	1,494	892	125	498	19.5	67.2	40.0	23.9	3.4	13.3
70〜74歳	4,067	692	2,929	1,946	889	94	446	17.0	72.0	47.8	21.9	2.3	11.0
75〜79歳	2,958	436	2,238	1,542	614	82	285	14.7	75.6	52.1	20.8	2.8	9.6
80〜84歳	1,994	297	1,489	1,037	378	75	208	14.9	74.7	52.0	18.9	3.7	10.4
85歳以上	1,461	284	984	687	208	89	193	19.4	67.4	47.0	14.2	6.1	13.2
65歳以上（再掲）	14,217	2,435	10,151	6,705	2,981	465	1,630	17.1	71.4	47.2	21.0	3.3	11.5
75歳以上（再掲）	6,413	1,016	4,711	3,266	1,200	246	686	15.8	73.5	50.9	18.7	3.8	10.7
女													
総数	14,117	9,321	3,932	144	155	3,632	865	66.0	27.8	1.0	1.1	25.7	6.1
15〜19歳	158	155	1	0	0	1	2	97.7	0.9	0.1	0.1	0.8	1.4
20〜24歳	746	694	27	3	2	22	25	93.0	3.6	0.4	0.3	2.9	3.4
25〜29歳	763	627	108	15	9	83	29	82.1	14.1	2.0	1.2	10.9	3.7
30〜34歳	663	442	198	18	22	159	23	66.7	29.9	2.7	3.3	23.9	3.4
35〜39歳	698	386	282	12	27	243	30	55.4	40.4	1.7	3.9	34.8	4.3
40〜44歳	838	404	394	11	27	355	40	48.2	47.0	1.3	3.2	42.4	4.8
45〜49歳	1,081	510	499	14	25	460	72	47.2	46.2	1.3	2.3	42.5	6.7
50〜54歳	988	492	431	13	17	401	65	49.8	43.6	1.3	1.7	40.5	6.6
55〜59歳	899	500	328	12	11	305	71	55.6	36.5	1.3	1.2	33.9	8.0
60〜64歳	856	522	264	10	6	248	69	61.0	30.9	1.2	0.7	29.0	8.1
65〜69歳	1,039	683	276	11	4	261	81	65.7	26.5	1.0	0.4	25.2	7.8
70〜74歳	1,378	964	315	11	3	301	99	70.0	22.8	0.8	0.2	21.8	7.2
75〜79歳	1,362	981	291	7	1	283	89	72.0	21.4	0.5	0.1	20.8	6.5
80〜84歳	1,245	923	245	4	1	240	77	74.2	19.7	0.3	0.1	19.3	6.1
85歳以上	1,405	1,038	274	2	0	271	93	73.9	19.5	0.2	0.0	19.3	6.6
65歳以上（再掲）	6,428	4,590	1,400	36	9	1,356	438	71.4	21.8	0.6	0.1	21.1	6.8
75歳以上（再掲）	4,011	2,942	810	14	3	794	259	73.4	20.2	0.3	0.1	19.8	6.5

注：四捨五入のため合計は必ずしも一致しない。

結果表2 世帯の家族類型・世帯主の男女5歳階級別一般世帯数及び割合（続き）

2021（平成33）年

年齢	一般世帯数 (1,000世帯)							割合 (%)					
	総数	単独	核家族世帯				その他	単独	核家族世帯				その他
			総数	夫婦のみ	夫婦と子	ひとり親と子			総数	夫婦のみ	夫婦と子	ひとり親と子	
総数													
総数	54,134	19,484	30,232	11,116	14,067	5,049	4,419	36.0	55.8	20.5	26.0	9.3	8.2
15～19歳	360	351	5	1	2	2	5	97.4	1.3	0.3	0.5	0.6	1.3
20～24歳	1,825	1,642	125	37	60	28	58	90.0	6.9	2.0	3.3	1.5	3.2
25～29歳	2,457	1,625	746	281	364	101	87	66.1	30.4	11.4	14.8	4.1	3.5
30～34歳	2,838	1,191	1,556	387	985	183	92	42.0	54.8	13.6	34.7	6.5	3.2
35～39歳	3,378	1,070	2,176	337	1,550	288	132	31.7	64.4	10.0	45.9	8.5	3.9
40～44歳	4,017	1,099	2,706	361	1,881	465	212	27.4	67.4	9.0	46.8	11.6	5.3
45～49歳	4,982	1,375	3,269	498	2,168	602	338	27.6	65.6	10.0	43.5	12.1	6.8
50～54歳	4,928	1,436	3,071	635	1,824	612	420	29.1	62.3	12.9	37.0	12.4	8.5
55～59歳	4,374	1,311	2,577	782	1,289	506	486	30.0	58.9	17.9	29.5	11.6	11.1
60～64歳	4,223	1,258	2,423	1,040	961	422	542	29.8	57.4	24.6	22.8	10.0	12.8
65～69歳	4,566	1,366	2,654	1,428	849	377	546	29.9	58.1	31.3	18.6	8.3	12.0
70～74歳	5,716	1,759	3,388	2,044	931	413	569	30.8	59.3	35.8	16.3	7.2	10.0
75～79歳	4,109	1,360	2,395	1,467	582	345	354	33.1	58.3	35.7	14.2	8.4	8.6
80～84歳	3,353	1,258	1,808	1,085	397	326	287	37.5	53.9	32.4	11.8	9.7	8.6
85歳以上	3,009	1,384	1,334	732	224	378	291	46.0	44.3	24.3	7.5	12.6	9.7
65歳以上 （再掲）	20,752	7,127	11,578	6,756	2,983	1,839	2,047	34.3	55.8	32.6	14.4	8.9	9.9
75歳以上 （再掲）	10,470	4,002	5,537	3,285	1,203	1,049	932	38.2	52.9	31.4	11.5	10.0	8.9
男													
総数	39,937	10,094	26,285	10,972	13,913	1,400	3,558	25.3	65.8	27.5	34.8	3.5	8.9
15～19歳	205	199	3	1	2	1	2	97.2	1.6	0.4	0.8	0.4	1.2
20～24歳	1,081	951	98	34	58	6	32	88.0	9.1	3.1	5.4	0.6	3.0
25～29歳	1,691	996	636	266	355	15	59	58.9	37.6	15.7	21.0	0.9	3.5
30～34歳	2,186	758	1,358	370	964	25	70	34.7	62.1	16.9	44.1	1.1	3.2
35～39歳	2,686	689	1,894	325	1,524	44	104	25.6	70.5	12.1	56.7	1.7	3.9
40～44歳	3,193	704	2,317	350	1,854	113	172	22.1	72.6	11.0	58.1	3.5	5.4
45～49歳	3,913	866	2,780	485	2,144	151	268	22.1	71.0	12.4	54.8	3.9	6.8
50～54歳	3,874	903	2,620	621	1,806	193	350	23.3	67.6	16.0	46.6	5.0	9.0
55～59歳	3,477	807	2,253	770	1,278	206	417	23.2	64.8	22.1	36.7	5.9	12.0
60～64歳	3,360	727	2,160	1,030	955	175	473	21.6	64.3	30.7	28.4	5.2	14.1
65～69歳	3,568	710	2,388	1,417	845	125	470	19.9	66.9	39.7	23.7	3.5	13.2
70～74歳	4,268	745	3,058	2,032	928	98	466	17.4	71.6	47.6	21.7	2.3	10.9
75～79歳	2,817	428	2,119	1,460	581	77	270	15.2	75.2	51.8	20.6	2.7	9.6
80～84歳	2,074	311	1,554	1,081	396	77	209	15.0	74.9	52.1	19.1	3.7	10.1
85歳以上	1,543	301	1,047	729	224	94	196	19.5	67.8	47.3	14.5	6.1	12.7
65歳以上 （再掲）	14,270	2,494	10,166	6,721	2,974	471	1,610	17.5	71.2	47.1	20.8	3.3	11.3
75歳以上 （再掲）	6,434	1,040	4,720	3,271	1,201	248	675	16.2	73.4	50.8	18.7	3.9	10.5
女													
総数	14,197	9,389	3,947	144	154	3,649	861	66.1	27.8	1.0	1.1	25.7	6.1
15～19歳	155	152	1	0	0	1	2	97.7	0.9	0.1	0.1	0.8	1.4
20～24歳	744	691	27	3	2	22	26	92.9	3.6	0.4	0.3	3.0	3.4
25～29歳	766	628	110	16	9	85	28	82.0	14.4	2.0	1.2	11.1	3.6
30～34歳	652	433	197	17	21	159	22	66.4	30.3	2.7	3.3	24.3	3.3
35～39歳	692	381	282	12	26	244	29	55.1	40.8	1.7	3.8	35.2	4.1
40～44歳	824	394	390	11	26	353	40	47.9	47.3	1.3	3.2	42.8	4.8
45～49歳	1,069	509	489	14	25	451	71	47.6	45.8	1.3	2.3	42.2	6.6
50～54歳	1,054	533	451	14	18	419	70	50.6	42.8	1.3	1.7	39.7	6.6
55～59歳	896	503	324	12	11	301	70	56.1	36.1	1.3	1.2	33.5	7.8
60～64歳	863	531	263	10	6	247	69	61.5	30.5	1.2	0.7	28.6	8.0
65～69歳	999	657	265	10	4	252	77	65.8	26.6	1.0	0.4	25.2	7.7
70～74歳	1,447	1,014	330	12	3	316	103	70.1	22.8	0.8	0.2	21.8	7.1
75～79歳	1,292	931	276	7	1	268	84	72.1	21.4	0.5	0.1	20.7	6.5
80～84歳	1,279	947	254	4	1	249	78	74.1	19.8	0.3	0.1	19.5	6.1
85歳以上	1,465	1,083	287	3	0	284	95	73.9	19.6	0.2	0.0	19.4	6.5
65歳以上 （再掲）	6,482	4,633	1,412	36	9	1,368	437	71.5	21.8	0.5	0.1	21.1	6.7
75歳以上 （再掲）	4,036	2,962	817	14	3	801	257	73.4	20.2	0.3	0.1	19.8	6.4

注：四捨五入のため合計は必ずしも一致しない。

結果表2 世帯の家族類型・世帯主の男女5歳階級別一般世帯数及び割合（続き）

2022（平成34）年

年齢	一般世帯数（1,000世帯）							割合（％）					
	総数	単独	核家族世帯 総数	夫婦のみ	夫婦と子	ひとり親と子	その他	単独	核家族世帯 総数	夫婦のみ	夫婦と子	ひとり親と子	その他
総数													
総数	54,175	19,627	30,209	11,144	13,983	5,082	4,338	36.2	55.8	20.6	25.8	9.4	8.0
15～19歳	355	346	5	1	2	2	4	97.4	1.3	0.3	0.5	0.6	1.2
20～24歳	1,809	1,627	125	37	60	28	57	89.9	6.9	2.0	3.3	1.5	3.2
25～29歳	2,470	1,630	754	284	367	103	86	66.0	30.5	11.5	14.8	4.2	3.5
30～34歳	2,792	1,175	1,528	382	964	183	89	42.1	54.7	13.7	34.5	6.6	3.2
35～39歳	3,324	1,054	2,143	333	1,524	286	127	31.7	64.5	10.0	45.9	8.6	3.8
40～44歳	3,912	1,079	2,629	347	1,826	456	203	27.6	67.2	8.9	46.7	11.7	5.2
45～49歳	4,865	1,344	3,195	481	2,118	596	325	27.6	65.7	9.9	43.5	12.2	6.7
50～54歳	5,037	1,473	3,144	654	1,869	621	419	29.3	62.4	13.0	37.1	12.3	8.3
55～59歳	4,520	1,378	2,661	812	1,328	521	482	30.5	58.9	18.0	29.4	11.5	10.7
60～64歳	4,269	1,298	2,445	1,053	965	427	527	30.4	57.3	24.7	22.6	10.0	12.3
65～69歳	4,378	1,328	2,534	1,359	807	368	516	30.3	57.9	31.0	18.4	8.4	11.8
70～74歳	5,510	1,716	3,249	1,959	891	399	546	31.1	59.0	35.5	16.2	7.2	9.9
75～79歳	4,314	1,436	2,507	1,539	610	358	372	33.3	58.1	35.7	14.1	8.3	8.6
80～84歳	3,485	1,305	1,889	1,134	416	339	291	37.4	54.2	32.6	11.9	9.7	8.4
85歳以上	3,135	1,439	1,403	770	239	395	293	45.9	44.8	24.6	7.6	12.6	9.3
65歳以上（再掲）	20,823	7,224	11,582	6,761	2,962	1,858	2,017	34.7	55.6	32.5	14.2	8.9	9.7
75歳以上（再掲）	10,935	4,180	5,799	3,443	1,265	1,091	956	38.2	53.0	31.5	11.6	10.0	8.7
男													
総数	39,884	10,156	26,248	11,001	13,830	1,417	3,480	25.5	65.8	27.6	34.7	3.6	8.7
15～19歳	202	196	3	1	2	1	2	97.2	1.6	0.4	0.8	0.4	1.2
20～24歳	1,071	942	98	34	58	6	32	87.9	9.1	3.1	5.4	0.6	3.0
25～29歳	1,699	999	641	268	357	16	59	58.8	37.7	15.8	21.0	0.9	3.5
30～34歳	2,149	749	1,332	364	943	24	68	34.9	62.0	17.0	43.9	1.1	3.2
35～39歳	2,640	679	1,862	321	1,498	42	99	25.7	70.5	12.2	56.7	1.6	3.8
40～44歳	3,101	692	2,245	337	1,800	108	164	22.3	72.4	10.9	58.0	3.5	5.3
45～49歳	3,816	844	2,715	468	2,094	153	257	22.1	71.1	12.3	54.9	4.0	6.7
50～54歳	3,953	919	2,687	639	1,850	198	347	23.2	68.0	16.2	46.8	5.0	8.8
55～59歳	3,588	848	2,328	800	1,316	212	411	23.6	64.9	22.3	36.7	5.9	11.5
60～64歳	3,388	750	2,180	1,042	959	179	458	22.1	64.3	30.8	28.3	5.3	13.5
65～69歳	3,415	693	2,278	1,349	803	126	443	20.3	66.7	39.5	23.5	3.7	13.0
70～74歳	4,112	736	2,930	1,947	888	94	447	17.9	71.2	47.4	21.6	2.3	10.9
75～79歳	2,970	465	2,220	1,531	609	80	284	15.7	74.8	51.6	20.5	2.7	9.6
80～84歳	2,163	327	1,625	1,130	415	80	211	15.1	75.1	52.2	19.2	3.7	9.8
85歳以上	1,616	316	1,104	767	238	98	196	19.6	68.3	47.5	14.7	6.1	12.2
65歳以上（再掲）	14,277	2,538	10,157	6,726	2,954	478	1,582	17.8	71.1	47.1	20.7	3.3	11.1
75歳以上（再掲）	6,749	1,109	4,949	3,429	1,262	258	692	16.4	73.3	50.8	18.7	3.8	10.3
女													
総数	14,291	9,471	3,961	144	153	3,665	858	66.3	27.7	1.0	1.1	25.6	6.0
15～19歳	153	149	1	0	0	1	2	97.7	0.9	0.1	0.1	0.8	1.4
20～24歳	737	685	27	3	2	22	25	92.9	3.7	0.4	0.3	3.0	3.4
25～29歳	771	630	113	16	10	88	27	81.8	14.7	2.0	1.2	11.4	3.5
30～34歳	643	426	197	17	21	159	21	66.2	30.6	2.7	3.3	24.7	3.2
35～39歳	684	375	282	12	26	244	27	54.8	41.2	1.7	3.8	35.7	4.0
40～44歳	811	387	384	10	26	348	39	47.8	47.4	1.3	3.2	42.9	4.9
45～49歳	1,048	500	480	13	24	442	68	47.7	45.8	1.3	2.3	42.2	6.5
50～54歳	1,083	555	456	15	19	423	72	51.2	42.1	1.3	1.7	39.0	6.7
55～59歳	933	530	332	12	12	308	71	56.8	35.6	1.3	1.2	33.1	7.6
60～64歳	881	547	265	10	6	248	69	62.1	30.0	1.2	0.7	28.2	7.9
65～69歳	963	634	256	10	3	243	73	65.9	26.6	1.0	0.4	25.2	7.6
70～74歳	1,398	980	319	11	3	305	99	70.1	22.8	0.8	0.2	21.8	7.1
75～79歳	1,345	971	287	7	1	278	87	72.2	21.3	0.6	0.1	20.7	6.5
80～84歳	1,322	978	264	4	1	259	80	74.0	20.0	0.3	0.1	19.6	6.0
85歳以上	1,519	1,123	299	3	0	296	97	73.9	19.7	0.2	0.0	19.5	6.4
65歳以上（再掲）	6,546	4,686	1,425	35	9	1,381	436	71.6	21.8	0.5	0.1	21.1	6.7
75歳以上（再掲）	4,185	3,071	850	14	3	833	264	73.4	20.3	0.3	0.1	19.9	6.3

注：四捨五入のため合計は必ずしも一致しない。

結果表2 世帯の家族類型・世帯主の男女5歳階級別一般世帯数及び割合（続き）

2023（平成35）年

| 年齢 | 一般世帯数 (1,000世帯) | | | | | | | 割合 (%) | | | | | |
	総数	単独	核家族世帯 総数	夫婦のみ	夫婦と子	ひとり親と子	その他	単独	核家族世帯 総数	夫婦のみ	夫婦と子	ひとり親と子	その他
総数													
総数	54,189	19,757	30,170	11,170	13,892	5,108	4,261	36.5	55.7	20.6	25.6	9.4	7.9
15～19歳	352	343	5	1	2	2	4	97.5	1.3	0.3	0.5	0.6	1.2
20～24歳	1,782	1,602	124	36	60	28	57	89.9	6.9	2.0	3.3	1.6	3.2
25～29歳	2,489	1,639	764	288	370	106	86	65.8	30.7	11.6	14.9	4.3	3.4
30～34歳	2,753	1,161	1,505	377	946	183	86	42.2	54.7	13.7	34.4	6.6	3.1
35～39歳	3,255	1,032	2,101	327	1,490	283	122	31.7	64.5	10.1	45.8	8.7	3.7
40～44歳	3,823	1,066	2,562	336	1,780	446	196	27.9	67.0	8.8	46.6	11.7	5.1
45～49歳	4,713	1,303	3,098	459	2,049	589	311	27.6	65.7	9.7	43.5	12.5	6.6
50～54歳	5,161	1,514	3,225	674	1,920	631	422	29.3	62.5	13.1	37.2	12.2	8.2
55～59歳	4,640	1,436	2,728	838	1,359	531	476	30.9	58.8	18.1	29.3	11.4	10.2
60～64歳	4,322	1,339	2,470	1,067	970	432	513	31.0	57.1	24.7	22.5	10.0	11.9
65～69歳	4,270	1,314	2,462	1,317	780	364	495	30.8	57.6	30.8	18.3	8.5	11.6
70～74歳	5,200	1,638	3,050	1,837	835	378	512	31.5	58.7	35.3	16.1	7.3	9.8
75～79歳	4,596	1,540	2,660	1,636	648	377	396	33.5	57.9	35.6	14.1	8.2	8.6
80～84歳	3,600	1,348	1,958	1,176	432	350	295	37.4	54.4	32.7	12.0	9.7	8.2
85歳以上	3,235	1,483	1,459	800	251	408	293	45.8	45.1	24.7	7.8	12.6	9.1
65歳以上（再掲）	20,901	7,323	11,589	6,767	2,945	1,877	1,990	35.0	55.4	32.4	14.1	9.0	9.5
75歳以上（再掲）	11,431	4,371	6,077	3,612	1,330	1,134	983	38.2	53.2	31.6	11.6	9.9	8.6
男													
総数	39,815	10,211	26,198	11,027	13,740	1,431	3,405	25.6	65.8	27.7	34.5	3.6	8.6
15～19歳	200	195	3	1	2	1	2	97.2	1.6	0.4	0.8	0.4	1.1
20～24歳	1,055	926	97	33	58	6	32	87.8	9.2	3.1	5.5	0.6	3.0
25～29歳	1,712	1,005	649	272	361	16	59	58.7	37.9	15.9	21.1	0.9	3.4
30～34歳	2,117	742	1,309	360	926	24	66	35.0	61.8	17.0	43.7	1.1	3.1
35～39歳	2,583	666	1,821	316	1,465	41	95	25.8	70.5	12.2	56.7	1.6	3.7
40～44歳	3,023	684	2,183	326	1,755	102	157	22.6	72.2	10.8	58.0	3.4	5.2
45～49歳	3,692	817	2,630	447	2,026	157	246	22.1	71.2	12.1	54.9	4.3	6.7
50～54歳	4,045	936	2,761	659	1,901	202	347	23.2	68.3	16.3	47.0	5.0	8.6
55～59歳	3,676	882	2,390	826	1,347	217	404	24.0	65.0	22.5	36.6	5.9	11.0
60～64歳	3,421	774	2,204	1,057	964	182	443	22.6	64.4	30.9	28.2	5.3	12.9
65～69歳	3,324	689	2,211	1,308	777	126	424	20.7	66.5	39.3	23.4	3.8	12.7
70～74歳	3,879	712	2,748	1,827	832	89	419	18.4	70.9	47.1	21.5	2.3	10.8
75～79歳	3,173	511	2,358	1,628	646	84	304	16.1	74.3	51.3	20.4	2.6	9.6
80～84歳	2,241	343	1,685	1,172	431	82	213	15.3	75.2	52.3	19.2	3.7	9.5
85歳以上	1,674	329	1,150	797	251	102	196	19.6	68.7	47.6	15.0	6.1	11.7
65歳以上（再掲）	14,290	2,584	10,152	6,732	2,937	483	1,555	18.1	71.0	47.1	20.6	3.4	10.9
75歳以上（再掲）	7,087	1,183	5,192	3,597	1,328	267	712	16.7	73.3	50.8	18.7	3.8	10.1
女													
総数	14,375	9,546	3,972	143	152	3,677	856	66.4	27.6	1.0	1.1	25.6	6.0
15～19歳	152	148	1	0	0	1	2	97.7	0.9	0.1	0.1	0.8	1.3
20～24歳	727	675	27	3	2	22	25	92.9	3.7	0.4	0.3	3.0	3.4
25～29歳	777	634	116	16	10	90	27	81.6	14.9	2.0	1.2	11.6	3.5
30～34歳	636	420	196	17	21	158	20	66.0	30.8	2.7	3.2	24.9	3.1
35～39歳	672	366	279	11	25	243	26	54.5	41.6	1.7	3.8	36.1	3.9
40～44歳	799	382	379	10	25	344	39	47.7	47.4	1.2	3.1	43.1	4.9
45～49歳	1,020	486	469	13	24	432	66	47.6	45.9	1.3	2.3	42.4	6.4
50～54歳	1,116	578	464	15	19	429	75	51.7	41.5	1.3	1.7	38.5	6.7
55～59歳	964	554	339	13	12	314	72	57.4	35.1	1.3	1.2	32.6	7.4
60～64歳	901	565	266	10	6	249	70	62.7	29.5	1.2	0.7	27.7	7.8
65～69歳	947	625	251	9	3	238	71	66.0	26.5	1.0	0.4	25.1	7.5
70～74歳	1,321	926	302	11	2	289	93	70.1	22.8	0.8	0.2	21.9	7.0
75～79歳	1,424	1,030	302	8	1	293	92	72.3	21.2	0.6	0.1	20.6	6.4
80～84歳	1,360	1,005	273	4	1	268	82	73.9	20.1	0.3	0.1	19.7	6.0
85歳以上	1,561	1,154	310	3	1	306	98	73.9	19.8	0.2	0.0	19.6	6.3
65歳以上（再掲）	6,611	4,739	1,437	35	9	1,394	435	71.7	21.7	0.5	0.1	21.1	6.6
75歳以上（再掲）	4,344	3,188	885	15	3	867	271	73.4	20.4	0.3	0.1	20.0	6.2

注：四捨五入のため合計は必ずしも一致しない。

結果表2　世帯の家族類型・世帯主の男女5歳階級別一般世帯数及び割合（続き）

2024（平成36）年

年齢	一般世帯数（1,000世帯）							割合（％）					
---	総数	単独	核家族世帯				その他	単独	核家族世帯				その他
			総数	夫婦のみ	夫婦と子	ひとり親と子			総数	夫婦のみ	夫婦と子	ひとり親と子	
総　数													
総　数	54,178	19,873	30,116	11,193	13,795	5,128	4,189	36.7	55.6	20.7	25.5	9.5	7.7
15～19歳	349	340	5	1	2	2	4	97.5	1.3	0.3	0.5	0.6	1.2
20～24歳	1,754	1,576	122	36	59	28	56	89.8	7.0	2.0	3.4	1.6	3.2
25～29歳	2,489	1,636	768	289	372	107	85	65.7	30.9	11.6	14.9	4.3	3.4
30～34歳	2,743	1,160	1,499	376	940	183	85	42.3	54.6	13.7	34.3	6.7	3.1
35～39歳	3,175	1,007	2,052	321	1,451	280	117	31.7	64.6	10.1	45.7	8.8	3.7
40～44歳	3,751	1,056	2,506	326	1,743	437	189	28.2	66.8	8.7	46.5	11.6	5.0
45～49歳	4,544	1,258	2,989	436	1,971	582	297	27.7	65.8	9.6	43.4	12.8	6.5
50～54歳	5,252	1,542	3,287	687	1,958	642	423	29.4	62.6	13.1	37.3	12.2	8.1
55～59歳	4,758	1,491	2,796	865	1,392	539	471	31.3	58.8	18.2	29.3	11.3	9.9
60～64歳	4,371	1,380	2,492	1,082	976	434	499	31.6	57.0	24.8	22.3	9.9	11.4
65～69歳	4,243	1,326	2,435	1,302	769	365	481	31.3	57.4	30.7	18.1	8.6	11.3
70～74歳	4,834	1,541	2,821	1,698	770	353	472	31.9	58.4	35.1	15.9	7.3	9.8
75～79歳	4,856	1,638	2,800	1,724	682	394	418	33.7	57.7	35.5	14.0	8.1	8.6
80～84歳	3,766	1,414	2,049	1,232	452	365	303	37.5	54.4	32.7	12.0	9.7	8.0
85歳以上	3,293	1,508	1,495	819	260	416	290	45.8	45.4	24.9	7.9	12.6	8.8
65歳以上（再掲）	20,991	7,427	11,600	6,774	2,933	1,893	1,964	35.4	55.3	32.3	14.0	9.0	9.4
75歳以上（再掲）	11,915	4,560	6,344	3,775	1,393	1,175	1,011	38.3	53.2	31.7	11.7	9.9	8.5
男													
総　数	39,729	10,257	26,137	11,051	13,645	1,442	3,335	25.8	65.8	27.8	34.3	3.6	8.4
15～19歳	199	193	3	1	2	1	2	97.3	1.6	0.4	0.8	0.4	1.1
20～24歳	1,037	910	96	33	57	6	31	87.7	9.2	3.2	5.5	0.6	3.0
25～29歳	1,712	1,003	651	273	362	16	58	58.6	38.0	16.0	21.1	0.9	3.4
30～34歳	2,109	742	1,302	359	919	24	65	35.2	61.7	17.0	43.6	1.1	3.1
35～39歳	2,518	651	1,775	310	1,426	40	92	25.9	70.5	12.3	56.6	1.6	3.6
40～44歳	2,960	679	2,131	317	1,719	95	150	22.9	72.0	10.7	58.1	3.2	5.1
45～49歳	3,554	788	2,532	423	1,948	160	234	22.2	71.3	11.9	54.8	4.5	6.6
50～54歳	4,112	948	2,818	672	1,938	208	346	23.0	68.5	16.3	47.1	5.1	8.4
55～59歳	3,763	913	2,451	852	1,379	220	398	24.3	65.1	22.6	36.7	5.8	10.6
60～64歳	3,452	798	2,226	1,072	970	184	429	23.1	64.5	31.0	28.1	5.3	12.4
65～69歳	3,294	698	2,186	1,292	766	128	411	21.2	66.3	39.2	23.2	3.9	12.5
70～74歳	3,604	678	2,540	1,688	768	84	386	18.8	70.5	46.8	21.3	2.3	10.7
75～79歳	3,360	554	2,483	1,715	680	88	322	16.5	73.9	51.1	20.3	2.6	9.6
80～84歳	2,347	365	1,763	1,228	451	85	218	15.5	75.1	52.3	19.2	3.6	9.3
85歳以上	1,708	337	1,179	816	259	103	192	19.7	69.0	47.8	15.2	6.1	11.2
65歳以上（再掲）	14,313	2,632	10,151	6,740	2,924	487	1,530	18.4	70.9	47.1	20.4	3.4	10.7
75歳以上（再掲）	7,414	1,256	5,425	3,759	1,391	276	732	16.9	73.2	50.7	18.8	3.7	9.9
女													
総　数	14,449	9,616	3,979	142	151	3,686	854	66.6	27.5	1.0	1.0	25.5	5.9
15～19歳	150	147	1	0	0	1	2	97.8	0.9	0.1	0.1	0.8	1.3
20～24歳	717	665	27	3	2	22	25	92.8	3.7	0.4	0.3	3.0	3.5
25～29歳	777	633	117	16	10	91	27	81.5	15.1	2.1	1.2	11.8	3.5
30～34歳	634	418	196	17	20	159	19	66.0	31.0	2.7	3.2	25.1	3.1
35～39歳	657	356	276	11	25	240	25	54.2	42.0	1.7	3.8	36.5	3.8
40～44歳	790	377	375	10	24	341	38	47.7	47.4	1.2	3.1	43.2	4.9
45～49歳	990	470	457	12	23	422	63	47.5	46.2	1.2	2.3	42.6	6.3
50～54歳	1,140	594	469	15	20	434	77	52.1	41.1	1.3	1.7	38.0	6.8
55～59歳	995	578	344	13	12	319	73	58.1	34.6	1.3	1.2	32.1	7.3
60～64歳	919	582	267	11	6	250	70	63.3	29.0	1.1	0.7	27.2	7.7
65～69歳	948	629	250	9	3	237	70	66.3	26.3	1.0	0.4	25.0	7.4
70～74歳	1,230	862	281	10	2	269	86	70.1	22.9	0.8	0.2	21.9	7.0
75～79歳	1,496	1,084	316	8	2	306	96	72.4	21.1	0.6	0.1	20.5	6.4
80～84歳	1,420	1,049	286	5	1	280	85	73.9	20.1	0.3	0.1	19.7	6.0
85歳以上	1,585	1,171	316	3	1	313	97	73.9	20.0	0.2	0.0	19.7	6.2
65歳以上（再掲）	6,678	4,795	1,449	35	9	1,406	434	71.8	21.7	0.5	0.1	21.0	6.5
75歳以上（再掲）	4,500	3,304	918	16	3	900	278	73.4	20.4	0.3	0.1	20.0	6.2

注：四捨五入のため合計は必ずしも一致しない。

結果表2　世帯の家族類型・世帯主の男女5歳階級別一般世帯数及び割合（続き）

2025（平成37）年

年　齢	一　　般　　世　　帯　　数　（1,000世帯）							割　　　合　（％）					
	総　数	単　独	核　家　族　世　帯				その他	単　独	核　家　族　世　帯				その他
			総　数	夫婦のみ	夫婦と子	ひとり親と子			総　数	夫婦のみ	夫婦と子	ひとり親と子	
総　数													
総　数	54,116	19,960	30,034	11,203	13,693	5,137	4,123	36.9	55.5	20.7	25.3	9.5	7.6
15～19歳	348	339	5	1	2	2	4	97.5	1.3	0.3	0.5	0.5	1.2
20～24歳	1,715	1,540	120	35	58	28	55	89.8	7.0	2.0	3.4	1.6	3.2
25～29歳	2,484	1,630	769	290	372	108	84	65.6	31.0	11.7	15.0	4.3	3.4
30～34歳	2,752	1,165	1,503	377	941	185	84	42.3	54.6	13.7	34.2	6.7	3.1
35～39歳	3,100	985	2,004	314	1,413	276	112	31.8	64.6	10.1	45.6	8.9	3.6
40～44歳	3,681	1,044	2,454	318	1,707	429	182	28.4	66.7	8.6	46.4	11.7	5.0
45～49歳	4,409	1,222	2,902	416	1,906	581	285	27.7	65.8	9.4	43.2	13.2	6.5
50～54歳	5,258	1,548	3,291	689	1,967	635	419	29.4	62.6	13.1	37.4	12.1	8.0
55～59歳	4,841	1,530	2,846	884	1,415	546	465	31.6	58.8	18.3	29.2	11.3	9.6
60～64歳	4,498	1,445	2,558	1,116	998	443	495	32.1	56.9	24.8	22.2	9.9	11.0
65～69歳	4,204	1,336	2,403	1,283	756	364	465	31.8	57.2	30.5	18.0	8.7	11.1
70～74歳	4,580	1,477	2,660	1,599	725	336	443	32.2	58.1	34.9	15.8	7.3	9.7
75～79歳	5,149	1,751	2,955	1,820	720	416	443	34.0	57.4	35.4	14.0	8.1	8.6
80～84歳	3,693	1,393	2,007	1,207	443	357	294	37.7	54.3	32.7	12.0	9.7	8.0
85歳以上	3,405	1,556	1,557	854	273	431	292	45.7	45.7	25.1	8.0	12.6	8.6
65歳以上（再掲）	21,031	7,512	11,582	6,763	2,915	1,904	1,937	35.7	55.1	32.2	13.9	9.1	9.2
75歳以上（再掲）	12,247	4,700	6,519	3,881	1,435	1,203	1,029	38.4	53.2	31.7	11.7	9.8	8.4
男													
総　数	39,621	10,297	26,054	11,061	13,543	1,449	3,271	26.0	65.8	27.9	34.2	3.7	8.3
15～19歳	198	193	3	1	2	1	2	97.3	1.6	0.4	0.8	0.4	1.1
20～24歳	1,013	888	94	32	56	6	31	87.7	9.3	3.2	5.5	0.6	3.0
25～29歳	1,709	1,000	652	274	362	16	58	58.5	38.1	16.0	21.2	0.9	3.4
30～34歳	2,116	746	1,305	360	921	24	65	35.3	61.7	17.0	43.5	1.1	3.1
35～39歳	2,457	637	1,731	303	1,389	39	88	25.9	70.5	12.3	56.5	1.6	3.6
40～44歳	2,900	673	2,083	308	1,684	91	145	23.2	71.8	10.6	58.1	3.1	5.0
45～49歳	3,441	765	2,452	404	1,883	165	224	22.2	71.3	11.7	54.7	4.8	6.5
50～54歳	4,112	946	2,825	674	1,947	204	341	23.0	68.7	16.4	47.4	5.0	8.3
55～59歳	3,822	933	2,498	871	1,402	224	391	24.4	65.4	22.8	36.7	5.9	10.2
60～64歳	3,544	835	2,286	1,105	992	188	422	23.6	64.5	31.2	28.0	5.3	11.9
65～69歳	3,255	704	2,155	1,274	752	129	396	21.6	66.2	39.1	23.1	4.0	12.2
70～74歳	3,413	658	2,393	1,590	722	81	362	19.3	70.1	46.6	21.2	2.4	10.6
75～79歳	3,565	602	2,621	1,811	718	92	342	16.9	73.5	50.8	20.1	2.6	9.6
80～84歳	2,302	364	1,726	1,202	442	82	211	15.8	75.0	52.2	19.2	3.6	9.2
85歳以上	1,775	352	1,231	851	272	107	193	19.8	69.3	47.9	15.3	6.0	10.9
65歳以上（再掲）	14,310	2,680	10,126	6,729	2,906	491	1,504	18.7	70.8	47.0	20.3	3.4	10.5
75歳以上（再掲）	7,642	1,318	5,578	3,865	1,432	281	746	17.3	73.0	50.6	18.7	3.7	9.8
女													
総　数	14,495	9,663	3,980	142	150	3,688	852	66.7	27.5	1.0	1.0	25.4	5.9
15～19歳	150	147	1	0	0	1	2	97.8	0.9	0.1	0.1	0.8	1.3
20～24歳	702	651	26	3	2	22	24	92.8	3.8	0.4	0.3	3.1	3.5
25～29歳	775	631	118	16	10	92	27	81.4	15.2	2.1	1.3	11.9	3.4
30～34歳	636	419	198	17	20	161	19	65.8	31.2	2.7	3.2	25.3	3.0
35～39歳	643	347	272	11	24	237	24	54.0	42.3	1.7	3.7	36.9	3.7
40～44歳	781	371	372	9	24	339	38	47.6	47.6	1.2	3.0	43.4	4.9
45～49歳	968	457	450	12	23	416	61	47.2	46.5	1.2	2.3	42.9	6.3
50～54歳	1,146	602	466	15	20	431	77	52.5	40.7	1.3	1.7	37.6	6.8
55～59歳	1,018	597	348	13	13	322	74	58.6	34.2	1.3	1.2	31.6	7.2
60～64歳	954	610	272	11	6	255	72	63.9	28.5	1.1	0.7	26.7	7.6
65～69歳	949	631	248	9	3	235	69	66.6	26.1	1.0	0.4	24.8	7.3
70～74歳	1,167	819	267	9	2	256	81	70.2	22.9	0.8	0.2	21.9	6.9
75～79歳	1,584	1,149	334	9	2	324	101	72.5	21.1	0.6	0.1	20.4	6.4
80～84歳	1,391	1,028	281	4	1	275	83	73.9	20.2	0.3	0.1	19.8	5.9
85歳以上	1,630	1,204	327	3	1	323	99	73.9	20.1	0.2	0.0	19.8	6.1
65歳以上（再掲）	6,721	4,832	1,456	35	8	1,413	433	71.9	21.7	0.5	0.1	21.0	6.4
75歳以上（再掲）	4,606	3,381	941	16	3	922	283	73.4	20.4	0.4	0.1	20.0	6.1

注：四捨五入のため合計は必ずしも一致しない。

結果表2 世帯の家族類型・世帯主の男女5歳階級別一般世帯数及び割合（続き）

2030（平成42）年

| 年齢 | 一般世帯数（1,000世帯） | | | | | | | 割合（%） | | | | | |
	総数	単独	核家族世帯 総数	夫婦のみ	夫婦と子	ひとり親と子	その他	単独	核家族世帯 総数	夫婦のみ	夫婦と子	ひとり親と子	その他
総数													
総数	53,484	20,254	29,397	11,138	13,118	5,141	3,833	37.9	55.0	20.8	24.5	9.6	7.2
15～19歳	327	319	4	1	2	2	4	97.6	1.3	0.3	0.5	0.6	1.1
20～24歳	1,622	1,462	111	32	53	25	49	90.2	6.8	2.0	3.3	1.5	3.0
25～29歳	2,325	1,526	717	266	344	106	83	65.6	30.8	11.4	14.8	4.6	3.6
30～34歳	2,788	1,179	1,527	377	957	193	82	42.3	54.8	13.5	34.3	6.9	2.9
35～39歳	2,945	951	1,893	299	1,324	270	101	32.3	64.3	10.2	45.0	9.2	3.4
40～44歳	3,309	945	2,210	286	1,530	393	155	28.6	66.8	8.6	46.3	11.9	4.7
45～49歳	3,901	1,119	2,544	355	1,666	523	239	28.7	65.2	9.1	42.7	13.4	6.1
50～54歳	4,595	1,352	2,897	577	1,713	606	346	29.4	63.0	12.6	37.3	13.2	7.5
55～59歳	5,482	1,754	3,237	1,019	1,619	600	491	32.0	59.1	18.6	29.5	10.9	9.0
60～64歳	4,933	1,689	2,776	1,234	1,069	474	468	34.2	56.3	25.0	21.7	9.6	9.5
65～69歳	4,465	1,534	2,503	1,349	774	380	428	34.4	56.1	30.2	17.3	8.5	9.6
70～74歳	4,029	1,379	2,286	1,367	614	305	364	34.2	56.7	33.9	15.2	7.6	9.0
75～79歳	4,345	1,539	2,441	1,498	591	352	365	35.4	56.2	34.5	13.6	8.1	8.4
80～84歳	4,456	1,703	2,399	1,454	532	413	353	38.2	53.8	32.6	11.9	9.3	7.9
85歳以上	3,962	1,803	1,854	1,025	331	498	306	45.5	46.8	25.9	8.4	12.6	7.7
65歳以上（再掲）	21,257	7,959	11,483	6,693	2,842	1,948	1,816	37.4	54.0	31.5	13.4	9.2	8.5
75歳以上（再掲）	12,763	5,045	6,693	3,976	1,454	1,264	1,025	39.5	52.4	31.2	11.4	9.9	8.0
男													
総数	38,860	10,414	25,455	11,001	12,975	1,479	2,991	26.8	65.5	28.3	33.4	3.8	7.7
15～19歳	186	181	3	1	1	1	2	97.3	1.6	0.4	0.8	0.4	1.1
20～24歳	957	844	86	30	52	5	27	88.2	9.0	3.1	5.4	0.5	2.8
25～29歳	1,594	934	603	251	335	17	57	58.6	37.8	15.8	21.0	1.1	3.6
30～34歳	2,142	757	1,321	360	936	25	64	35.4	61.7	16.8	43.7	1.2	3.0
35～39歳	2,328	620	1,628	289	1,302	38	80	26.6	69.9	12.4	55.9	1.6	3.4
40～44歳	2,598	613	1,864	277	1,509	77	121	23.6	71.7	10.7	58.1	3.0	4.6
45～49歳	3,016	704	2,127	345	1,646	137	185	23.3	70.5	11.4	54.6	4.5	6.1
50～54歳	3,575	818	2,476	564	1,695	216	281	22.9	69.3	15.8	47.4	6.1	7.9
55～59歳	4,300	1,039	2,857	1,003	1,604	250	404	24.2	66.4	23.3	37.3	5.8	9.4
60～64歳	3,847	969	2,488	1,222	1,062	205	389	25.2	64.7	31.8	27.6	5.3	10.1
65～69歳	3,417	816	2,248	1,340	770	138	353	23.9	65.8	39.2	22.5	4.0	10.3
70～74歳	2,976	634	2,049	1,359	612	77	293	21.3	68.9	45.7	20.6	2.6	9.8
75～79歳	3,001	564	2,157	1,491	589	76	281	18.8	71.9	49.7	19.6	2.5	9.4
80～84歳	2,823	492	2,072	1,449	531	93	258	17.4	73.4	51.3	18.8	3.3	9.1
85歳以上	2,102	428	1,475	1,021	330	124	198	20.4	70.2	48.6	15.7	5.9	9.4
65歳以上（再掲）	14,318	2,935	10,001	6,659	2,833	509	1,383	20.5	69.8	46.5	19.8	3.6	9.7
75歳以上（再掲）	7,925	1,484	5,704	3,960	1,451	293	737	18.7	72.0	50.0	18.3	3.7	9.3
女													
総数	14,624	9,840	3,943	137	144	3,662	841	67.3	27.0	0.9	1.0	25.0	5.8
15～19歳	141	138	1	0	0	1	2	97.9	0.9	0.1	0.1	0.8	1.3
20～24歳	665	619	24	3	2	20	22	93.1	3.6	0.4	0.3	3.0	3.3
25～29歳	731	592	113	15	9	90	26	80.9	15.5	2.0	1.2	12.2	3.6
30～34歳	646	422	206	17	21	168	18	65.2	31.9	2.6	3.2	26.1	2.8
35～39歳	617	331	265	10	23	232	21	53.6	42.9	1.7	3.7	37.5	3.4
40～44歳	711	332	346	8	21	316	34	46.6	48.6	1.2	3.0	44.5	4.7
45～49歳	885	415	416	10	20	387	54	46.9	47.0	1.1	2.2	43.7	6.1
50～54歳	1,020	533	421	13	19	390	66	52.3	41.3	1.3	1.8	38.2	6.4
55～59歳	1,182	715	380	15	15	350	87	60.5	32.2	1.3	1.2	29.6	7.4
60～64歳	1,086	720	288	12	7	269	78	66.3	26.5	1.1	0.6	24.7	7.2
65～69歳	1,048	718	255	10	4	242	74	68.6	24.4	0.9	0.3	23.1	7.1
70～74歳	1,053	745	237	8	2	227	71	70.7	22.5	0.7	0.2	21.6	6.7
75～79歳	1,345	976	284	7	1	276	85	72.6	21.1	0.5	0.1	20.5	6.3
80～84歳	1,633	1,211	327	5	1	320	96	74.1	20.0	0.3	0.1	19.6	5.8
85歳以上	1,861	1,374	378	4	1	374	108	73.9	20.3	0.2	0.0	20.1	5.8
65歳以上（再掲）	6,939	5,024	1,482	34	8	1,440	433	72.4	21.4	0.5	0.1	20.7	6.2
75歳以上（再掲）	4,838	3,561	989	16	3	970	288	73.6	20.5	0.3	0.1	20.1	6.0

注：四捨五入のため合計は必ずしも一致しない。

結果表2 世帯の家族類型・世帯主の男女5歳階級別一般世帯数及び割合（続き）

2035（平成47）年

年齢	一般世帯数（1,000世帯）		核家族世帯				その他	割合（%）	核家族世帯				その他
	総数	単独	総数	夫婦のみ	夫婦と子	ひとり親と子		単独	総数	夫婦のみ	夫婦と子	ひとり親と子	
総数													
総数	52,315	20,233	28,499	10,960	12,465	5,074	3,583	38.7	54.5	21.0	23.8	9.7	6.8
15～19歳	310	302	4	1	1	2	3	97.6	1.3	0.3	0.5	0.5	1.1
20～24歳	1,525	1,378	103	30	49	23	44	90.4	6.7	2.0	3.2	1.5	2.9
25～29歳	2,196	1,454	670	250	322	98	73	66.2	30.5	11.4	14.7	4.5	3.3
30～34歳	2,610	1,104	1,427	351	887	189	80	42.3	54.6	13.4	34.0	7.2	3.1
35～39歳	2,989	961	1,926	304	1,344	278	102	32.2	64.4	10.2	45.0	9.3	3.4
40～44歳	3,150	909	2,098	275	1,442	381	143	28.9	66.6	8.7	45.8	12.1	4.5
45～49歳	3,494	1,013	2,275	314	1,488	473	205	29.0	65.1	9.0	42.6	13.5	5.9
50～54歳	4,053	1,230	2,529	495	1,496	539	293	30.4	62.4	12.2	36.9	13.3	7.2
55～59歳	4,799	1,525	2,863	862	1,408	593	410	31.8	59.7	18.0	29.3	12.4	8.5
60～64歳	5,596	1,938	3,154	1,413	1,215	526	503	34.6	56.4	25.3	21.7	9.4	9.0
65～69歳	4,912	1,785	2,703	1,471	826	405	424	36.3	55.0	30.0	16.8	8.2	8.6
70～74歳	4,278	1,557	2,375	1,432	629	314	346	36.4	55.5	33.5	14.7	7.3	8.1
75～79歳	3,834	1,419	2,110	1,288	505	316	306	37.0	55.0	33.6	13.2	8.3	8.0
80～84歳	3,767	1,477	1,996	1,206	441	349	294	39.2	53.0	32.0	11.7	9.3	7.8
85歳以上	4,802	2,179	2,265	1,268	410	588	357	45.4	47.2	26.4	8.5	12.2	7.4
65歳以上（再掲）	21,593	8,418	11,449	6,666	2,811	1,972	1,727	39.0	53.0	30.9	13.0	9.1	8.0
75歳以上（再掲）	12,403	5,075	6,371	3,762	1,356	1,253	957	40.9	51.4	30.3	10.9	10.1	7.7
男													
総数	37,780	10,380	24,644	10,829	12,327	1,488	2,755	27.5	65.2	28.7	32.6	3.9	7.3
15～19歳	176	172	3	1	1	1	2	97.4	1.6	0.4	0.8	0.4	1.0
20～24歳	898	794	80	28	48	5	24	88.4	8.9	3.1	5.3	0.5	2.6
25～29歳	1,505	891	564	236	314	15	50	59.2	37.5	15.7	20.8	1.0	3.3
30～34歳	1,999	709	1,229	335	868	26	62	35.4	61.5	16.7	43.4	1.3	3.1
35～39歳	2,361	627	1,653	293	1,321	39	81	26.6	70.0	12.4	56.0	1.6	3.4
40～44歳	2,467	592	1,764	267	1,422	75	112	24.0	71.5	10.8	57.6	3.0	4.5
45～49歳	2,693	642	1,893	305	1,470	117	158	23.8	70.3	11.3	54.6	4.3	5.9
50～54歳	3,127	748	2,144	484	1,480	180	235	23.9	68.6	15.5	47.3	5.8	7.5
55～59歳	3,749	896	2,517	849	1,394	274	336	23.9	67.1	22.7	37.2	7.3	9.0
60～64歳	4,333	1,085	2,837	1,399	1,207	231	411	25.0	65.5	32.3	27.9	5.3	9.5
65～69歳	3,722	948	2,433	1,461	822	149	341	25.5	65.4	39.3	22.1	4.0	9.2
70～74歳	3,129	730	2,131	1,424	627	80	269	23.3	68.1	45.5	20.0	2.5	8.6
75～79歳	2,633	543	1,859	1,282	504	73	231	20.6	70.6	48.7	19.1	2.8	8.8
80～84歳	2,386	455	1,718	1,202	440	76	213	19.0	72.0	50.4	18.4	3.2	8.9
85歳以上	2,601	550	1,820	1,264	409	147	232	21.1	69.9	48.6	15.7	5.7	8.9
65歳以上（再掲）	14,472	3,225	9,960	6,632	2,802	525	1,286	22.3	68.8	45.8	19.4	3.6	8.9
75歳以上（再掲）	7,621	1,548	5,397	3,747	1,353	296	677	20.3	70.8	49.2	17.8	3.9	8.9
女													
総数	14,535	9,853	3,854	131	137	3,586	827	67.8	26.5	0.9	0.9	24.7	5.7
15～19歳	134	131	1	0	0	1	2	97.9	0.9	0.1	0.1	0.8	1.2
20～24歳	627	584	23	3	2	19	20	93.2	3.6	0.4	0.3	3.0	3.2
25～29歳	692	563	106	14	8	83	23	81.4	15.3	2.0	1.2	12.1	3.4
30～34歳	611	395	198	16	20	162	18	64.7	32.4	2.6	3.2	26.6	2.9
35～39歳	628	334	273	11	23	239	21	53.2	43.5	1.7	3.7	38.1	3.4
40～44歳	683	318	334	8	20	306	31	46.6	48.9	1.2	2.9	44.8	4.5
45～49歳	801	371	382	9	17	356	48	46.3	47.7	1.1	2.2	44.5	5.9
50～54歳	926	482	386	11	16	359	58	52.1	41.6	1.2	1.7	38.7	6.3
55～59歳	1,049	629	346	13	14	319	74	59.9	33.0	1.2	1.4	30.4	7.1
60～64歳	1,262	853	317	14	8	295	92	67.6	25.1	1.1	0.6	23.4	7.3
65～69歳	1,191	837	270	10	4	256	83	70.3	22.7	0.9	0.3	21.5	7.0
70～74歳	1,149	828	244	8	2	234	77	72.0	21.3	0.7	0.2	20.4	6.7
75～79歳	1,201	875	251	6	1	244	75	72.9	20.9	0.5	0.1	20.3	6.2
80～84歳	1,380	1,023	278	4	1	272	80	74.1	20.1	0.3	0.1	19.7	5.8
85歳以上	2,200	1,629	446	4	1	441	125	74.1	20.3	0.2	0.0	20.0	5.7
65歳以上（再掲）	7,122	5,192	1,489	34	9	1,447	440	72.9	20.9	0.5	0.1	20.3	6.2
75歳以上（再掲）	4,782	3,527	974	15	3	957	280	73.8	20.4	0.3	0.1	20.0	5.9

注：四捨五入のため合計は必ずしも一致しない。

結果表2 世帯の家族類型・世帯主の男女5歳階級別一般世帯数及び割合（続き）

2040（平成52）年

年齢	一般世帯数 (1,000世帯)		核家族世帯					割合 (%)	核家族世帯				
	総数	単独	総数	夫婦のみ	夫婦と子	ひとり親と子	その他	単独	総数	夫婦のみ	夫婦と子	ひとり親と子	その他
総数													
総数	50,757	19,944	27,463	10,715	11,824	4,924	3,350	39.3	54.1	21.1	23.3	9.7	6.6
15〜19歳	282	275	4	1	1	2	3	97.6	1.3	0.3	0.5	0.6	1.1
20〜24歳	1,445	1,309	96	28	46	22	40	90.6	6.7	1.9	3.2	1.5	2.8
25〜29歳	2,061	1,373	623	232	299	92	65	66.6	30.2	11.2	14.5	4.4	3.2
30〜34歳	2,466	1,056	1,338	330	833	175	72	42.8	54.3	13.4	33.8	7.1	2.9
35〜39歳	2,801	900	1,804	284	1,250	271	98	32.1	64.4	10.1	44.6	9.7	3.5
40〜44歳	3,202	918	2,140	281	1,467	392	144	28.7	66.8	8.8	45.8	12.3	4.5
45〜49歳	3,331	974	2,165	302	1,406	458	192	29.2	65.0	9.1	42.2	13.7	5.8
50〜54歳	3,622	1,111	2,257	439	1,335	482	254	30.7	62.3	12.1	36.9	13.3	7.0
55〜59歳	4,284	1,386	2,545	744	1,231	570	352	32.4	59.4	17.4	28.7	13.3	8.2
60〜64歳	4,840	1,680	2,740	1,204	1,050	486	421	34.7	56.6	24.9	21.7	10.0	8.7
65〜69歳	5,549	2,045	3,043	1,677	935	431	461	36.9	54.8	30.2	16.9	7.8	8.3
70〜74歳	4,702	1,796	2,555	1,558	672	325	351	38.2	54.3	33.1	14.3	6.9	7.5
75〜79歳	4,066	1,573	2,196	1,352	521	323	297	38.7	54.0	33.3	12.8	7.9	7.3
80〜84歳	3,341	1,349	1,743	1,051	383	309	249	40.4	52.2	31.4	11.5	9.3	7.5
85歳以上	4,764	2,200	2,214	1,232	395	588	349	46.2	46.5	25.9	8.3	12.3	7.3
65歳以上（再掲）	22,423	8,963	11,752	6,870	2,906	1,976	1,708	40.0	52.4	30.6	13.0	8.8	7.6
75歳以上（再掲）	12,171	5,122	6,153	3,635	1,299	1,220	896	42.1	50.6	29.9	10.7	10.0	7.4
男													
総数	36,494	10,222	23,727	10,590	11,694	1,443	2,545	28.0	65.0	29.0	32.0	4.0	7.0
15〜19歳	160	156	3	1	1	1	2	97.3	1.6	0.4	0.8	0.4	1.0
20〜24歳	852	755	75	26	45	4	22	88.6	8.8	3.0	5.3	0.5	2.5
25〜29歳	1,409	842	524	219	291	13	44	59.7	37.1	15.5	20.7	0.9	3.1
30〜34歳	1,889	679	1,153	315	815	23	56	36.0	61.1	16.7	43.2	1.2	3.0
35〜39歳	2,206	587	1,542	274	1,228	41	77	26.6	69.9	12.4	55.7	1.8	3.5
40〜44歳	2,506	596	1,796	273	1,446	77	113	23.8	71.7	10.9	57.7	3.1	4.5
45〜49歳	2,562	617	1,798	293	1,389	115	147	24.1	70.2	11.5	54.2	4.5	5.8
50〜54歳	2,788	679	1,905	430	1,321	155	203	24.4	68.3	15.4	47.4	5.6	7.3
55〜59歳	3,324	817	2,222	733	1,218	270	285	24.6	66.8	22.1	36.6	8.1	8.6
60〜64歳	3,736	934	2,460	1,192	1,043	225	342	25.0	65.8	31.9	27.9	6.0	9.2
65〜69歳	4,177	1,063	2,749	1,665	931	153	364	25.5	65.8	39.9	22.3	3.7	8.7
70〜74歳	3,409	846	2,299	1,549	670	80	265	24.8	67.4	45.4	19.6	2.3	7.8
75〜79歳	2,778	622	1,939	1,346	520	74	217	22.4	69.8	48.4	18.7	2.7	7.8
80〜84歳	2,118	440	1,500	1,047	382	71	179	20.8	70.8	49.4	18.1	3.3	8.4
85歳以上	2,579	588	1,763	1,227	394	141	228	22.8	68.3	47.6	15.3	5.5	8.8
65歳以上（再掲）	15,062	3,559	10,250	6,834	2,897	519	1,253	23.6	68.1	45.4	19.2	3.4	8.3
75歳以上（再掲）	7,476	1,650	5,202	3,620	1,296	286	624	22.1	69.6	48.4	17.3	3.8	8.3
女													
総数	14,263	9,722	3,737	125	130	3,482	805	68.2	26.2	0.9	0.9	24.4	5.6
15〜19歳	122	119	1	0	0	1	2	97.8	0.9	0.1	0.1	0.8	1.2
20〜24歳	593	553	21	2	1	17	18	93.3	3.6	0.4	0.2	2.9	3.1
25〜29歳	652	532	99	13	8	78	21	81.6	15.2	2.0	1.2	12.0	3.2
30〜34歳	578	376	185	15	18	152	16	65.1	32.1	2.6	3.2	26.3	2.8
35〜39歳	595	313	262	10	22	230	20	52.6	44.0	1.7	3.6	38.6	3.4
40〜44歳	697	322	344	8	20	315	31	46.2	49.3	1.2	2.9	45.2	4.5
45〜49歳	768	356	368	8	17	343	44	46.4	47.9	1.1	2.2	44.6	5.8
50〜54歳	834	432	351	10	14	327	51	51.8	42.1	1.2	1.7	39.2	6.1
55〜59歳	960	569	324	11	13	300	67	59.3	33.7	1.2	1.4	31.2	7.0
60〜64歳	1,104	745	280	12	7	261	79	67.5	25.4	1.1	0.7	23.6	7.1
65〜69歳	1,372	981	294	12	4	278	97	71.5	21.4	0.9	0.3	20.3	7.0
70〜74歳	1,293	950	256	9	2	245	87	73.5	19.8	0.7	0.2	19.0	6.7
75〜79歳	1,288	950	257	7	1	249	80	73.8	19.9	0.5	0.1	19.3	6.2
80〜84歳	1,223	909	243	4	1	239	71	74.3	19.9	0.3	0.1	19.5	5.8
85歳以上	2,185	1,612	452	4	1	447	121	73.8	20.7	0.2	0.0	20.4	5.5
65歳以上（再掲）	7,361	5,404	1,502	36	9	1,457	455	73.4	20.4	0.5	0.1	19.8	6.2
75歳以上（再掲）	4,696	3,472	952	15	3	934	272	73.9	20.3	0.3	0.1	19.9	5.8

注：四捨五入のため合計は必ずしも一致しない。

結果表3　世帯の家族類型・世帯主の男女5歳階級別一般世帯数及び割合
[参考推計：世帯内地位分布一定]

2020（平成32）年

| 年　齢 | 一　般　世　帯　数（1,000世帯） | | | | | | 割　合（％） | | | | | |
| | 総　数 | 単　独 | 核　家　族　世　帯 | | | | その他 | 単　独 | 核　家　族　世　帯 | | | | その他 |
			総数	夫婦のみ	夫婦と子	ひとり親と子			総数	夫婦のみ	夫婦と子	ひとり親と子	
総　数													
総　数	53,408	18,407	29,894	11,032	14,037	4,825	5,108	34.5	56.0	20.7	26.3	9.0	9.6
15～19歳	368	358	5	1	2	2	5	97.5	1.3	0.3	0.5	0.5	1.3
20～24歳	1,850	1,657	128	39	64	26	65	89.6	6.9	2.1	3.4	1.4	3.5
25～29歳	2,437	1,590	743	284	381	78	104	65.2	30.5	11.6	15.6	3.2	4.3
30～34歳	2,811	1,157	1,544	382	1,013	149	111	41.2	54.9	13.6	36.0	5.3	3.9
35～39歳	3,326	1,015	2,161	354	1,550	257	150	30.5	65.0	10.6	46.6	7.7	4.5
40～44歳	4,003	1,092	2,677	373	1,874	430	234	27.3	66.9	9.3	46.8	10.7	5.8
45～49歳	4,984	1,344	3,245	472	2,125	647	395	27.0	65.1	9.5	42.6	13.0	7.9
50～54歳	4,624	1,227	2,873	552	1,717	604	524	26.5	62.1	11.9	37.1	13.1	11.3
55～59歳	4,317	1,133	2,549	754	1,313	483	635	26.2	59.1	17.5	30.4	11.2	14.7
60～64歳	4,173	1,118	2,430	1,057	1,002	370	625	26.8	58.2	25.3	24.0	8.9	15.0
65～69歳	4,799	1,316	2,874	1,564	942	368	609	27.4	59.9	32.6	19.6	7.7	12.7
70～74歳	5,516	1,567	3,390	2,035	937	418	559	28.4	61.5	36.9	17.0	7.6	10.1
75～79歳	4,288	1,381	2,489	1,529	601	359	418	32.2	58.0	35.7	14.0	8.4	9.8
80～84歳	3,164	1,203	1,628	1,001	333	293	333	38.0	51.5	31.7	10.5	9.3	10.5
85歳～	2,749	1,249	1,159	635	182	342	341	45.4	42.1	23.1	6.6	12.4	12.4
65歳以上（再掲）	20,515	6,716	11,539	6,764	2,995	1,780	2,260	32.7	56.2	33.0	14.6	8.7	11.0
男													
総　数	39,744	9,447	26,101	10,890	13,886	1,324	4,196	23.8	65.7	27.4	34.9	3.3	10.6
15～19歳	210	204	3	1	2	1	2	97.2	1.6	0.4	0.8	0.4	1.2
20～24歳	1,096	956	103	36	62	6	37	87.3	9.4	3.3	5.6	0.5	3.3
25～29歳	1,698	972	655	268	371	15	71	57.2	38.6	15.8	21.9	0.9	4.2
30～34歳	2,196	729	1,383	365	991	27	84	33.2	63.0	16.6	45.1	1.2	3.8
35～39歳	2,692	656	1,915	341	1,524	50	122	24.4	71.1	12.7	56.6	1.9	4.5
40～44歳	3,222	724	2,306	362	1,849	95	193	22.5	71.6	11.2	57.4	3.0	6.0
45～49歳	3,950	893	2,728	459	2,101	168	329	22.6	69.1	11.6	53.2	4.2	8.3
50～54歳	3,675	793	2,432	540	1,701	191	450	21.6	66.2	14.7	46.3	5.2	12.2
55～59歳	3,488	703	2,223	743	1,303	178	561	20.2	63.7	21.3	37.4	5.1	16.1
60～64歳	3,371	638	2,178	1,047	997	134	554	18.9	64.6	31.1	29.6	4.0	16.4
65～69歳	3,764	639	2,600	1,553	938	109	525	17.0	69.1	41.3	24.9	2.9	13.9
70～74歳	4,105	591	3,060	2,024	935	102	454	14.4	74.5	49.3	22.8	2.5	11.1
75～79歳	2,921	390	2,206	1,522	599	84	324	13.4	75.5	52.1	20.5	2.9	11.1
80～84歳	1,935	282	1,403	998	333	73	250	14.6	72.5	51.6	17.2	3.8	12.9
85歳～	1,422	277	904	633	182	89	240	19.5	63.6	44.5	12.8	6.3	16.9
65歳以上（再掲）	14,146	2,179	10,173	6,729	2,987	458	1,794	15.4	71.9	47.6	21.1	3.2	12.7
女													
総　数	13,665	8,960	3,794	141	151	3,502	912	65.6	27.8	1.0	1.1	25.6	6.7
15～19歳	158	154	1	0	0	1	2	97.8	0.8	0.1	0.1	0.7	1.4
20～24歳	754	701	25	3	2	20	28	92.9	3.3	0.4	0.3	2.6	3.8
25～29歳	739	618	88	15	10	62	34	83.6	11.8	2.1	1.3	8.4	4.6
30～34歳	615	428	161	17	22	122	27	69.6	26.1	2.8	3.5	19.8	4.3
35～39歳	634	360	246	12	27	206	29	56.7	38.7	2.0	4.2	32.6	4.5
40～44歳	780	368	371	11	25	335	41	47.2	47.6	1.4	3.3	42.9	5.3
45～49歳	1,034	451	517	13	24	480	66	43.6	50.0	1.3	2.3	46.4	6.4
50～54歳	949	434	441	12	17	412	74	45.7	46.5	1.3	1.8	43.4	7.8
55～59歳	830	430	326	11	10	305	74	51.8	39.3	1.4	1.2	36.7	8.9
60～64歳	802	479	252	10	5	236	71	59.7	31.4	1.3	0.7	29.5	8.9
65～69歳	1,035	677	274	11	4	259	84	65.4	26.4	1.1	0.3	25.0	8.2
70～74歳	1,410	976	330	11	3	316	104	69.2	23.4	0.8	0.2	22.4	7.4
75～79歳	1,367	990	283	7	1	275	94	72.4	20.7	0.5	0.1	20.1	6.9
80～84歳	1,229	921	225	4	1	221	83	75.0	18.3	0.3	0.0	18.0	6.7
85歳～	1,327	972	254	2	0	252	101	73.2	19.2	0.2	0.0	19.0	7.6
65歳以上（再掲）	6,368	4,537	1,366	35	8	1,322	466	71.2	21.4	0.6	0.1	20.8	7.3

注：四捨五入のため合計は必ずしも一致しない。

結果表3　世帯の家族類型・世帯主の男女5歳階級別一般世帯数及び割合(続き)
[参考推計:世帯内地位分布一定]

2025(平成37)年

年齢	一般世帯数（1,000世帯）		核家族世帯				その他	割合（%）	核家族世帯				その他
	総数	単独	総数	夫婦のみ	夫婦と子	ひとり親と子		単独	総数	夫婦のみ	夫婦と子	ひとり親と子	
総数													
総数	52,930	18,260	29,503	11,123	13,576	4,805	5,167	34.5	55.7	21.0	25.6	9.1	9.8
15～19歳	349	340	4	1	2	2	4	97.5	1.3	0.3	0.5	0.5	1.3
20～24歳	1,727	1,547	120	36	59	24	61	89.6	6.9	2.1	3.4	1.4	3.5
25～29歳	2,467	1,609	752	287	386	79	106	65.2	30.5	11.6	15.7	3.2	4.3
30～34歳	2,668	1,096	1,467	363	964	140	105	41.1	55.0	13.6	36.1	5.3	3.9
35～39歳	2,953	899	1,920	314	1,379	226	133	30.5	65.0	10.6	46.7	7.7	4.5
40～44歳	3,506	956	2,345	326	1,641	377	205	27.3	66.9	9.3	46.8	10.8	5.8
45～49歳	4,242	1,144	2,761	402	1,808	551	337	27.0	65.1	9.5	42.6	13.0	7.9
50～54歳	5,170	1,371	3,213	618	1,921	674	586	26.5	62.1	11.9	37.2	13.0	11.3
55～59歳	4,677	1,227	2,762	817	1,423	522	688	26.2	59.1	17.5	30.4	11.2	14.7
60～64歳	4,352	1,163	2,536	1,104	1,047	385	652	26.7	58.3	25.4	24.1	8.8	15.0
65～69歳	4,180	1,144	2,505	1,364	821	320	531	27.4	59.9	32.6	19.6	7.7	12.7
70～74歳	4,669	1,324	2,872	1,724	794	353	473	28.4	61.5	36.9	17.0	7.6	10.1
75～79歳	5,159	1,640	3,014	1,859	730	426	505	31.8	58.4	36.0	14.2	8.3	9.8
80～84歳	3,589	1,353	1,857	1,146	381	330	379	37.7	51.7	31.9	10.6	9.2	10.5
85歳～	3,223	1,444	1,376	761	219	396	403	44.8	42.7	23.6	6.8	12.3	12.5
65歳以上（再掲）	20,819	6,906	11,623	6,853	2,945	1,824	2,290	33.2	55.8	32.9	14.1	8.8	11.0
男													
総数	39,248	9,242	25,760	10,986	13,434	1,340	4,246	23.5	65.6	28.0	34.2	3.4	10.8
15～19歳	199	193	3	1	2	1	2	97.2	1.6	0.4	0.8	0.4	1.2
20～24歳	1,019	889	96	33	57	5	34	87.3	9.4	3.3	5.6	0.5	3.3
25～29歳	1,720	984	664	272	376	16	72	57.2	38.6	15.8	21.9	0.9	4.2
30～34歳	2,090	694	1,316	347	943	26	80	33.2	63.0	16.6	45.1	1.2	3.8
35～39歳	2,396	583	1,704	304	1,356	45	108	24.4	71.1	12.7	56.6	1.9	4.5
40～44歳	2,821	634	2,019	317	1,619	84	169	22.5	71.6	11.2	57.4	3.0	6.0
45～49歳	3,361	760	2,321	391	1,787	143	280	22.6	69.1	11.6	53.2	4.2	8.3
50～54歳	4,112	888	2,721	604	1,903	214	503	21.6	66.2	14.7	46.3	5.2	12.2
55～59歳	3,781	762	2,410	805	1,412	193	608	20.2	63.7	21.3	37.4	5.1	16.1
60～64歳	3,521	667	2,275	1,094	1,041	140	579	18.9	64.6	31.1	29.6	4.0	16.4
65～69歳	3,282	557	2,267	1,354	818	95	458	17.0	69.1	41.3	24.9	2.9	13.9
70～74歳	3,478	500	2,593	1,715	792	86	385	14.4	74.5	49.3	22.8	2.5	11.1
75～79歳	3,550	475	2,681	1,850	729	103	394	13.4	75.5	52.1	20.5	2.9	11.1
80～84歳	2,214	322	1,605	1,142	380	83	286	14.6	72.5	51.6	17.2	3.8	12.9
85歳～	1,706	333	1,085	759	218	107	288	19.5	63.6	44.5	12.8	6.3	16.9
65歳以上（再掲）	14,230	2,187	10,231	6,819	2,937	475	1,811	15.4	71.9	47.9	20.6	3.3	12.7
女													
総数	13,682	9,018	3,743	137	142	3,465	921	65.9	27.4	1.0	1.0	25.3	6.7
15～19歳	150	146	1	0	0	1	2	97.8	0.8	0.1	0.1	0.7	1.4
20～24歳	708	658	24	3	2	19	27	92.9	3.3	0.4	0.3	2.6	3.8
25～29歳	748	625	89	16	10	63	34	83.6	11.8	2.1	1.3	8.4	4.6
30～34歳	578	402	151	16	20	115	25	69.6	26.1	2.8	3.5	19.8	4.3
35～39歳	557	316	216	11	23	181	25	56.7	38.7	2.0	4.2	32.6	4.5
40～44歳	684	323	326	10	22	294	36	47.2	47.6	1.4	3.3	42.9	5.3
45～49歳	882	385	440	11	21	409	57	43.6	50.0	1.3	2.3	46.4	6.4
50～54歳	1,058	484	492	14	19	460	83	45.7	46.5	1.3	1.8	43.4	7.8
55～59歳	896	464	352	12	11	329	80	51.8	39.3	1.4	1.2	36.7	8.9
60～64歳	832	497	261	11	5	245	74	59.7	31.4	1.3	0.7	29.5	8.9
65～69歳	898	587	237	10	3	224	73	65.4	26.4	1.1	0.3	25.0	8.2
70～74歳	1,190	824	279	10	2	267	88	69.2	23.4	0.8	0.2	22.4	7.4
75～79歳	1,609	1,165	333	9	2	323	110	72.4	20.7	0.5	0.1	20.1	6.9
80～84歳	1,375	1,031	252	4	1	247	92	75.0	18.3	0.3	0.0	18.0	6.7
85歳～	1,517	1,111	291	2	0	288	115	73.2	19.2	0.2	0.0	19.0	7.6
65歳以上（再掲）	6,589	4,719	1,392	34	8	1,350	479	71.6	21.1	0.5	0.1	20.5	7.3

注:四捨五入のため合計は必ずしも一致しない。

結果表3　世帯の家族類型・世帯主の男女5歳階級別一般世帯数及び割合（続き）
［参考推計：世帯内地位分布一定］

2030（平成42）年

年齢	一般世帯数（1,000世帯）							割合（%）					
	総数	単独	核家族世帯				その他	単独	核家族世帯				その他
			総数	夫婦のみ	夫婦と子	ひとり親と子			総数	夫婦のみ	夫婦と子	ひとり親と子	
総数													
総数	51,907	17,926	28,802	11,085	13,021	4,696	5,179	34.5	55.5	21.4	25.1	9.0	10.0
15～19歳	328	320	4	1	2	2	4	97.5	1.3	0.3	0.5	0.5	1.3
20～24歳	1,640	1,469	113	35	56	23	58	89.6	6.9	2.1	3.4	1.4	3.5
25～29歳	2,305	1,504	702	268	360	74	99	65.3	30.4	11.6	15.6	3.2	4.3
30～34歳	2,702	1,110	1,486	368	976	142	106	41.1	55.0	13.6	36.1	5.3	3.9
35～39歳	2,804	852	1,825	299	1,312	213	127	30.4	65.1	10.7	46.8	7.6	4.5
40～44歳	3,113	848	2,083	290	1,460	332	182	27.2	66.9	9.3	46.9	10.7	5.8
45～49歳	3,717	1,003	2,419	352	1,584	484	295	27.0	65.1	9.5	42.6	13.0	7.9
50～54歳	4,403	1,168	2,736	526	1,636	574	499	26.5	62.1	11.9	37.1	13.0	11.3
55～59歳	5,233	1,372	3,092	915	1,594	583	770	26.2	59.1	17.5	30.5	11.1	14.7
60～64歳	4,722	1,261	2,753	1,199	1,137	417	708	26.7	58.3	25.4	24.1	8.8	15.0
65～69歳	4,369	1,193	2,621	1,428	860	333	555	27.3	60.0	32.7	19.7	7.6	12.7
70～74歳	4,080	1,154	2,513	1,510	695	307	414	28.3	61.6	37.0	17.0	7.5	10.1
75～79歳	4,376	1,389	2,560	1,579	620	360	428	31.7	58.5	36.1	14.2	8.2	9.8
80～84歳	4,373	1,624	2,285	1,417	472	396	464	37.1	52.2	32.4	10.8	9.1	10.6
85歳～	3,743	1,660	1,612	898	258	455	472	44.3	43.1	24.0	6.9	12.2	12.6
65歳以上（再掲）	20,942	7,020	11,590	6,832	2,905	1,852	2,332	33.5	55.3	32.6	13.9	8.8	11.1
男													
総数	38,416	8,980	25,172	10,953	12,888	1,331	4,264	23.4	65.5	28.5	33.5	3.5	11.1
15～19歳	187	182	3	1	2	1	2	97.2	1.6	0.4	0.8	0.4	1.2
20～24歳	968	844	91	32	55	5	32	87.3	9.4	3.3	5.6	0.5	3.3
25～29歳	1,602	917	618	253	351	15	67	57.2	38.6	15.8	21.9	0.9	4.2
30～34歳	2,117	703	1,333	352	955	26	81	33.2	63.0	16.6	45.1	1.2	3.8
35～39歳	2,280	555	1,622	289	1,290	43	103	24.4	71.1	12.7	56.6	1.9	4.5
40～44歳	2,511	564	1,797	282	1,441	74	150	22.5	71.6	11.2	57.4	3.0	6.0
45～49歳	2,943	665	2,033	342	1,566	125	245	22.6	69.1	11.6	53.2	4.2	8.3
50～54歳	3,500	756	2,316	514	1,620	182	428	21.6	66.2	14.7	46.3	5.2	12.2
55～59歳	4,233	854	2,699	901	1,581	216	681	20.2	63.7	21.3	37.4	5.1	16.1
60～64歳	3,823	724	2,471	1,188	1,131	152	628	18.9	64.6	31.1	29.6	4.0	16.4
65～69歳	3,437	583	2,375	1,418	857	100	479	17.0	69.1	41.3	24.9	2.9	13.9
70～74歳	3,046	438	2,271	1,502	693	76	337	14.4	74.5	49.3	22.8	2.5	11.1
75～79歳	3,016	403	2,278	1,572	619	87	335	13.4	75.5	52.1	20.5	2.9	11.1
80～84歳	2,739	399	1,986	1,412	471	103	354	14.6	72.5	51.6	17.2	3.8	12.9
85歳～	2,013	393	1,280	896	258	127	340	19.5	63.6	44.5	12.8	6.3	16.9
65歳以上（再掲）	14,251	2,217	10,189	6,799	2,898	492	1,845	15.6	71.5	47.7	20.3	3.5	12.9
女													
総数	13,491	8,945	3,630	132	133	3,365	915	66.3	26.9	1.0	1.0	24.9	6.8
15～19歳	141	138	1	0	0	1	2	97.8	0.8	0.1	0.1	0.7	1.4
20～24歳	672	625	22	3	2	18	25	92.9	3.3	0.4	0.3	2.6	3.8
25～29歳	702	587	83	15	9	59	32	83.6	11.8	2.1	1.3	8.4	4.6
30～34歳	584	407	153	16	21	116	25	69.6	26.1	2.8	3.5	19.8	4.3
35～39歳	523	297	203	10	22	170	24	56.7	38.7	2.0	4.2	32.6	4.5
40～44歳	601	284	286	8	20	258	32	47.2	47.6	1.4	3.3	42.9	5.3
45～49歳	774	338	387	10	18	359	50	43.6	50.0	1.3	2.3	46.4	6.4
50～54歳	902	412	420	12	16	392	71	45.7	46.5	1.3	1.8	43.4	7.8
55～59歳	1,000	518	393	14	12	367	89	51.8	39.3	1.4	1.2	36.7	8.9
60～64歳	899	537	282	12	6	265	80	59.7	31.4	1.3	0.7	29.5	8.9
65～69歳	931	609	246	10	3	233	76	65.4	26.4	1.1	0.3	25.0	8.2
70～74歳	1,034	716	242	8	2	232	76	69.2	23.4	0.8	0.2	22.4	7.4
75～79歳	1,360	985	282	7	1	273	93	72.4	20.7	0.5	0.1	20.1	6.9
80～84歳	1,635	1,226	299	5	1	294	110	75.0	18.3	0.3	0.0	18.0	6.7
85歳～	1,730	1,267	332	3	0	329	131	73.2	19.2	0.2	0.0	19.0	7.6
65歳以上（再掲）	6,691	4,803	1,401	33	8	1,360	487	71.8	20.9	0.5	0.1	20.3	7.3

注：四捨五入のため合計は必ずしも一致しない。

結果表3　世帯の家族類型・世帯主の男女5歳階級別一般世帯数及び割合（続き）
［参考推計：世帯内地位分布一定］

2035（平成47）年

年齢	一般世帯数（1,000世帯）		核家族世帯				その他	割合（%）	核家族世帯				その他
	総数	単独	総数	夫婦のみ	夫婦と子	ひとり親と子		単独	総数	夫婦のみ	夫婦と子	ひとり親と子	
総数													
総数	50,427	17,401	27,936	10,968	12,439	4,530	5,090	34.5	55.4	21.8	24.7	9.0	10.1
15～19歳	311	303	4	1	2	2	4	97.5	1.3	0.3	0.5	0.5	1.3
20～24歳	1,546	1,385	107	32	53	21	54	89.6	6.9	2.1	3.4	1.4	3.5
25～29歳	2,191	1,430	667	255	342	70	94	65.3	30.4	11.6	15.6	3.2	4.3
30～34歳	2,523	1,037	1,387	343	910	133	99	41.1	55.0	13.6	36.1	5.3	3.9
35～39歳	2,840	863	1,848	303	1,330	216	128	30.4	65.1	10.7	46.8	7.6	4.5
40～44歳	2,956	803	1,980	276	1,390	313	173	27.2	67.0	9.3	47.0	10.6	5.8
45～49歳	3,301	889	2,150	313	1,410	427	262	26.9	65.1	9.5	42.7	12.9	7.9
50～54歳	3,860	1,024	2,398	461	1,433	504	437	26.5	62.1	11.9	37.1	13.1	11.3
55～59歳	4,459	1,169	2,634	779	1,358	497	656	26.2	59.1	17.5	30.4	11.1	14.7
60～64歳	5,289	1,411	3,085	1,344	1,274	466	793	26.7	58.3	25.4	24.1	8.8	15.0
65～69歳	4,750	1,295	2,851	1,554	936	361	604	27.3	60.0	32.7	19.7	7.6	12.7
70～74歳	4,276	1,205	2,638	1,587	731	320	434	28.2	61.7	37.1	17.1	7.5	10.1
75～79歳	3,844	1,214	2,253	1,391	547	315	377	31.6	58.6	36.2	14.2	8.2	9.8
80～84歳	3,722	1,379	1,948	1,209	402	337	395	37.1	52.3	32.5	10.8	9.0	10.6
85歳～	4,560	1,993	1,988	1,119	322	548	580	43.7	43.6	24.5	7.1	12.0	12.7
65歳以上（再掲）	21,152	7,086	11,678	6,860	2,937	1,880	2,389	33.5	55.2	32.4	13.9	8.9	11.3
男													
総数	37,310	8,668	24,448	10,842	12,313	1,294	4,194	23.2	65.5	29.1	33.0	3.5	11.2
15～19歳	178	173	3	1	1	1	2	97.2	1.6	0.4	0.8	0.4	1.2
20～24歳	910	794	86	30	51	5	30	87.3	9.4	3.3	5.6	0.5	3.3
25～29歳	1,523	872	588	241	333	14	64	57.2	38.6	15.8	21.9	0.9	4.2
30～34歳	1,974	655	1,243	328	891	24	75	33.2	63.0	16.6	45.1	1.2	3.8
35～39歳	2,311	563	1,643	293	1,307	43	105	24.4	71.1	12.7	56.6	1.9	4.5
40～44歳	2,391	537	1,711	268	1,372	71	143	22.5	71.6	11.2	57.4	3.0	6.0
45～49歳	2,621	592	1,810	305	1,394	111	218	22.6	69.1	11.6	53.2	4.2	8.3
50～54歳	3,067	662	2,030	451	1,419	160	375	21.6	66.2	14.7	46.3	5.2	12.2
55～59歳	3,606	727	2,299	768	1,347	184	580	20.2	63.7	21.3	37.4	5.1	16.1
60～64歳	4,285	812	2,769	1,331	1,268	170	704	18.9	64.6	31.1	29.6	4.0	16.4
65～69歳	3,741	635	2,585	1,543	933	109	522	17.0	69.1	41.3	24.9	2.9	13.9
70～74歳	3,201	461	2,386	1,578	729	79	354	14.4	74.5	49.3	22.8	2.5	11.1
75～79歳	2,658	355	2,007	1,385	545	77	295	13.4	75.5	52.1	20.5	2.9	11.1
80～84歳	2,336	340	1,694	1,205	402	88	302	14.6	72.5	51.6	17.2	3.8	12.9
85歳～	2,508	489	1,595	1,116	321	158	424	19.5	63.6	44.5	12.8	6.3	16.9
65歳以上（再掲）	14,444	2,280	10,267	6,827	2,929	510	1,897	15.8	71.1	47.3	20.3	3.5	13.1
女													
総数	13,117	8,733	3,488	126	125	3,236	896	66.6	26.6	1.0	1.0	24.7	6.8
15～19歳	134	131	1	0	0	1	2	97.8	0.8	0.1	0.1	0.7	1.4
20～24歳	635	590	21	3	2	17	24	92.9	3.3	0.4	0.3	2.6	3.8
25～29歳	668	558	79	14	9	56	30	83.6	11.8	2.1	1.3	8.4	4.6
30～34歳	549	382	143	15	19	109	24	69.6	26.1	2.8	3.5	19.8	4.3
35～39歳	529	300	205	10	22	172	24	56.7	38.7	2.0	4.2	32.6	4.5
40～44歳	565	267	269	8	18	242	30	47.2	47.6	1.4	3.3	42.9	5.3
45～49歳	680	297	340	9	16	315	44	43.6	50.0	1.3	2.3	46.4	6.4
50～54歳	792	362	368	10	14	344	62	45.7	46.5	1.3	1.8	43.4	7.8
55～59歳	853	442	335	12	11	313	76	51.8	39.3	1.4	1.2	36.7	8.9
60～64歳	1,004	600	315	13	7	296	89	59.7	31.4	1.3	0.7	29.5	8.9
65～69歳	1,008	660	266	11	3	252	82	65.4	26.4	1.1	0.3	25.0	8.2
70～74歳	1,075	744	252	9	2	241	79	69.2	23.4	0.8	0.2	22.4	7.4
75～79歳	1,186	859	246	6	1	238	81	72.4	20.7	0.5	0.1	20.1	6.9
80～84歳	1,386	1,039	254	4	1	249	93	75.0	18.3	0.3	0.0	18.0	6.7
85歳～	2,053	1,503	394	3	1	390	156	73.2	19.2	0.2	0.0	19.0	7.6
65歳以上（再掲）	6,708	4,805	1,411	33	8	1,370	492	71.6	21.0	0.5	0.1	20.4	7.3

注：四捨五入のため合計は必ずしも一致しない。

結果表3 世帯の家族類型・世帯主の男女5歳階級別一般世帯数及び割合（続き）
[参考推計：世帯内地位分布一定]

2040（平成52）年

| 年齢 | 一般世帯数（1,000世帯） | | | | | | 割合（%） | | | | | |
| | 総数 | 単独 | 核家族世帯 | | | | 単独 | 核家族世帯 | | | | その他 |
			総数	夫婦のみ	夫婦と子	ひとり親と子	その他		総数	夫婦のみ	夫婦と子	ひとり親と子	
総数													
総数	48,826	16,810	27,106	10,857	11,895	4,353	4,910	34.4	55.5	22.2	24.4	8.9	10.1
15～19歳	283	276	4	1	1	1	4	97.5	1.3	0.3	0.5	0.5	1.3
20～24歳	1,468	1,315	102	31	50	20	51	89.6	6.9	2.1	3.4	1.4	3.5
25～29歳	2,065	1,348	628	240	322	66	89	65.3	30.4	11.6	15.6	3.2	4.3
30～34歳	2,399	987	1,318	326	866	127	94	41.1	55.0	13.6	36.1	5.3	3.9
35～39歳	2,652	807	1,725	283	1,240	202	120	30.4	65.1	10.7	46.8	7.6	4.5
40～44歳	2,995	814	2,006	280	1,409	317	175	27.2	67.0	9.4	47.0	10.6	5.8
45～49歳	3,135	843	2,043	298	1,342	402	249	26.9	65.2	9.5	42.8	12.8	7.9
50～54歳	3,429	908	2,132	410	1,277	445	389	26.5	62.2	12.0	37.2	13.0	11.3
55～59歳	3,912	1,026	2,311	684	1,191	436	575	26.2	59.1	17.5	30.4	11.2	14.7
60～64歳	4,511	1,204	2,631	1,146	1,087	398	677	26.7	58.3	25.4	24.1	8.8	15.0
65～69歳	5,326	1,450	3,199	1,745	1,051	404	677	27.2	60.1	32.8	19.7	7.6	12.7
70～74歳	4,661	1,310	2,878	1,732	798	348	473	28.1	61.8	37.2	17.1	7.5	10.1
75～79歳	4,044	1,271	2,376	1,470	577	329	397	31.4	58.8	36.3	14.3	8.1	9.8
80～84歳	3,298	1,215	1,732	1,077	359	297	351	36.8	52.5	32.7	10.9	9.0	10.6
85歳～	4,648	2,038	2,021	1,135	326	560	590	43.9	43.5	24.4	7.0	12.0	12.7
65歳以上（再掲）	21,977	7,283	12,206	7,158	3,110	1,938	2,487	33.1	55.5	32.6	14.2	8.8	11.3
男													
総数	36,089	8,300	23,750	10,736	11,777	1,236	4,040	23.0	65.8	29.7	32.6	3.4	11.2
15～19歳	162	157	3	1	1	1	2	97.2	1.6	0.4	0.8	0.4	1.2
20～24歳	866	756	81	28	49	4	29	87.3	9.4	3.3	5.6	0.5	3.3
25～29歳	1,434	821	553	227	314	13	60	57.2	38.6	15.8	21.9	0.9	4.2
30～34歳	1,877	623	1,182	312	847	23	72	33.2	63.0	16.6	45.1	1.2	3.8
35～39歳	2,155	525	1,533	273	1,219	40	97	24.4	71.1	12.7	56.6	1.9	4.5
40～44歳	2,423	544	1,734	272	1,390	72	145	22.5	71.6	11.2	57.4	3.0	6.0
45～49歳	2,496	564	1,724	290	1,328	106	208	22.6	69.1	11.6	53.2	4.2	8.3
50～54歳	2,732	590	1,808	401	1,264	142	334	21.6	66.2	14.7	46.3	5.2	12.2
55～59歳	3,163	638	2,016	673	1,182	161	509	20.2	63.7	21.3	37.4	5.1	16.1
60～64歳	3,655	692	2,362	1,135	1,081	145	601	18.9	64.6	31.1	29.6	4.0	16.4
65～69歳	4,200	713	2,901	1,733	1,047	122	585	17.0	69.1	41.3	24.9	2.9	13.9
70～74歳	3,495	503	2,605	1,723	796	87	387	14.4	74.5	49.3	22.8	2.5	11.1
75～79歳	2,807	375	2,120	1,463	576	81	312	13.4	75.5	52.1	20.5	2.9	11.1
80～84歳	2,082	303	1,510	1,074	358	78	269	14.6	72.5	51.6	17.2	3.8	12.9
85歳～	2,543	496	1,617	1,131	325	160	430	19.5	63.6	44.5	12.8	6.3	16.9
65歳以上（再掲）	15,127	2,390	10,754	7,124	3,102	528	1,983	15.8	71.1	47.1	20.5	3.5	13.1
女													
総数	12,737	8,510	3,356	121	118	3,117	870	66.8	26.3	1.0	0.9	24.5	6.8
15～19歳	122	119	1	0	0	1	2	97.8	0.8	0.1	0.1	0.7	1.4
20～24歳	602	559	20	3	2	16	23	92.9	3.3	0.4	0.3	2.6	3.8
25～29歳	631	528	75	13	8	53	29	83.6	11.8	2.1	1.3	8.4	4.6
30～34歳	522	363	136	14	18	104	23	69.6	26.1	2.8	3.5	19.8	4.3
35～39歳	497	282	193	10	21	162	22	56.7	38.7	2.0	4.2	32.6	4.5
40～44歳	572	270	272	8	19	245	30	47.2	47.6	1.4	3.3	42.9	5.3
45～49歳	639	279	319	8	15	296	41	43.6	50.0	1.3	2.3	46.4	6.4
50～54歳	697	318	324	9	12	303	54	45.7	46.5	1.3	1.8	43.4	7.8
55～59歳	749	388	294	10	9	275	67	51.8	39.3	1.4	1.2	36.7	8.9
60～64歳	856	512	269	11	6	252	76	59.7	31.4	1.3	0.7	29.5	8.9
65～69歳	1,126	737	298	12	4	282	92	65.4	26.4	1.1	0.3	25.0	8.2
70～74歳	1,166	807	273	9	2	261	86	69.2	23.4	0.8	0.2	22.4	7.4
75～79歳	1,236	895	256	7	1	248	85	72.4	20.7	0.5	0.1	20.1	6.9
80～84歳	1,216	912	223	3	1	218	82	75.0	18.3	0.3	0.0	18.0	6.7
85歳～	2,106	1,542	404	3	1	400	160	73.2	19.2	0.2	0.0	19.0	7.6
65歳以上（再掲）	6,850	4,893	1,453	35	8	1,410	504	71.4	21.2	0.5	0.1	20.6	7.4

注：四捨五入のため合計は必ずしも一致しない。

－ 38 －

結果表4　男女年齢5歳階級別配偶関係別人口

2015（平成27）年

年　齢	人　口（1,000人）				割　合　（%）		
	総数	未婚	有配偶	死離別	未婚	有配偶	死離別
男							
総　数	53,677	17,872	31,577	4,229	33.3	58.8	7.9
15〜19歳	3,112	3,101	10	1	99.6	0.3	0.0
20〜24歳	3,122	2,974	140	8	95.3	4.5	0.2
25〜29歳	3,333	2,486	815	33	74.6	24.5	1.0
30〜34歳	3,751	1,866	1,800	85	49.8	48.0	2.3
35〜39歳	4,268	1,592	2,524	153	37.3	59.1	3.6
40〜44歳	4,988	1,587	3,149	252	31.8	63.1	5.1
45〜49歳	4,422	1,214	2,912	297	27.4	65.8	6.7
50〜54歳	4,029	891	2,813	326	22.1	69.8	8.1
55〜59歳	3,784	673	2,771	340	17.8	73.2	9.0
60〜64歳	4,210	622	3,159	429	14.8	75.0	10.2
65〜69歳	4,723	488	3,695	540	10.3	78.2	11.4
70〜74歳	3,625	215	2,948	462	5.9	81.3	12.7
75〜79歳	2,817	100	2,297	421	3.5	81.5	14.9
80〜84歳	2,015	44	1,580	391	2.2	78.4	19.4
85歳以上	1,477	19	966	492	1.3	65.4	33.3
65歳以上（再掲）	14,657	866	11,485	2,306	5.9	78.4	15.7
75歳以上（再掲）	6,309	163	4,842	1,304	2.6	76.7	20.7
女							
総　数	57,472	13,774	31,604	12,094	24.0	55.0	21.0
15〜19歳	2,942	2,925	15	1	99.4	0.5	0.1
20〜24歳	2,969	2,723	226	20	91.7	7.6	0.7
25〜29歳	3,199	2,017	1,108	74	63.1	34.6	2.3
30〜34歳	3,645	1,333	2,152	160	36.6	59.0	4.4
35〜39歳	4,149	1,055	2,826	268	25.4	68.1	6.5
40〜44歳	4,859	996	3,418	445	20.5	70.3	9.2
45〜49歳	4,344	742	3,100	502	17.1	71.4	11.6
50〜54歳	3,995	503	2,955	536	12.6	74.0	13.4
55〜59歳	3,817	336	2,910	572	8.8	76.2	15.0
60〜64歳	4,342	286	3,269	787	6.6	75.3	18.1
65〜69歳	5,036	280	3,589	1,167	5.6	71.3	23.2
70〜74歳	4,162	189	2,658	1,314	4.5	63.9	31.6
75〜79歳	3,537	143	1,827	1,566	4.0	51.7	44.3
80〜84歳	3,011	121	1,064	1,826	4.0	35.3	60.7
85歳以上	3,466	126	488	2,853	3.6	14.1	82.3
65歳以上（再掲）	19,211	859	9,626	8,727	4.5	50.1	45.4
75歳以上（再掲）	10,013	389	3,379	6,245	3.9	33.7	62.4

注：四捨五入のため合計は必ずしも一致しない。
　　家族類型不詳、年齢不詳を案分したものである。

結果表4　男女年齢5歳階級別配偶関係別人口(続き)

2016（平成28）年

年　齢	人　口（1,000人）				割　合　（％）		
	総数	未婚	有配偶	死離別	未婚	有配偶	死離別
男							
総　数	53,628	17,890	31,514	4,223	33.4	58.8	7.9
15〜19歳	3,094	3,084	10	1	99.7	0.3	0.0
20〜24歳	3,137	2,990	138	10	95.3	4.4	0.3
25〜29歳	3,262	2,443	783	36	74.9	24.0	1.1
30〜34歳	3,681	1,829	1,769	83	49.7	48.1	2.3
35〜39歳	4,113	1,543	2,424	146	37.5	58.9	3.6
40〜44歳	4,918	1,546	3,130	242	31.4	63.6	4.9
45〜49歳	4,684	1,296	3,092	296	27.7	66.0	6.3
50〜54歳	3,967	915	2,733	319	23.1	68.9	8.0
55〜59歳	3,758	683	2,735	340	18.2	72.8	9.0
60〜64歳	4,018	603	3,009	406	15.0	74.9	10.1
65〜69歳	4,971	556	3,850	565	11.2	77.5	11.4
70〜74歳	3,453	231	2,783	438	6.7	80.6	12.7
75〜79歳	2,905	100	2,374	431	3.4	81.7	14.8
80〜84歳	2,093	51	1,642	400	2.4	78.5	19.1
85歳以上	1,574	21	1,043	510	1.3	66.3	32.4
65歳以上（再掲）	14,995	959	11,692	2,344	6.4	78.0	15.6
75歳以上（再掲）	6,572	172	5,059	1,341	2.6	77.0	20.4
女							
総　数	57,439	13,765	31,469	12,206	24.0	54.8	21.2
15〜19歳	2,929	2,912	16	2	99.4	0.5	0.1
20〜24歳	2,978	2,722	236	20	91.4	7.9	0.7
25〜29歳	3,124	1,975	1,068	80	63.2	34.2	2.6
30〜34歳	3,571	1,290	2,108	173	36.1	59.0	4.8
35〜39歳	4,000	1,019	2,711	270	25.5	67.8	6.8
40〜44歳	4,790	985	3,363	441	20.6	70.2	9.2
45〜49歳	4,596	813	3,240	543	17.7	70.5	11.8
50〜54歳	3,935	527	2,885	522	13.4	73.3	13.3
55〜59歳	3,786	353	2,859	574	9.3	75.5	15.2
60〜64歳	4,141	281	3,117	743	6.8	75.3	18.0
65〜69歳	5,303	301	3,786	1,215	5.7	71.4	22.9
70〜74歳	3,956	190	2,544	1,222	4.8	64.3	30.9
75〜79歳	3,620	144	1,893	1,582	4.0	52.3	43.7
80〜84歳	3,084	121	1,116	1,847	3.9	36.2	59.9
85歳以上	3,628	130	527	2,970	3.6	14.5	81.9
65歳以上（再掲）	19,590	887	9,866	8,837	4.5	50.4	45.1
75歳以上（再掲）	10,332	396	3,536	6,399	3.8	34.2	61.9

注：四捨五入のため合計は必ずしも一致しない。

結果表4　男女年齢5歳階級別配偶関係別人口（続き）

2017（平成29）年

年　齢	人　口（1,000人）				割　合（％）		
	総数	未婚	有配偶	死離別	未婚	有配偶	死離別
男							
総　数	53,557	17,881	31,456	4,221	33.4	58.7	7.9
15〜19歳	3,065	3,054	10	1	99.7	0.3	0.0
20〜24歳	3,150	3,002	136	11	95.3	4.3	0.4
25〜29歳	3,208	2,411	759	38	75.2	23.7	1.2
30〜34歳	3,609	1,793	1,736	80	49.7	48.1	2.2
35〜39歳	3,991	1,503	2,347	140	37.7	58.8	3.5
40〜44歳	4,778	1,490	3,059	229	31.2	64.0	4.8
45〜49歳	4,772	1,327	3,156	289	27.8	66.1	6.1
50〜54歳	4,094	977	2,792	325	23.9	68.2	7.9
55〜59歳	3,783	708	2,733	342	18.7	72.3	9.0
60〜64歳	3,844	588	2,870	386	15.3	74.7	10.0
65〜69歳	4,797	572	3,684	541	11.9	76.8	11.3
70〜74歳	3,632	267	2,905	459	7.4	80.0	12.6
75〜79歳	3,009	109	2,457	444	3.6	81.6	14.7
80〜84歳	2,153	56	1,691	406	2.6	78.6	18.9
85歳以上	1,674	23	1,121	530	1.4	67.0	31.7
65歳以上（再掲）	15,264	1,026	11,858	2,380	6.7	77.7	15.6
75歳以上（再掲）	6,836	188	5,269	1,379	2.7	77.1	20.2
女							
総　数	57,388	13,743	31,298	12,346	23.9	54.5	21.5
15〜19歳	2,904	2,886	16	2	99.4	0.5	0.1
20〜24歳	2,991	2,727	244	21	91.2	8.1	0.7
25〜29歳	3,062	1,939	1,037	87	63.3	33.9	2.8
30〜34歳	3,492	1,250	2,060	182	35.8	59.0	5.2
35〜39歳	3,886	990	2,622	273	25.5	67.5	7.0
40〜44歳	4,656	961	3,263	433	20.6	70.1	9.3
45〜49歳	4,679	848	3,270	561	18.1	69.9	12.0
50〜54歳	4,057	576	2,946	535	14.2	72.6	13.2
55〜59歳	3,806	379	2,846	581	10.0	74.8	15.3
60〜64歳	3,956	279	2,971	705	7.1	75.1	17.8
65〜69歳	5,122	297	3,663	1,162	5.8	71.5	22.7
70〜74歳	4,120	205	2,663	1,252	5.0	64.6	30.4
75〜79歳	3,729	149	1,973	1,606	4.0	52.9	43.1
80〜84歳	3,136	122	1,159	1,855	3.9	37.0	59.2
85歳以上	3,792	134	566	3,092	3.5	14.9	81.5
65歳以上（再掲）	19,899	908	10,024	8,967	4.6	50.4	45.1
75歳以上（再掲）	10,656	405	3,698	6,553	3.8	34.7	61.5

注：四捨五入のため合計は必ずしも一致しない。

結果表4　男女年齢5歳階級別配偶関係別人口（続き）

2018（平成30）年

年　齢	人　口　（　1,000　人　）				割　合　　（％）		
	総数	未婚	有配偶	死離別	未婚	有配偶	死離別
男							
総　数	53,457	17,860	31,384	4,213	33.4	58.7	7.9
15～19歳	3,015	3,004	10	1	99.7	0.3	0.0
20～24歳	3,172	3,024	136	13	95.3	4.3	0.4
25～29歳	3,164	2,383	742	39	75.3	23.4	1.2
30～34歳	3,521	1,752	1,692	77	49.8	48.1	2.2
35～39歳	3,892	1,471	2,287	134	37.8	58.8	3.4
40～44歳	4,600	1,429	2,955	215	31.1	64.3	4.7
45～49歳	4,876	1,360	3,231	286	27.9	66.3	5.9
50～54歳	4,196	1,030	2,841	325	24.5	67.7	7.7
55～59歳	3,814	737	2,734	343	19.3	71.7	9.0
60～64歳	3,740	585	2,781	374	15.6	74.4	10.0
65～69歳	4,530	568	3,456	507	12.5	76.3	11.2
70～74歳	3,875	308	3,080	488	8.0	79.5	12.6
75～79歳	3,104	124	2,526	454	4.0	81.4	14.6
80～84歳	2,187	60	1,720	407	2.7	78.6	18.6
85歳以上	1,770	25	1,195	550	1.4	67.5	31.1
65歳以上 （再掲）	15,467	1,085	11,976	2,406	7.0	77.4	15.6
75歳以上 （再掲）	7,061	209	5,441	1,411	3.0	77.1	20.0
女							
総　数	57,307	13,716	31,116	12,476	23.9	54.3	21.8
15～19歳	2,861	2,843	16	2	99.4	0.6	0.1
20～24歳	3,011	2,740	250	21	91.0	8.3	0.7
25～29歳	3,014	1,909	1,012	92	63.3	33.6	3.1
30～34歳	3,398	1,209	2,000	188	35.6	58.9	5.5
35～39歳	3,790	964	2,549	277	25.4	67.3	7.3
40～44歳	4,481	928	3,132	421	20.7	69.9	9.4
45～49歳	4,780	881	3,320	579	18.4	69.5	12.1
50～54歳	4,156	622	2,987	548	15.0	71.9	13.2
55～59歳	3,831	408	2,837	586	10.6	74.1	15.3
60～64歳	3,846	286	2,877	682	7.4	74.8	17.7
65～69歳	4,836	287	3,462	1,087	5.9	71.6	22.5
70～74歳	4,366	224	2,833	1,310	5.1	64.9	30.0
75～79歳	3,830	157	2,049	1,624	4.1	53.5	42.4
80～84歳	3,153	121	1,187	1,845	3.8	37.7	58.5
85歳以上	3,955	138	603	3,213	3.5	15.3	81.3
65歳以上 （再掲）	20,140	927	10,134	9,079	4.6	50.3	45.1
75歳以上 （再掲）	10,938	416	3,839	6,682	3.8	35.1	61.1

注：四捨五入のため合計は必ずしも一致しない。

結果表4　男女年齢5歳階級別配偶関係別人口（続き）

2019（平成31）年

年　齢	人　口（1,000人）				割　合（%）		
	総数	未婚	有配偶	死離別	未婚	有配偶	死離別
男							
総　数	53,332	17,835	31,300	4,198	33.4	58.7	7.9
15〜19歳	2,962	2,952	9	1	99.7	0.3	0.0
20〜24歳	3,171	3,022	135	13	95.3	4.3	0.4
25〜29歳	3,157	2,380	737	40	75.4	23.3	1.3
30〜34歳	3,424	1,708	1,642	74	49.9	48.0	2.2
35〜39歳	3,814	1,444	2,241	128	37.9	58.8	3.4
40〜44歳	4,404	1,369	2,835	201	31.1	64.4	4.6
45〜49歳	4,945	1,381	3,281	283	27.9	66.4	5.7
50〜54歳	4,298	1,077	2,897	323	25.1	67.4	7.5
55〜59歳	3,844	770	2,733	342	20.0	71.1	8.9
60〜64歳	3,707	595	2,743	368	16.1	74.0	9.9
65〜69歳	4,214	549	3,196	468	13.0	75.8	11.1
70〜74歳	4,102	350	3,239	513	8.5	79.0	12.5
75〜79歳	3,244	146	2,628	470	4.5	81.0	14.5
80〜84歳	2,189	63	1,723	403	2.9	78.7	18.4
85歳以上	1,856	28	1,260	569	1.5	67.9	30.6
65歳以上 （再掲）	15,605	1,136	12,046	2,423	7.3	77.2	15.5
75歳以上 （再掲）	7,289	237	5,611	1,442	3.2	77.0	19.8
女							
総　数	57,206	13,686	30,931	12,588	23.9	54.1	22.0
15〜19歳	2,817	2,799	16	2	99.4	0.6	0.1
20〜24歳	3,011	2,735	254	22	90.8	8.4	0.7
25〜29歳	2,998	1,899	1,002	98	63.3	33.4	3.3
30〜34歳	3,294	1,167	1,935	192	35.4	58.7	5.8
35〜39歳	3,717	943	2,493	281	25.4	67.1	7.6
40〜44歳	4,295	892	2,994	409	20.8	69.7	9.5
45〜49歳	4,842	903	3,349	591	18.6	69.2	12.2
50〜54歳	4,256	666	3,027	563	15.6	71.1	13.2
55〜59歳	3,857	439	2,828	590	11.4	73.3	15.3
60〜64歳	3,808	301	2,833	674	7.9	74.4	17.7
65〜69歳	4,491	274	3,216	1,001	6.1	71.6	22.3
70〜74歳	4,592	241	2,988	1,363	5.2	65.1	29.7
75〜79歳	4,001	169	2,161	1,671	4.2	54.0	41.8
80〜84歳	3,129	119	1,198	1,812	3.8	38.3	57.9
85歳以上	4,097	141	636	3,320	3.4	15.5	81.0
65歳以上 （再掲）	20,310	944	10,199	9,167	4.6	50.2	45.1
75歳以上 （再掲）	11,227	429	3,995	6,803	3.8	35.6	60.6

注：四捨五入のため合計は必ずしも一致しない。

結果表4　男女年齢5歳階級別配偶関係別人口（続き）

2020（平成32）年

年　齢	人　口（1,000人）				割　合　（％）		
	総数	未婚	有配偶	死離別	未婚	有配偶	死離別
男							
総　数	53,178	17,804	31,195	4,179	33.5	58.7	7.9
15～19歳	2,890	2,880	9	1	99.7	0.3	0.0
20～24歳	3,163	3,014	135	14	95.3	4.3	0.4
25～29歳	3,170	2,390	739	41	75.4	23.3	1.3
30～34歳	3,337	1,671	1,596	70	50.1	47.8	2.1
35～39歳	3,736	1,416	2,198	122	37.9	58.8	3.3
40～44歳	4,242	1,324	2,730	189	31.2	64.3	4.4
45～49歳	4,945	1,381	3,285	278	27.9	66.4	5.6
50～54歳	4,362	1,110	2,934	318	25.5	67.3	7.3
55～59歳	3,944	819	2,780	346	20.8	70.5	8.8
60～64歳	3,660	605	2,693	361	16.5	73.6	9.9
65～69歳	3,993	537	3,015	440	13.5	75.5	11.0
70～74歳	4,362	397	3,423	542	9.1	78.5	12.4
75～79歳	3,184	162	2,565	457	5.1	80.5	14.4
80～84歳	2,238	67	1,763	407	3.0	78.8	18.2
85歳以上	1,952	31	1,331	591	1.6	68.2	30.3
65歳以上 （再掲）	15,728	1,194	12,096	2,438	7.6	76.9	15.5
75歳以上 （再掲）	7,374	260	5,658	1,455	3.5	76.7	19.7
女							
総　数	57,072	13,647	30,740	12,686	23.9	53.9	22.2
15～19歳	2,755	2,738	16	2	99.4	0.6	0.1
20～24歳	3,003	2,725	256	22	90.8	8.5	0.7
25～29歳	3,003	1,900	1,001	103	63.3	33.3	3.4
30～34歳	3,201	1,133	1,875	193	35.4	58.6	6.0
35～39歳	3,639	919	2,436	284	25.3	66.9	7.8
40～44歳	4,140	862	2,877	401	20.8	69.5	9.7
45～49歳	4,842	909	3,338	594	18.8	68.9	12.3
50～54歳	4,314	700	3,040	574	16.2	70.5	13.3
55～59歳	3,952	480	2,870	603	12.1	72.6	15.3
60～64歳	3,759	317	2,777	666	8.4	73.9	17.7
65～69歳	4,246	267	3,040	939	6.3	71.6	22.1
70～74歳	4,871	261	3,178	1,433	5.3	65.2	29.4
75～79歳	3,928	172	2,137	1,618	4.4	54.4	41.2
80～84歳	3,168	121	1,230	1,817	3.8	38.8	57.4
85歳以上	4,251	144	671	3,437	3.4	15.8	80.8
65歳以上 （再掲）	20,464	964	10,255	9,244	4.7	50.1	45.2
75歳以上 （再掲）	11,346	437	4,038	6,871	3.8	35.6	60.6

注：四捨五入のため合計は必ずしも一致しない。

結果表4　男女年齢5歳階級別配偶関係別人口（続き）

2021（平成33）年

年　齢	人　口（1,000 人）				割　合　（％）		
	総数	未婚	有配偶	死離別	未婚	有配偶	死離別
男							
総　数	53,010	17,793	31,064	4,154	33.6	58.6	7.8
15～19歳	2,834	2,824	9	1	99.7	0.3	0.0
20～24歳	3,145	2,997	134	14	95.3	4.3	0.4
25～29歳	3,185	2,399	744	42	75.3	23.4	1.3
30～34歳	3,266	1,642	1,556	67	50.3	47.7	2.1
35～39歳	3,667	1,391	2,160	116	37.9	58.9	3.2
40～44歳	4,088	1,284	2,626	178	31.4	64.2	4.3
45～49歳	4,876	1,362	3,243	271	27.9	66.5	5.6
50～54歳	4,620	1,188	3,107	325	25.7	67.2	7.0
55～59歳	3,883	835	2,713	335	21.5	69.9	8.6
60～64歳	3,636	619	2,660	357	17.0	73.2	9.8
65～69歳	3,813	527	2,869	417	13.8	75.2	10.9
70～74歳	4,588	445	3,578	566	9.7	78.0	12.3
75～79歳	3,035	173	2,430	432	5.7	80.1	14.2
80～84歳	2,319	73	1,828	418	3.2	78.8	18.0
85歳以上	2,055	34	1,405	615	1.7	68.4	29.9
65歳以上 （再掲）	15,810	1,252	12,110	2,449	7.9	76.6	15.5
75歳以上 （再掲）	7,409	280	5,663	1,466	3.8	76.4	19.8
女							
総　数	56,926	13,625	30,527	12,774	23.9	53.6	22.4
15～19歳	2,704	2,687	16	2	99.4	0.6	0.1
20～24歳	2,990	2,712	256	22	90.7	8.6	0.7
25～29歳	3,013	1,903	1,003	108	63.1	33.3	3.6
30～34歳	3,126	1,107	1,825	194	35.4	58.4	6.2
35～39歳	3,565	895	2,383	286	25.1	66.8	8.0
40～44歳	3,992	833	2,766	393	20.9	69.3	9.8
45～49歳	4,773	901	3,284	588	18.9	68.8	12.3
50～54歳	4,564	764	3,188	613	16.7	69.8	13.4
55～59歳	3,893	502	2,800	591	12.9	71.9	15.2
60～64歳	3,729	336	2,732	662	9.0	73.3	17.7
65～69歳	4,050	264	2,896	890	6.5	71.5	22.0
70～74歳	5,127	280	3,351	1,496	5.5	65.4	29.2
75～79歳	3,734	170	2,045	1,519	4.6	54.8	40.7
80～84歳	3,251	124	1,278	1,848	3.8	39.3	56.9
85歳以上	4,413	147	706	3,560	3.3	16.0	80.7
65歳以上 （再掲）	20,576	986	10,276	9,315	4.8	49.9	45.3
75歳以上 （再掲）	11,398	441	4,029	6,928	3.9	35.3	60.8

注：四捨五入のため合計は必ずしも一致しない。

結果表4 男女年齢5歳階級別配偶関係別人口（続き）

2022（平成34）年

年 齢	人 口 （ 1,000 人 ）				割 合 （%）		
	総数	未婚	有配偶	死離別	未婚	有配偶	死離別
男							
総 数	52,837	17,766	30,938	4,133	33.6	58.6	7.8
15〜19歳	2,791	2,781	9	1	99.7	0.3	0.0
20〜24歳	3,116	2,969	134	14	95.3	4.3	0.4
25〜29歳	3,198	2,406	750	42	75.2	23.5	1.3
30〜34歳	3,212	1,623	1,525	64	50.5	47.5	2.0
35〜39歳	3,595	1,364	2,122	109	37.9	59.0	3.0
40〜44歳	3,966	1,257	2,541	168	31.7	64.1	4.2
45〜49歳	4,738	1,323	3,154	261	27.9	66.6	5.5
50〜54歳	4,708	1,219	3,169	320	25.9	67.3	6.8
55〜59歳	4,009	891	2,779	338	22.2	69.3	8.4
60〜64歳	3,661	643	2,662	357	17.6	72.7	9.7
65〜69歳	3,650	516	2,739	396	14.1	75.0	10.8
70〜74歳	4,429	456	3,432	541	10.3	77.5	12.2
75〜79歳	3,204	201	2,550	453	6.3	79.6	14.1
80〜84歳	2,413	81	1,901	430	3.4	78.8	17.8
85歳以上	2,146	38	1,471	637	1.8	68.6	29.7
65歳以上 （再掲）	15,842	1,292	12,093	2,457	8.2	76.3	15.5
75歳以上 （再掲）	7,763	320	5,923	1,520	4.1	76.3	19.6
女							
総 数	56,772	13,598	30,277	12,897	24.0	53.3	22.7
15〜19歳	2,664	2,647	15	2	99.4	0.6	0.1
20〜24歳	2,965	2,688	254	22	90.7	8.6	0.7
25〜29歳	3,026	1,907	1,007	112	63.0	33.3	3.7
30〜34歳	3,065	1,087	1,783	195	35.5	58.2	6.3
35〜39歳	3,487	871	2,328	288	25.0	66.8	8.3
40〜44歳	3,878	811	2,678	389	20.9	69.1	10.0
45〜49歳	4,640	877	3,189	574	18.9	68.7	12.4
50〜54歳	4,647	797	3,221	630	17.1	69.3	13.5
55〜59歳	4,014	548	2,859	607	13.7	71.2	15.1
60〜64歳	3,749	361	2,722	667	9.6	72.6	17.8
65〜69歳	3,871	264	2,761	846	6.8	71.3	21.9
70〜74歳	4,954	276	3,243	1,435	5.6	65.5	29.0
75〜79歳	3,897	185	2,144	1,569	4.7	55.0	40.3
80〜84歳	3,358	130	1,335	1,893	3.9	39.8	56.4
85歳以上	4,556	149	737	3,670	3.3	16.2	80.5
65歳以上 （再掲）	20,636	1,003	10,220	9,413	4.9	49.5	45.6
75歳以上 （再掲）	11,811	463	4,216	7,132	3.9	35.7	60.4

注：四捨五入のため合計は必ずしも一致しない。

結果表4　男女年齢5歳階級別配偶関係別人口（続き）

2023（平成35）年

年　齢	人　口　（1,000 人）				割　合　（％）		
	総数	未婚	有配偶	死離別	未婚	有配偶	死離別
男							
総　数	52,657	17,746	30,805	4,106	33.7	58.5	7.8
15〜19歳	2,769	2,759	9	1	99.7	0.3	0.0
20〜24歳	3,066	2,920	132	14	95.2	4.3	0.4
25〜29歳	3,221	2,420	759	42	75.1	23.6	1.3
30〜34歳	3,169	1,609	1,498	62	50.8	47.3	2.0
35〜39歳	3,508	1,331	2,074	103	37.9	59.1	2.9
40〜44歳	3,869	1,238	2,470	161	32.0	63.9	4.1
45〜49歳	4,561	1,274	3,037	250	27.9	66.6	5.5
50〜54歳	4,811	1,250	3,244	317	26.0	67.4	6.6
55〜59歳	4,110	941	2,830	338	22.9	68.9	8.2
60〜64歳	3,693	669	2,667	356	18.1	72.2	9.6
65〜69歳	3,554	513	2,660	382	14.4	74.8	10.7
70〜74歳	4,186	456	3,223	506	10.9	77.0	12.1
75〜79歳	3,430	235	2,714	481	6.9	79.1	14.0
80〜84歳	2,494	90	1,964	440	3.6	78.7	17.6
85歳以上	2,217	41	1,522	653	1.9	68.7	29.5
65歳以上（再掲）	15,881	1,335	12,084	2,462	8.4	76.1	15.5
75歳以上（再掲）	8,141	367	6,200	1,574	4.5	76.2	19.3
女							
総　数	56,610	13,579	30,025	13,006	24.0	53.0	23.0
15〜19歳	2,644	2,627	15	2	99.4	0.6	0.1
20〜24歳	2,922	2,650	251	22	90.7	8.6	0.8
25〜29歳	3,046	1,916	1,015	115	62.9	33.3	3.8
30〜34歳	3,017	1,073	1,749	195	35.6	58.0	6.5
35〜39歳	3,393	843	2,263	287	24.8	66.7	8.4
40〜44歳	3,783	792	2,604	387	20.9	68.8	10.2
45〜49歳	4,466	845	3,066	554	18.9	68.7	12.4
50〜54歳	4,749	829	3,270	649	17.5	68.9	13.7
55〜59歳	4,113	592	2,902	619	14.4	70.6	15.1
60〜64歳	3,775	387	2,714	673	10.3	71.9	17.8
65〜69歳	3,764	269	2,675	819	7.2	71.1	21.8
70〜74歳	4,678	267	3,065	1,346	5.7	65.5	28.8
75〜79歳	4,137	203	2,284	1,650	4.9	55.2	39.9
80〜84歳	3,454	136	1,387	1,932	3.9	40.1	55.9
85歳以上	4,669	151	763	3,755	3.2	16.3	80.4
65歳以上（再掲）	20,703	1,026	10,174	9,503	5.0	49.1	45.9
75歳以上（再掲）	12,261	489	4,434	7,338	4.0	36.2	59.8

注：四捨五入のため合計は必ずしも一致しない。

結果表4　男女年齢5歳階級別配偶関係別人口（続き）

2024（平成36）年

年　齢	人　口　（　1,000　人　）				割　合　　（％）		
	総数	未婚	有配偶	死離別	未婚	有配偶	死離別
男							
総　数	52,457	17,717	30,668	4,072	33.8	58.5	7.8
15～19歳	2,748	2,738	9	1	99.7	0.3	0.0
20～24歳	3,014	2,870	130	13	95.2	4.3	0.4
25～29歳	3,219	2,415	762	41	75.0	23.7	1.3
30～34歳	3,162	1,611	1,490	61	51.0	47.1	1.9
35～39歳	3,411	1,296	2,019	97	38.0	59.2	2.8
40～44歳	3,791	1,224	2,414	154	32.3	63.7	4.1
45～49歳	4,368	1,222	2,908	237	28.0	66.6	5.4
50～54歳	4,880	1,271	3,297	312	26.0	67.6	6.4
55～59歳	4,211	989	2,885	337	23.5	68.5	8.0
60～64歳	3,724	697	2,672	355	18.7	71.8	9.5
65～69歳	3,525	520	2,631	375	14.7	74.6	10.6
70～74歳	3,897	447	2,984	466	11.5	76.6	12.0
75～79歳	3,640	269	2,864	507	7.4	78.7	13.9
80～84歳	2,610	103	2,051	455	4.0	78.6	17.4
85歳以上	2,258	45	1,552	661	2.0	68.8	29.3
65歳以上 （再掲）	15,928	1,383	12,082	2,463	8.7	75.9	15.5
75歳以上 （再掲）	8,507	417	6,468	1,622	4.9	76.0	19.1
女							
総　数	56,427	13,554	29,778	13,096	24.0	52.8	23.2
15～19歳	2,622	2,605	15	2	99.4	0.6	0.1
20～24歳	2,879	2,610	247	22	90.7	8.6	0.8
25～29歳	3,046	1,912	1,016	117	62.8	33.4	3.8
30～34歳	3,001	1,070	1,735	196	35.7	57.8	6.5
35～39歳	3,290	814	2,192	284	24.7	66.6	8.6
40～44歳	3,710	777	2,547	386	20.9	68.7	10.4
45～49歳	4,281	810	2,937	534	18.9	68.6	12.5
50～54歳	4,811	852	3,296	663	17.7	68.5	13.8
55～59歳	4,212	634	2,945	633	15.1	69.9	15.0
60～64歳	3,801	416	2,707	679	10.9	71.2	17.9
65～69歳	3,728	282	2,637	809	7.6	70.7	21.7
70～74歳	4,347	255	2,849	1,243	5.9	65.5	28.6
75～79歳	4,357	220	2,412	1,725	5.0	55.4	39.6
80～84歳	3,612	146	1,461	2,005	4.0	40.5	55.5
85歳以上	4,731	151	781	3,800	3.2	16.5	80.3
65歳以上 （再掲）	20,775	1,054	10,140	9,582	5.1	48.8	46.1
75歳以上 （再掲）	12,700	516	4,654	7,529	4.1	36.6	59.3

注：四捨五入のため合計は必ずしも一致しない。

結果表4　男女年齢5歳階級別配偶関係別人口（続き）

2025（平成37）年

年　齢	人　口（1,000人）				割　合（％）		
	総数	未婚	有配偶	死離別	未婚	有配偶	死離別
男							
総　数	52,243	17,689	30,518	4,036	33.9	58.4	7.7
15〜19歳	2,740	2,731	9	1	99.7	0.3	0.0
20〜24歳	2,943	2,802	128	13	95.2	4.3	0.4
25〜29歳	3,211	2,408	762	41	75.0	23.7	1.3
30〜34歳	3,175	1,622	1,492	61	51.1	47.0	1.9
35〜39歳	3,325	1,265	1,967	92	38.1	59.2	2.8
40〜44歳	3,714	1,207	2,359	148	32.5	63.5	4.0
45〜49歳	4,207	1,183	2,799	225	28.1	66.5	5.4
50〜54歳	4,880	1,272	3,304	305	26.1	67.7	6.2
55〜59歳	4,275	1,023	2,920	332	23.9	68.3	7.8
60〜64歳	3,822	740	2,724	358	19.4	71.3	9.4
65〜69歳	3,482	526	2,590	366	15.1	74.4	10.5
70〜74歳	3,696	442	2,816	437	12.0	76.2	11.8
75〜79歳	3,870	306	3,029	534	7.9	78.3	13.8
80〜84歳	2,560	112	2,007	441	4.4	78.4	17.2
85歳以上	2,342	49	1,612	681	2.1	68.8	29.1
65歳以上（再掲）	15,950	1,436	12,055	2,460	9.0	75.6	15.4
75歳以上（再掲）	8,772	467	6,648	1,656	5.3	75.8	18.9
女							
総　数	56,229	13,527	29,538	13,164	24.1	52.5	23.4
15〜19歳	2,613	2,596	15	2	99.4	0.6	0.1
20〜24歳	2,818	2,555	241	21	90.7	8.6	0.8
25〜29歳	3,038	1,905	1,015	118	62.7	33.4	3.9
30〜34歳	3,007	1,074	1,734	199	35.7	57.7	6.6
35〜39歳	3,197	789	2,127	280	24.7	66.5	8.8
40〜44歳	3,632	759	2,488	385	20.9	68.5	10.6
45〜49歳	4,127	781	2,828	518	18.9	68.5	12.5
50〜54歳	4,810	859	3,284	667	17.9	68.3	13.9
55〜59歳	4,271	668	2,961	642	15.6	69.3	15.0
60〜64歳	3,896	453	2,748	695	11.6	70.5	17.8
65〜69歳	3,681	297	2,587	797	8.1	70.3	21.7
70〜74歳	4,112	249	2,693	1,170	6.1	65.5	28.4
75〜79歳	4,622	239	2,564	1,819	5.2	55.5	39.3
80〜84歳	3,545	147	1,444	1,953	4.2	40.7	55.1
85歳以上	4,860	154	808	3,898	3.2	16.6	80.2
65歳以上（再掲）	20,821	1,086	10,098	9,637	5.2	48.5	46.3
75歳以上（再掲）	13,028	541	4,817	7,670	4.2	37.0	58.9

注：四捨五入のため合計は必ずしも一致しない。

結果表4　男女年齢5歳階級別配偶関係別人口（続き）

2030（平成42）年

年　齢	人　口　（1,000人）				割　合　（%）		
	総数	未婚	有配偶	死離別	未婚	有配偶	死離別
男							
総　数	50,926	17,453	29,640	3,832	34.3	58.2	7.5
15～19歳	2,574	2,565	8	1	99.7	0.3	0.0
20～24歳	2,794	2,663	118	12	95.3	4.2	0.4
25～29歳	2,993	2,249	703	41	75.2	23.5	1.4
30～34歳	3,217	1,643	1,509	64	51.1	46.9	2.0
35～39歳	3,164	1,232	1,845	87	38.9	58.3	2.8
40～44歳	3,306	1,081	2,106	119	32.7	63.7	3.6
45～49歳	3,685	1,090	2,422	173	29.6	65.7	4.7
50～54歳	4,154	1,091	2,825	238	26.3	68.0	5.7
55～59歳	4,787	1,174	3,293	319	24.5	68.8	6.7
60～64歳	4,151	930	2,879	342	22.4	69.4	8.2
65～69歳	3,647	649	2,640	358	17.8	72.4	9.8
70～74歳	3,236	437	2,438	362	13.5	75.3	11.2
75～79歳	3,287	346	2,514	428	10.5	76.5	13.0
80～84歳	3,167	220	2,433	515	6.9	76.8	16.3
85歳以上	2,764	83	1,908	773	3.0	69.0	28.0
65歳以上（再掲）	16,102	1,735	11,932	2,436	10.8	74.1	15.1
75歳以上（再掲）	9,219	649	6,855	1,716	7.0	74.4	18.6
女							
総　数	54,987	13,354	28,128	13,505	24.3	51.2	24.6
15～19歳	2,464	2,448	14	2	99.4	0.6	0.1
20～24歳	2,676	2,427	229	20	90.7	8.6	0.8
25～29歳	2,853	1,787	954	112	62.6	33.4	3.9
30～34歳	3,041	1,079	1,752	210	35.5	57.6	6.9
35～39歳	3,003	753	1,976	275	25.1	65.8	9.1
40～44歳	3,192	659	2,171	362	20.6	68.0	11.4
45～49歳	3,622	687	2,454	481	19.0	67.8	13.3
50～54歳	4,101	738	2,785	578	18.0	67.9	14.1
55～59歳	4,764	821	3,206	737	17.2	67.3	15.5
60～64歳	4,214	633	2,843	737	15.0	67.5	17.5
65～69歳	3,820	426	2,568	825	11.2	67.2	21.6
70～74歳	3,572	278	2,298	996	7.8	64.3	27.9
75～79歳	3,909	230	2,175	1,504	5.9	55.7	38.5
80～84歳	4,215	207	1,747	2,260	4.9	41.4	53.6
85歳以上	5,542	181	956	4,405	3.3	17.3	79.5
65歳以上（再掲）	21,057	1,322	9,745	9,990	6.3	46.3	47.4
75歳以上（再掲）	13,665	618	4,878	8,169	4.5	35.7	59.8

注：四捨五入のため合計は必ずしも一致しない。

結果表4 男女年齢5歳階級別配偶関係別人口（続き）

2035（平成47）年

年　齢	人　口（1,000人）				割　合（％）		
	総数	未婚	有配偶	死離別	未婚	有配偶	死離別
男							
総　数	49,337	17,139	28,605	3,593	34.7	58.0	7.3
15〜19歳	2,447	2,438	8	1	99.7	0.3	0.0
20〜24歳	2,629	2,508	110	11	95.4	4.2	0.4
25〜29歳	2,844	2,148	659	37	75.5	23.2	1.3
30〜34歳	2,999	1,542	1,400	57	51.4	46.7	1.9
35〜39歳	3,206	1,250	1,872	84	39.0	58.4	2.6
40〜44歳	3,147	1,054	1,987	106	33.5	63.1	3.4
45〜49歳	3,281	985	2,153	142	30.0	65.6	4.3
50〜54歳	3,641	1,007	2,448	186	27.7	67.2	5.1
55〜59歳	4,078	1,010	2,817	251	24.8	69.1	6.2
60〜64歳	4,653	1,069	3,246	337	23.0	69.8	7.2
65〜69歳	3,969	820	2,804	345	20.7	70.6	8.7
70〜74歳	3,401	544	2,502	355	16.0	73.6	10.4
75〜79歳	2,897	347	2,195	355	12.0	75.8	12.3
80〜84歳	2,702	253	2,037	412	9.4	75.4	15.2
85歳以上	3,443	163	2,367	913	4.7	68.7	26.5
65歳以上 （再掲）	16,412	2,127	11,906	2,380	13.0	72.5	14.5
75歳以上 （再掲）	9,042	763	6,599	1,680	8.4	73.0	18.6
女							
総　数	53,421	13,147	26,621	13,653	24.6	49.8	25.6
15〜19歳	2,332	2,317	13	2	99.4	0.6	0.1
20〜24歳	2,528	2,293	217	19	90.7	8.6	0.8
25〜29歳	2,713	1,699	908	107	62.6	33.5	3.9
30〜34歳	2,858	1,012	1,647	199	35.4	57.6	7.0
35〜39歳	3,038	759	1,994	286	25.0	65.6	9.4
40〜44歳	2,999	633	2,016	351	21.1	67.2	11.7
45〜49歳	3,183	600	2,140	443	18.9	67.2	13.9
50〜54歳	3,600	650	2,420	530	18.1	67.2	14.7
55〜59歳	4,063	705	2,720	637	17.4	66.9	15.7
60〜64歳	4,702	779	3,084	839	16.6	65.6	17.8
65〜69歳	4,136	597	2,666	873	14.4	64.5	21.1
70〜74歳	3,713	401	2,288	1,024	10.8	61.6	27.6
75〜79歳	3,407	257	1,862	1,288	7.6	54.7	37.8
80〜84歳	3,573	200	1,484	1,890	5.6	41.5	52.9
85歳以上	6,575	245	1,164	5,166	3.7	17.7	78.6
65歳以上 （再掲）	21,404	1,700	9,463	10,241	7.9	44.2	47.8
75歳以上 （再掲）	13,555	703	4,509	8,343	5.2	33.3	61.6

注：四捨五入のため合計は必ずしも一致しない。

結果表4　男女年齢5歳階級別配偶関係別人口（続き）

2040（平成52）年

年　齢	人　口（1,000 人）				割　合　（%）		
	総数	未婚	有配偶	死離別	未婚	有配偶	死離別
男							
総　数	47,478	16,651	27,495	3,332	35.1	57.9	7.0
15〜19歳	2,228	2,220	7	1	99.7	0.3	0.0
20〜24歳	2,501	2,387	103	10	95.5	4.1	0.4
25〜29歳	2,678	2,032	612	34	75.9	22.9	1.3
30〜34歳	2,852	1,485	1,316	50	52.1	46.2	1.8
35〜39歳	2,990	1,177	1,740	73	39.4	58.2	2.4
40〜44歳	3,189	1,067	2,021	101	33.5	63.4	3.2
45〜49歳	3,125	962	2,036	127	30.8	65.2	4.1
50〜54歳	3,243	912	2,178	153	28.1	67.1	4.7
55〜59歳	3,577	934	2,444	199	26.1	68.3	5.6
60〜64歳	3,968	922	2,780	267	23.2	70.1	6.7
65〜69歳	4,456	946	3,164	346	21.2	71.0	7.8
70〜74歳	3,713	694	2,674	346	18.7	72.0	9.3
75〜79歳	3,060	437	2,273	350	14.3	74.3	11.4
80〜84歳	2,408	258	1,805	345	10.7	75.0	14.3
85歳以上	3,491	219	2,341	931	6.3	67.1	26.7
65歳以上（再掲）	17,129	2,554	12,257	2,318	14.9	71.6	13.5
75歳以上（再掲）	8,959	914	6,419	1,626	10.2	71.6	18.2
女							
総　数	51,505	12,814	25,144	13,546	24.9	48.8	26.3
15〜19歳	2,123	2,110	12	1	99.4	0.6	0.1
20〜24歳	2,394	2,171	205	18	90.7	8.6	0.8
25〜29歳	2,564	1,605	858	101	62.6	33.5	3.9
30〜34歳	2,718	962	1,566	189	35.4	57.6	7.0
35〜39歳	2,855	711	1,874	270	24.9	65.6	9.5
40〜44歳	3,034	639	2,032	363	21.1	67.0	12.0
45〜49歳	2,992	580	1,986	425	19.4	66.4	14.2
50〜54歳	3,166	568	2,113	484	17.9	66.8	15.3
55〜59歳	3,568	622	2,367	580	17.4	66.3	16.3
60〜64歳	4,012	670	2,619	724	16.7	65.3	18.0
65〜69歳	4,619	736	2,897	986	15.9	62.7	21.3
70〜74歳	4,026	563	2,381	1,082	14.0	59.1	26.9
75〜79歳	3,552	374	1,860	1,318	10.5	52.4	37.1
80〜84歳	3,135	227	1,278	1,631	7.2	40.7	52.0
85歳以上	6,746	276	1,096	5,374	4.1	16.2	79.7
65歳以上（再掲）	22,077	2,176	9,512	10,390	9.9	43.1	47.1
75歳以上（再掲）	13,432	877	4,234	8,322	6.5	31.5	62.0

注：四捨五入のため合計は必ずしも一致しない。

結果表5　男女年齢5歳階級別一般世帯人員・施設世帯人員

2015（平成27）年

年　齢	人　口　（　1,000　人　）				割　合　（％）		
	総数	一般世帯人員		施設世帯人員	一般世帯人員		施設世帯人員
		世帯主	世帯主以外		世帯主	世帯主以外	
男							
15歳以上計	53,677	39,842	12,764	1,071	74.2	23.8	2.0
15～19歳	3,112	226	2,774	113	7.3	89.1	3.6
20～24歳	3,122	1,081	1,958	83	34.6	62.7	2.7
25～29歳	3,333	1,785	1,509	40	53.5	45.3	1.2
30～34歳	3,751	2,469	1,252	30	65.8	33.4	0.8
35～39歳	4,268	3,076	1,161	31	72.1	27.2	0.7
40～44歳	4,988	3,789	1,160	39	76.0	23.3	0.8
45～49歳	4,422	3,533	851	39	79.9	19.2	0.9
50～54歳	4,029	3,395	596	38	84.3	14.8	1.0
55～59歳	3,784	3,346	395	42	88.4	10.4	1.1
60～64歳	4,210	3,877	273	60	92.1	6.5	1.4
65～69歳	4,723	4,452	193	79	94.3	4.1	1.7
70～74歳	3,625	3,412	135	78	94.1	3.7	2.2
75～79歳	2,817	2,584	142	91	91.7	5.0	3.2
80～84歳	2,015	1,742	159	114	86.5	7.9	5.6
85歳以上	1,477	1,076	206	195	72.8	14.0	13.2
65歳以上（再掲）	14,657	13,265	835	556	90.5	5.7	3.8
75歳以上（再掲）	6,309	5,402	507	399	85.6	8.0	6.3
女							
15歳以上計	57,472	13,489	42,295	1,688	23.5	73.6	2.9
15～19歳	2,942	169	2,714	60	5.7	92.2	2.0
20～24歳	2,969	746	2,184	38	25.1	73.6	1.3
25～29歳	3,199	787	2,401	10	24.6	75.1	0.3
30～34歳	3,645	701	2,936	9	19.2	80.5	0.2
35～39歳	4,149	723	3,416	11	17.4	82.3	0.3
40～44歳	4,859	916	3,928	15	18.8	80.8	0.3
45～49歳	4,344	928	3,399	17	21.4	78.3	0.4
50～54歳	3,995	879	3,096	19	22.0	77.5	0.5
55～59歳	3,817	801	2,993	23	21.0	78.4	0.6
60～64歳	4,342	927	3,381	34	21.3	77.9	0.8
65～69歳	5,036	1,228	3,756	53	24.4	74.6	1.0
70～74歳	4,162	1,205	2,881	76	29.0	69.2	1.8
75～79歳	3,537	1,231	2,165	140	34.8	61.2	4.0
80～84歳	3,011	1,168	1,564	279	38.8	52.0	9.3
85歳以上	3,466	1,082	1,479	904	31.2	42.7	26.1
65歳以上（再掲）	19,211	5,914	11,846	1,452	30.8	61.7	7.6
75歳以上（再掲）	10,013	3,481	5,209	1,323	34.8	52.0	13.2

注：四捨五入のため合計は必ずしも一致しない。家族類型不詳、年齢不詳を案分したものである。

結果表5　男女年齢5歳階級別一般世帯人員・施設世帯人員（続き）

2016（平成28）年

年　齢	人　口　（　1,000　人　）				割　合　（％）		
	総数	一般世帯人員		施設世帯人員	一般世帯人員		施設世帯人員
		世帯主	世帯主以外		世帯主	世帯主以外	
男							
15歳以上計	53,628	39,901	12,634	1,093	74.4	23.6	2.0
15～19歳	3,094	225	2,756	114	7.3	89.1	3.7
20～24歳	3,137	1,083	1,968	86	34.5	62.7	2.7
25～29歳	3,262	1,741	1,480	40	53.4	45.4	1.2
30～34歳	3,681	2,437	1,214	30	66.2	33.0	0.8
35～39歳	4,113	2,978	1,106	30	72.4	26.9	0.7
40～44歳	4,918	3,745	1,135	38	76.1	23.1	0.8
45～49歳	4,684	3,741	902	40	79.9	19.3	0.9
50～54歳	3,967	3,342	587	38	84.2	14.8	1.0
55～59歳	3,758	3,337	380	42	88.8	10.1	1.1
60～64歳	4,018	3,698	263	56	92.0	6.6	1.4
65～69歳	4,971	4,671	216	84	94.0	4.3	1.7
70～74歳	3,453	3,244	132	77	94.0	3.8	2.2
75～79歳	2,905	2,681	132	92	92.3	4.5	3.2
80～84歳	2,093	1,824	152	118	87.1	7.2	5.6
85歳以上	1,574	1,155	211	208	73.4	13.4	13.2
65歳以上（再掲）	14,995	13,574	842	579	90.5	5.6	3.9
75歳以上（再掲）	6,572	5,659	495	418	86.1	7.5	6.4
女							
15歳以上計	57,439	13,622	42,058	1,760	23.7	73.2	3.1
15～19歳	2,929	168	2,702	59	5.7	92.2	2.0
20～24歳	2,978	745	2,194	39	25.0	73.7	1.3
25～29歳	3,124	776	2,338	10	24.8	74.8	0.3
30～34歳	3,571	700	2,862	9	19.6	80.2	0.2
35～39歳	4,000	718	3,271	11	18.0	81.8	0.3
40～44歳	4,790	906	3,868	15	18.9	80.8	0.3
45～49歳	4,596	994	3,583	19	21.6	78.0	0.4
50～54歳	3,935	872	3,042	20	22.2	77.3	0.5
55～59歳	3,786	811	2,951	24	21.4	77.9	0.6
60～64歳	4,141	892	3,216	33	21.5	77.7	0.8
65～69歳	5,303	1,287	3,960	56	24.3	74.7	1.1
70～74歳	3,956	1,137	2,746	72	28.8	69.4	1.8
75～79歳	3,620	1,262	2,216	142	34.9	61.2	3.9
80～84歳	3,084	1,200	1,596	287	38.9	51.8	9.3
85歳以上	3,628	1,153	1,512	963	31.8	41.7	26.5
65歳以上（再掲）	19,590	6,039	12,030	1,521	30.8	61.4	7.8
75歳以上（再掲）	10,332	3,615	5,324	1,392	35.0	51.5	13.5

注：四捨五入のため合計は必ずしも一致しない。

結果表5　男女年齢5歳階級別一般世帯人員・施設世帯人員（続き）

2017（平成29）年

年　齢	人　口　（　1,000　人　）				割　合　　（%）		
	総数	一般世帯人員		施設世帯人員	一般世帯人員		施設世帯人員
		世帯主	世帯主以外		世帯主	世帯主以外	
男							
15歳以上計	53,557	39,955	12,486	1,116	74.6	23.3	2.1
15～19歳	3,065	222	2,729	114	7.3	89.0	3.7
20～24歳	3,150	1,085	1,976	88	34.5	62.7	2.8
25～29歳	3,208	1,709	1,458	41	53.3	45.5	1.3
30～34歳	3,609	2,400	1,179	30	66.5	32.7	0.8
35～39歳	3,991	2,896	1,065	29	72.6	26.7	0.7
40～44歳	4,778	3,657	1,085	36	76.5	22.7	0.8
45～49歳	4,772	3,818	914	40	80.0	19.2	0.8
50～54歳	4,094	3,443	612	39	84.1	14.9	1.0
55～59歳	3,783	3,368	373	42	89.0	9.9	1.1
60～64歳	3,844	3,538	252	53	92.1	6.6	1.4
65～69歳	4,797	4,500	216	81	93.8	4.5	1.7
70～74歳	3,632	3,406	143	82	93.8	3.9	2.3
75～79歳	3,009	2,788	126	95	92.7	4.2	3.2
80～84歳	2,153	1,888	143	121	87.7	6.7	5.6
85歳以上	1,674	1,236	215	224	73.8	12.8	13.4
65歳以上（再掲）	15,264	13,818	843	603	90.5	5.5	4.0
75歳以上（再掲）	6,836	5,912	484	440	86.5	7.1	6.4
女							
15歳以上計	57,388	13,767	41,782	1,838	24.0	72.8	3.2
15～19歳	2,904	167	2,679	58	5.7	92.3	2.0
20～24歳	2,991	747	2,205	39	25.0	73.7	1.3
25～29歳	3,062	766	2,286	10	25.0	74.6	0.3
30～34歳	3,492	696	2,787	9	19.9	79.8	0.2
35～39歳	3,886	713	3,162	11	18.3	81.4	0.3
40～44歳	4,656	892	3,749	15	19.2	80.5	0.3
45～49歳	4,679	1,023	3,636	20	21.9	77.7	0.4
50～54歳	4,057	906	3,129	22	22.3	77.1	0.5
55～59歳	3,806	831	2,950	25	21.8	77.5	0.7
60～64歳	3,956	862	3,061	33	21.8	77.4	0.8
65～69歳	5,122	1,242	3,826	55	24.2	74.7	1.1
70～74歳	4,120	1,178	2,867	75	28.6	69.6	1.8
75～79歳	3,729	1,300	2,284	145	34.9	61.2	3.9
80～84歳	3,136	1,224	1,617	295	39.0	51.6	9.4
85歳以上	3,792	1,221	1,544	1,027	32.2	40.7	27.1
65歳以上（再掲）	19,899	6,165	12,138	1,596	31.0	61.0	8.0
75歳以上（再掲）	10,656	3,745	5,445	1,466	35.1	51.1	13.8

注：四捨五入のため合計は必ずしも一致しない。

結果表5 男女年齢5歳階級別一般世帯人員・施設世帯人員（続き）

2018（平成30）年

年　齢	人　口　（　1,000　人　）				割　合　（％）		
	総数	一般世帯人員		施設世帯人員	一般世帯人員		施設世帯人員
		世帯主	世帯主以外		世帯主	世帯主以外	
男							
15歳以上計	53,457	39,989	12,330	1,138	74.8	23.1	2.1
15～19歳	3,015	219	2,683	114	7.2	89.0	3.8
20～24歳	3,172	1,091	1,990	91	34.4	62.7	2.9
25～29歳	3,164	1,683	1,440	41	53.2	45.5	1.3
30～34歳	3,521	2,349	1,142	30	66.7	32.4	0.9
35～39歳	3,892	2,831	1,033	28	72.7	26.5	0.7
40～44歳	4,600	3,540	1,025	35	77.0	22.3	0.8
45～49歳	4,876	3,905	930	41	80.1	19.1	0.8
50～54歳	4,196	3,524	632	39	84.0	15.1	0.9
55～59歳	3,814	3,403	369	42	89.2	9.7	1.1
60～64歳	3,740	3,444	245	51	92.1	6.5	1.4
65～69歳	4,530	4,245	208	77	93.7	4.6	1.7
70～74歳	3,875	3,628	158	89	93.6	4.1	2.3
75～79歳	3,104	2,882	123	99	92.9	4.0	3.2
80～84歳	2,187	1,930	134	123	88.2	6.1	5.6
85歳以上	1,770	1,314	217	240	74.2	12.3	13.5
65歳以上 （再掲）	15,467	13,999	840	627	90.5	5.4	4.1
75歳以上 （再掲）	7,061	6,126	474	461	86.8	6.7	6.5
女							
15歳以上計	57,307	13,901	41,488	1,919	24.3	72.4	3.3
15～19歳	2,861	164	2,639	57	5.7	92.3	2.0
20～24歳	3,011	750	2,222	40	24.9	73.8	1.3
25～29歳	3,014	759	2,244	10	25.2	74.5	0.3
30～34歳	3,398	687	2,702	9	20.2	79.5	0.3
35～39歳	3,790	707	3,072	11	18.7	81.1	0.3
40～44歳	4,481	873	3,593	15	19.5	80.2	0.3
45～49歳	4,780	1,054	3,706	21	22.1	77.5	0.4
50～54歳	4,156	935	3,197	24	22.5	76.9	0.6
55～59歳	3,831	849	2,955	27	22.2	77.1	0.7
60～64歳	3,846	849	2,963	33	22.1	77.1	0.9
65～69歳	4,836	1,173	3,610	52	24.3	74.7	1.1
70～74歳	4,366	1,243	3,043	80	28.5	69.7	1.8
75～79歳	3,830	1,334	2,348	148	34.8	61.3	3.9
80～84歳	3,153	1,234	1,620	299	39.1	51.4	9.5
85歳以上	3,955	1,287	1,573	1,094	32.6	39.8	27.7
65歳以上 （再掲）	20,140	6,271	12,195	1,673	31.1	60.6	8.3
75歳以上 （再掲）	10,938	3,855	5,541	1,541	35.2	50.7	14.1

注：四捨五入のため合計は必ずしも一致しない。

結果表5　男女年齢5歳階級別一般世帯人員・施設世帯人員（続き）

2019（平成31）年

年　齢	人　口（1,000　人）				割　合（％）		
	総数	一般世帯人員		施設世帯人員	一般世帯人員		施設世帯人員
		世帯主	世帯主以外		世帯主	世帯主以外	
男							
15歳以上計	53,332	40,002	12,172	1,159	75.0	22.8	2.2
15〜19歳	2,962	215	2,635	113	7.2	88.9	3.8
20〜24歳	3,171	1,090	1,989	92	34.4	62.7	2.9
25〜29歳	3,157	1,678	1,438	42	53.1	45.5	1.3
30〜34歳	3,424	2,290	1,104	30	66.9	32.3	0.9
35〜39歳	3,814	2,780	1,007	28	72.9	26.4	0.7
40〜44歳	4,404	3,407	964	33	77.4	21.9	0.7
45〜49歳	4,945	3,969	936	40	80.3	18.9	0.8
50〜54歳	4,298	3,605	654	40	83.9	15.2	0.9
55〜59歳	3,844	3,435	368	42	89.3	9.6	1.1
60〜64歳	3,707	3,415	242	50	92.1	6.5	1.3
65〜69歳	4,214	3,946	197	71	93.6	4.7	1.7
70〜74歳	4,102	3,832	174	96	93.4	4.2	2.3
75〜79歳	3,244	3,015	125	104	92.9	3.8	3.2
80〜84歳	2,189	1,941	124	123	88.7	5.7	5.6
85歳以上	1,856	1,384	217	255	74.6	11.7	13.8
65歳以上（再掲）	15,605	14,119	836	650	90.5	5.4	4.2
75歳以上（再掲）	7,289	6,341	466	483	87.0	6.4	6.6
女							
15歳以上計	57,206	14,021	41,188	1,997	24.5	72.0	3.5
15〜19歳	2,817	162	2,599	56	5.7	92.3	2.0
20〜24歳	3,011	749	2,222	40	24.9	73.8	1.3
25〜29歳	2,998	759	2,229	10	25.3	74.3	0.3
30〜34歳	3,294	675	2,611	8	20.5	79.3	0.3
35〜39歳	3,717	703	3,003	10	18.9	80.8	0.3
40〜44歳	4,295	852	3,429	15	19.8	79.8	0.3
45〜49歳	4,842	1,077	3,744	21	22.2	77.3	0.4
50〜54歳	4,256	965	3,265	25	22.7	76.7	0.6
55〜59歳	3,857	867	2,962	28	22.5	76.8	0.7
60〜64歳	3,808	853	2,921	34	22.4	76.7	0.9
65〜69歳	4,491	1,094	3,348	49	24.4	74.6	1.1
70〜74歳	4,592	1,302	3,205	85	28.4	69.8	1.8
75〜79歳	4,001	1,391	2,456	155	34.8	61.4	3.9
80〜84歳	3,129	1,227	1,602	299	39.2	51.2	9.6
85歳以上	4,097	1,345	1,593	1,159	32.8	38.9	28.3
65歳以上（再掲）	20,310	6,359	12,204	1,747	31.3	60.1	8.6
75歳以上（再掲）	11,227	3,963	5,651	1,613	35.3	50.3	14.4

注：四捨五入のため合計は必ずしも一致しない。

結果表5　男女年齢5歳階級別一般世帯人員・施設世帯人員（続き）

2020（平成32）年

年　齢	人　口　（　1,000　人　）				割　合　（％）		
	総数	一般世帯人員		施設世帯人員	一般世帯人員		施設世帯人員
		世帯主	世帯主以外		世帯主	世帯主以外	
男							
15歳以上計	53,178	39,989	12,010	1,179	75.2	22.6	2.2
15〜19歳	2,890	209	2,570	111	7.2	88.9	3.8
20〜24歳	3,163	1,087	1,984	93	34.3	62.7	2.9
25〜29歳	3,170	1,684	1,443	42	53.1	45.5	1.3
30〜34歳	3,337	2,234	1,074	29	66.9	32.2	0.9
35〜39歳	3,736	2,730	980	27	73.1	26.2	0.7
40〜44歳	4,242	3,299	912	31	77.8	21.5	0.7
45〜49歳	4,945	3,969	935	40	80.3	18.9	0.8
50〜54歳	4,362	3,660	663	39	83.9	15.2	0.9
55〜59歳	3,944	3,525	377	43	89.4	9.5	1.1
60〜64歳	3,660	3,376	235	49	92.3	6.4	1.3
65〜69歳	3,993	3,737	189	67	93.6	4.7	1.7
70〜74歳	4,362	4,067	191	104	93.2	4.4	2.4
75〜79歳	3,184	2,958	121	104	92.9	3.8	3.3
80〜84歳	2,238	1,994	118	126	89.1	5.3	5.6
85歳以上	1,952	1,461	217	274	74.8	11.1	14.0
65歳以上（再掲）	15,728	14,217	837	675	90.4	5.3	4.3
75歳以上（再掲）	7,374	6,413	457	504	87.0	6.2	6.8
女							
15歳以上計	57,072	14,117	40,875	2,080	24.7	71.6	3.6
15〜19歳	2,755	158	2,542	55	5.7	92.3	2.0
20〜24歳	3,003	746	2,217	40	24.9	73.8	1.3
25〜29歳	3,003	763	2,230	11	25.4	74.2	0.4
30〜34歳	3,201	663	2,530	8	20.7	79.0	0.3
35〜39歳	3,639	698	2,931	10	19.2	80.5	0.3
40〜44歳	4,140	838	3,288	14	20.2	79.4	0.3
45〜49歳	4,842	1,081	3,739	22	22.3	77.2	0.4
50〜54歳	4,314	988	3,299	27	22.9	76.5	0.6
55〜59歳	3,952	899	3,023	31	22.7	76.5	0.8
60〜64歳	3,759	856	2,868	36	22.8	76.3	0.9
65〜69歳	4,246	1,039	3,159	47	24.5	74.4	1.1
70〜74歳	4,871	1,378	3,403	91	28.3	69.9	1.9
75〜79歳	3,928	1,362	2,414	152	34.7	61.5	3.9
80〜84歳	3,168	1,245	1,617	306	39.3	51.0	9.7
85歳以上	4,251	1,405	1,616	1,231	33.0	38.0	28.9
65歳以上（再掲）	20,464	6,428	12,208	1,827	31.4	59.7	8.9
75歳以上（再掲）	11,346	4,011	5,646	1,689	35.4	49.8	14.9

注：四捨五入のため合計は必ずしも一致しない。

結果表5　男女年齢5歳階級別一般世帯人員・施設世帯人員（続き）

2021（平成33）年

年　齢	人　口　（　1,000　人　）				割　合　（%）		
	総数	一般世帯人員		施設世帯 人員	一般世帯人員		施設世帯 人員
		世帯主	世帯主以外		世帯主	世帯主以外	
男							
15歳以上計	53,010	39,937	11,873	1,200	75.3	22.4	2.3
15〜19歳	2,834	205	2,518	110	7.2	88.9	3.9
20〜24歳	3,145	1,081	1,971	93	34.4	62.7	3.0
25〜29歳	3,185	1,691	1,452	43	53.1	45.6	1.3
30〜34歳	3,266	2,186	1,051	29	66.9	32.2	0.9
35〜39歳	3,667	2,686	954	26	73.3	26.0	0.7
40〜44歳	4,088	3,193	865	30	78.1	21.1	0.7
45〜49歳	4,876	3,913	924	39	80.3	19.0	0.8
50〜54歳	4,620	3,874	706	40	83.8	15.3	0.9
55〜59歳	3,883	3,477	364	42	89.6	9.4	1.1
60〜64歳	3,636	3,360	228	48	92.4	6.3	1.3
65〜69歳	3,813	3,568	182	64	93.6	4.8	1.7
70〜74歳	4,588	4,268	209	111	93.0	4.5	2.4
75〜79歳	3,035	2,817	117	101	92.8	3.8	3.3
80〜84歳	2,319	2,074	114	131	89.4	4.9	5.7
85歳以上	2,055	1,543	218	294	75.1	10.6	14.3
65歳以上 （再掲）	15,810	14,270	840	700	90.3	5.3	4.4
75歳以上 （再掲）	7,409	6,434	449	526	86.8	6.1	7.1
女							
15歳以上計	56,926	14,197	40,560	2,169	24.9	71.3	3.8
15〜19歳	2,704	155	2,495	53	5.7	92.3	2.0
20〜24歳	2,990	744	2,207	40	24.9	73.8	1.3
25〜29歳	3,013	766	2,236	11	25.4	74.2	0.4
30〜34歳	3,126	652	2,466	8	20.9	78.9	0.3
35〜39歳	3,565	692	2,863	10	19.4	80.3	0.3
40〜44歳	3,992	824	3,154	14	20.6	79.0	0.4
45〜49歳	4,773	1,069	3,683	22	22.4	77.2	0.5
50〜54歳	4,564	1,054	3,481	29	23.1	76.3	0.6
55〜59歳	3,893	896	2,965	32	23.0	76.2	0.8
60〜64歳	3,729	863	2,829	37	23.1	75.9	1.0
65〜69歳	4,050	999	3,005	46	24.7	74.2	1.1
70〜74歳	5,127	1,447	3,584	96	28.2	69.9	1.9
75〜79歳	3,734	1,292	2,297	145	34.6	61.5	3.9
80〜84歳	3,251	1,279	1,654	318	39.3	50.9	9.8
85歳以上	4,413	1,465	1,640	1,307	33.2	37.2	29.6
65歳以上 （再掲）	20,576	6,482	12,181	1,913	31.5	59.2	9.3
75歳以上 （再掲）	11,398	4,036	5,592	1,770	35.4	49.1	15.5

注：四捨五入のため合計は必ずしも一致しない。

結果表5 男女年齢5歳階級別一般世帯人員・施設世帯人員（続き）

2022（平成34）年

年　齢	人　口　（　1,000　人　）				割　合　（％）		
	総数	一般世帯人員		施設世帯人員	一般世帯人員		施設世帯人員
		世帯主	世帯主以外		世帯主	世帯主以外	
男							
15歳以上計	52,837	39,884	11,729	1,224	75.5	22.2	2.3
15〜19歳	2,791	202	2,479	109	7.2	88.8	3.9
20〜24歳	3,116	1,071	1,952	93	34.4	62.7	3.0
25〜29歳	3,198	1,699	1,456	43	53.1	45.5	1.4
30〜34歳	3,212	2,149	1,035	28	66.9	32.2	0.9
35〜39歳	3,595	2,640	929	25	73.4	25.8	0.7
40〜44歳	3,966	3,101	836	29	78.2	21.1	0.7
45〜49歳	4,738	3,816	884	37	80.6	18.7	0.8
50〜54歳	4,708	3,953	715	40	84.0	15.2	0.9
55〜59歳	4,009	3,588	378	43	89.5	9.4	1.1
60〜64歳	3,661	3,388	225	48	92.5	6.2	1.3
65〜69歳	3,650	3,415	176	60	93.5	4.8	1.6
70〜74歳	4,429	4,112	208	108	92.9	4.7	2.4
75〜79歳	3,204	2,970	126	108	92.7	3.9	3.4
80〜84歳	2,413	2,163	112	138	89.7	4.6	5.7
85歳以上	2,146	1,616	216	313	75.3	10.1	14.6
65歳以上（再掲）	15,842	14,277	838	728	90.1	5.3	4.6
75歳以上（再掲）	7,763	6,749	455	559	86.9	5.9	7.2
女							
15歳以上計	56,772	14,291	40,217	2,265	25.2	70.8	4.0
15〜19歳	2,664	153	2,458	52	5.7	92.3	2.0
20〜24歳	2,965	737	2,188	39	24.9	73.8	1.3
25〜29歳	3,026	771	2,244	11	25.5	74.2	0.4
30〜34歳	3,065	643	2,414	8	21.0	78.8	0.3
35〜39歳	3,487	684	2,793	10	19.6	80.1	0.3
40〜44歳	3,878	811	3,053	14	20.9	78.7	0.4
45〜49歳	4,640	1,048	3,570	21	22.6	76.9	0.5
50〜54歳	4,647	1,083	3,533	31	23.3	76.0	0.7
55〜59歳	4,014	933	3,047	34	23.2	75.9	0.9
60〜64歳	3,749	881	2,828	40	23.5	75.4	1.1
65〜69歳	3,871	963	2,862	45	24.9	73.9	1.2
70〜74歳	4,954	1,398	3,463	94	28.2	69.9	1.9
75〜79歳	3,897	1,345	2,400	153	34.5	61.6	3.9
80〜84歳	3,358	1,322	1,704	332	39.4	50.7	9.9
85歳以上	4,556	1,519	1,657	1,381	33.3	36.4	30.3
65歳以上（再掲）	20,636	6,546	12,086	2,005	31.7	58.6	9.7
75歳以上（再掲）	11,811	4,185	5,761	1,865	35.4	48.8	15.8

注：四捨五入のため合計は必ずしも一致しない。

結果表5　男女年齢5歳階級別一般世帯人員・施設世帯人員（続き）

2023（平成35）年

年　齢	人　口 （　1,000　人　）				割　合　（％）		
	総数	一般世帯人員		施設世帯人員	一般世帯人員		施設世帯人員
		世帯主	世帯主以外		世帯主	世帯主以外	
男							
15歳以上計	52,657	39,815	11,597	1,245	75.6	22.0	2.4
15〜19歳	2,769	200	2,459	110	7.2	88.8	4.0
20〜24歳	3,066	1,055	1,920	92	34.4	62.6	3.0
25〜29歳	3,221	1,712	1,465	44	53.2	45.5	1.4
30〜34歳	3,169	2,117	1,024	28	66.8	32.3	0.9
35〜39歳	3,508	2,583	900	25	73.6	25.7	0.7
40〜44歳	3,869	3,023	817	28	78.2	21.1	0.7
45〜49歳	4,561	3,692	834	35	81.0	18.3	0.8
50〜54歳	4,811	4,045	727	40	84.1	15.1	0.8
55〜59歳	4,110	3,676	390	44	89.4	9.5	1.1
60〜64歳	3,693	3,421	224	48	92.6	6.1	1.3
65〜69歳	3,554	3,324	173	58	93.5	4.9	1.6
70〜74歳	4,186	3,879	203	104	92.7	4.8	2.5
75〜79歳	3,430	3,173	140	118	92.5	4.1	3.4
80〜84歳	2,494	2,241	110	143	89.8	4.4	5.7
85歳以上	2,217	1,674	213	330	75.5	9.6	14.9
65歳以上（再掲）	15,881	14,290	838	753	90.0	5.3	4.7
75歳以上（再掲）	8,141	7,087	462	592	87.1	5.7	7.3
女							
15歳以上計	56,610	14,375	39,881	2,355	25.4	70.4	4.2
15〜19歳	2,644	152	2,440	52	5.7	92.3	2.0
20〜24歳	2,922	727	2,156	39	24.9	73.8	1.3
25〜29歳	3,046	777	2,259	11	25.5	74.2	0.4
30〜34歳	3,017	636	2,373	8	21.1	78.7	0.3
35〜39歳	3,393	672	2,711	10	19.8	79.9	0.3
40〜44歳	3,783	799	2,970	14	21.1	78.5	0.4
45〜49歳	4,466	1,020	3,425	21	22.9	76.7	0.5
50〜54歳	4,749	1,116	3,601	32	23.5	75.8	0.7
55〜59歳	4,113	964	3,112	37	23.4	75.7	0.9
60〜64歳	3,775	901	2,832	42	23.9	75.0	1.1
65〜69歳	3,764	947	2,772	45	25.1	73.6	1.2
70〜74歳	4,678	1,321	3,268	90	28.2	69.9	1.9
75〜79歳	4,137	1,424	2,551	163	34.4	61.6	3.9
80〜84歳	3,454	1,360	1,749	346	39.4	50.6	10.0
85歳以上	4,669	1,561	1,662	1,446	33.4	35.6	31.0
65歳以上（再掲）	20,703	6,611	12,001	2,090	31.9	58.0	10.1
75歳以上（再掲）	12,261	4,344	5,962	1,955	35.4	48.6	15.9

注：四捨五入のため合計は必ずしも一致しない。

結果表5 男女年齢5歳階級別一般世帯人員・施設世帯人員（続き）

2024（平成36）年

年　齢	人　口　(1,000 人)				割　合　（%）		
	総数	一般世帯人員		施設世帯人員	一般世帯人員		施設世帯人員
		世帯主	世帯主以外		世帯主	世帯主以外	
男							
15歳以上計	52,457	39,729	11,464	1,263	75.7	21.9	2.4
15〜19歳	2,748	199	2,440	110	7.2	88.8	4.0
20〜24歳	3,014	1,037	1,886	90	34.4	62.6	3.0
25〜29歳	3,219	1,712	1,463	44	53.2	45.4	1.4
30〜34歳	3,162	2,109	1,025	28	66.7	32.4	0.9
35〜39歳	3,411	2,518	870	24	73.8	25.5	0.7
40〜44歳	3,791	2,960	804	27	78.1	21.2	0.7
45〜49歳	4,368	3,554	781	33	81.4	17.9	0.7
50〜54歳	4,880	4,112	729	40	84.3	14.9	0.8
55〜59歳	4,211	3,763	404	44	89.4	9.6	1.1
60〜64歳	3,724	3,452	224	48	92.7	6.0	1.3
65〜69歳	3,525	3,294	174	56	93.5	4.9	1.6
70〜74歳	3,897	3,604	195	97	92.5	5.0	2.5
75〜79歳	3,640	3,360	153	127	92.3	4.2	3.5
80〜84歳	2,610	2,347	112	152	89.9	4.3	5.8
85歳以上	2,258	1,708	206	343	75.7	9.1	15.2
65歳以上（再掲）	15,928	14,313	840	776	89.9	5.3	4.9
75歳以上（再掲）	8,507	7,414	471	622	87.2	5.5	7.3
女							
15歳以上計	56,427	14,449	39,543	2,435	25.6	70.1	4.3
15〜19歳	2,622	150	2,420	51	5.7	92.3	1.9
20〜24歳	2,879	717	2,124	38	24.9	73.8	1.3
25〜29歳	3,046	777	2,258	11	25.5	74.1	0.4
30〜34歳	3,001	634	2,360	8	21.1	78.6	0.3
35〜39歳	3,290	657	2,623	10	20.0	79.7	0.3
40〜44歳	3,710	790	2,906	14	21.3	78.3	0.4
45〜49歳	4,281	990	3,271	20	23.1	76.4	0.5
50〜54歳	4,811	1,140	3,637	33	23.7	75.6	0.7
55〜59歳	4,212	995	3,178	40	23.6	75.4	0.9
60〜64歳	3,801	919	2,837	45	24.2	74.6	1.2
65〜69歳	3,728	948	2,733	47	25.4	73.3	1.3
70〜74歳	4,347	1,230	3,033	84	28.3	69.8	1.9
75〜79歳	4,357	1,496	2,688	173	34.3	61.7	4.0
80〜84歳	3,612	1,420	1,825	367	39.3	50.5	10.2
85歳以上	4,731	1,585	1,651	1,496	33.5	34.9	31.6
65歳以上（再掲）	20,775	6,678	11,930	2,167	32.1	57.4	10.4
75歳以上（再掲）	12,700	4,500	6,164	2,036	35.4	48.5	16.0

注：四捨五入のため合計は必ずしも一致しない。

結果表5 男女年齢5歳階級別一般世帯人員・施設世帯人員（続き）

2025（平成37）年

年 齢	人 口 （ 1,000 人 ）				割 合 （%）		
	総数	一般世帯人員		施設世帯人員	一般世帯人員		施設世帯人員
		世帯主	世帯主以外		世帯主	世帯主以外	
男							
15歳以上計	52,243	39,621	11,339	1,282	75.8	21.7	2.5
15～19歳	2,740	198	2,432	110	7.2	88.8	4.0
20～24歳	2,943	1,013	1,841	89	34.4	62.6	3.0
25～29歳	3,211	1,709	1,459	44	53.2	45.4	1.4
30～34歳	3,175	2,116	1,031	28	66.6	32.5	0.9
35～39歳	3,325	2,457	845	23	73.9	25.4	0.7
40～44歳	3,714	2,900	788	27	78.1	21.2	0.7
45～49歳	4,207	3,441	735	31	81.8	17.5	0.7
50～54歳	4,880	4,112	729	39	84.3	14.9	0.8
55～59歳	4,275	3,822	409	44	89.4	9.6	1.0
60～64歳	3,822	3,544	229	50	92.7	6.0	1.3
65～69歳	3,482	3,255	172	55	93.5	4.9	1.6
70～74歳	3,696	3,413	190	93	92.3	5.1	2.5
75～79歳	3,870	3,565	168	137	92.1	4.3	3.5
80～84歳	2,560	2,302	108	151	89.9	4.2	5.9
85歳以上	2,342	1,775	204	363	75.8	8.7	15.5
65歳以上 （再掲）	15,950	14,310	841	799	89.7	5.3	5.0
75歳以上 （再掲）	8,772	7,642	480	650	87.1	5.5	7.4
女							
15歳以上計	56,229	14,495	39,216	2,518	25.8	69.7	4.5
15～19歳	2,613	150	2,413	51	5.7	92.3	1.9
20～24歳	2,818	702	2,078	37	24.9	73.8	1.3
25～29歳	3,038	775	2,252	11	25.5	74.1	0.4
30～34歳	3,007	636	2,362	8	21.2	78.6	0.3
35～39歳	3,197	643	2,544	9	20.1	79.6	0.3
40～44歳	3,632	781	2,838	13	21.5	78.1	0.4
45～49歳	4,127	968	3,139	19	23.5	76.1	0.5
50～54歳	4,810	1,146	3,631	34	23.8	75.5	0.7
55～59歳	4,271	1,018	3,211	42	23.8	75.2	1.0
60～64歳	3,896	954	2,894	48	24.5	74.3	1.2
65～69歳	3,681	949	2,685	48	25.8	72.9	1.3
70～74歳	4,112	1,167	2,864	81	28.4	69.6	2.0
75～79歳	4,622	1,584	2,854	184	34.3	61.7	4.0
80～84歳	3,545	1,391	1,788	365	39.3	50.4	10.3
85歳以上	4,860	1,630	1,663	1,567	33.5	34.2	32.2
65歳以上 （再掲）	20,821	6,721	11,854	2,245	32.3	56.9	10.8
75歳以上 （再掲）	13,028	4,606	6,305	2,117	35.4	48.4	16.2

注：四捨五入のため合計は必ずしも一致しない。

結果表5 男女年齢5歳階級別一般世帯人員・施設世帯人員（続き）

2030（平成42）年

年　齢	人　口（1,000人）				割　合（%）		
	総数	一般世帯人員		施設世帯人員	一般世帯人員		施設世帯人員
		世帯主	世帯主以外		世帯主	世帯主以外	
男							
15歳以上計	50,926	38,860	10,682	1,384	76.3	21.0	2.7
15〜19歳	2,574	186	2,281	107	7.2	88.6	4.1
20〜24歳	2,794	957	1,751	86	34.3	62.7	3.1
25〜29歳	2,993	1,594	1,357	41	53.3	45.4	1.4
30〜34歳	3,217	2,142	1,046	29	66.6	32.5	0.9
35〜39歳	3,164	2,328	814	21	73.6	25.7	0.7
40〜44歳	3,306	2,598	685	23	78.6	20.7	0.7
45〜49歳	3,685	3,016	643	26	81.9	17.4	0.7
50〜54歳	4,154	3,575	550	30	86.0	13.2	0.7
55〜59歳	4,787	4,300	442	45	89.8	9.2	0.9
60〜64歳	4,151	3,847	250	54	92.7	6.0	1.3
65〜69歳	3,647	3,417	172	58	93.7	4.7	1.6
70〜74歳	3,236	2,976	179	82	92.0	5.5	2.5
75〜79歳	3,287	3,001	163	124	91.3	5.0	3.8
80〜84歳	3,167	2,823	146	199	89.1	4.6	6.3
85歳以上	2,764	2,102	203	460	76.0	7.3	16.6
65歳以上（再掲）	16,102	14,318	862	922	88.9	5.4	5.7
75歳以上（再掲）	9,219	7,925	511	782	86.0	5.5	8.5
女							
15歳以上計	54,987	14,624	37,397	2,966	26.6	68.0	5.4
15〜19歳	2,464	141	2,276	47	5.7	92.4	1.9
20〜24歳	2,676	665	1,977	35	24.8	73.8	1.3
25〜29歳	2,853	731	2,112	10	25.6	74.0	0.4
30〜34歳	3,041	646	2,387	8	21.2	78.5	0.3
35〜39歳	3,003	617	2,377	9	20.5	79.1	0.3
40〜44歳	3,192	711	2,469	12	22.3	77.3	0.4
45〜49歳	3,622	885	2,718	18	24.4	75.1	0.5
50〜54歳	4,101	1,020	3,051	30	24.9	74.4	0.7
55〜59歳	4,764	1,182	3,530	52	24.8	74.1	1.1
60〜64歳	4,214	1,086	3,062	65	25.8	72.7	1.5
65〜69歳	3,820	1,048	2,710	62	27.4	70.9	1.6
70〜74歳	3,572	1,053	2,441	79	29.5	68.3	2.2
75〜79歳	3,909	1,345	2,403	161	34.4	61.5	4.1
80〜84歳	4,215	1,633	2,121	461	38.7	50.3	10.9
85歳以上	5,542	1,861	1,764	1,917	33.6	31.8	34.6
65歳以上（再掲）	21,057	6,939	11,439	2,680	33.0	54.3	12.7
75歳以上（再掲）	13,665	4,838	6,288	2,539	35.4	46.0	18.6

注：四捨五入のため合計は必ずしも一致しない。

結果表5　男女年齢5歳階級別一般世帯人員・施設世帯人員（続き）

2035（平成47）年

年　齢	人　口　（　1,000　人　）				割　合　（%）		
	総数	一般世帯人員		施設世帯人員	一般世帯人員		施設世帯人員
		世帯主	世帯主以外		世帯主	世帯主以外	
男							
15歳以上計	49,337	37,780	10,078	1,479	76.6	20.4	3.0
15～19歳	2,447	176	2,167	104	7.2	88.6	4.2
20～24歳	2,629	898	1,649	82	34.2	62.7	3.1
25～29歳	2,844	1,505	1,300	40	52.9	45.7	1.4
30～34歳	2,999	1,999	972	28	66.7	32.4	0.9
35～39歳	3,206	2,361	824	21	73.6	25.7	0.7
40～44歳	3,147	2,467	658	21	78.4	20.9	0.7
45～49歳	3,281	2,693	566	22	82.1	17.3	0.7
50～54歳	3,641	3,127	489	25	85.9	13.4	0.7
55～59歳	4,078	3,749	292	36	91.9	7.2	0.9
60～64歳	4,653	4,333	263	57	93.1	5.7	1.2
65～69歳	3,969	3,722	183	64	93.8	4.6	1.6
70～74歳	3,401	3,129	182	90	92.0	5.4	2.6
75～79歳	2,897	2,633	153	111	90.9	5.3	3.8
80～84歳	2,702	2,386	137	178	88.3	5.1	6.6
85歳以上	3,443	2,601	243	599	75.6	7.0	17.4
65歳以上（再掲）	16,412	14,472	898	1,043	88.2	5.5	6.4
75歳以上（再掲）	9,042	7,621	533	888	84.3	5.9	9.8
女							
15歳以上計	53,421	14,535	35,507	3,379	27.2	66.5	6.3
15～19歳	2,332	134	2,154	44	5.7	92.4	1.9
20～24歳	2,528	627	1,868	33	24.8	73.9	1.3
25～29歳	2,713	692	2,012	10	25.5	74.2	0.4
30～34歳	2,858	611	2,239	8	21.4	78.3	0.3
35～39歳	3,038	628	2,400	10	20.7	79.0	0.3
40～44歳	2,999	683	2,305	12	22.8	76.8	0.4
45～49歳	3,183	801	2,366	16	25.2	74.3	0.5
50～54歳	3,600	926	2,647	27	25.7	73.5	0.7
55～59歳	4,063	1,049	2,968	46	25.8	73.0	1.1
60～64歳	4,702	1,262	3,359	80	26.8	71.4	1.7
65～69歳	4,136	1,191	2,864	81	28.8	69.2	2.0
70～74歳	3,713	1,149	2,467	96	31.0	66.5	2.6
75～79歳	3,407	1,201	2,056	151	35.2	60.3	4.4
80～84歳	3,573	1,380	1,785	408	38.6	49.9	11.4
85歳以上	6,575	2,200	2,017	2,358	33.5	30.7	35.9
65歳以上（再掲）	21,404	7,122	11,188	3,094	33.3	52.3	14.5
75歳以上（再掲）	13,555	4,782	5,857	2,917	35.3	43.2	21.5

注：四捨五入のため合計は必ずしも一致しない。

結果表5　男女年齢5歳階級別一般世帯人員・施設世帯人員（続き）

2040（平成52）年

年　齢	人　口　（　1,000　人　）				割　合　（％）		
	総数	一般世帯人員		施設世帯人員	一般世帯人員		施設世帯人員
		世帯主	世帯主以外		世帯主	世帯主以外	
男							
15歳以上計	47,478	36,494	9,450	1,535	76.9	19.9	3.2
15～19歳	2,228	160	1,972	95	7.2	88.5	4.3
20～24歳	2,501	852	1,570	79	34.1	62.8	3.1
25～29歳	2,678	1,409	1,230	38	52.6	45.9	1.4
30～34歳	2,852	1,889	937	26	66.2	32.8	0.9
35～39歳	2,990	2,206	764	20	73.8	25.6	0.7
40～44歳	3,189	2,506	662	21	78.6	20.8	0.7
45～49歳	3,125	2,562	541	21	82.0	17.3	0.7
50～54歳	3,243	2,788	434	22	85.9	13.4	0.7
55～59歳	3,577	3,324	221	32	92.9	6.2	0.9
60～64歳	3,968	3,736	185	47	94.2	4.7	1.2
65～69歳	4,456	4,177	209	71	93.7	4.7	1.6
70～74歳	3,713	3,409	199	105	91.8	5.4	2.8
75～79歳	3,060	2,778	158	124	90.8	5.2	4.0
80～84歳	2,408	2,118	128	162	88.0	5.3	6.7
85歳以上	3,491	2,579	239	673	73.9	6.8	19.3
65歳以上（再掲）	17,129	15,062	933	1,134	87.9	5.4	6.6
75歳以上（再掲）	8,959	7,476	525	958	83.4	5.9	10.7
女							
15歳以上計	51,505	14,263	33,584	3,657	27.7	65.2	7.1
15～19歳	2,123	122	1,962	40	5.7	92.4	1.9
20～24歳	2,394	593	1,770	31	24.8	73.9	1.3
25～29歳	2,564	652	1,903	9	25.4	74.2	0.4
30～34歳	2,718	578	2,133	8	21.3	78.5	0.3
35～39歳	2,855	595	2,251	9	20.8	78.8	0.3
40～44歳	3,034	697	2,326	12	23.0	76.6	0.4
45～49歳	2,992	768	2,208	16	25.7	73.8	0.5
50～54歳	3,166	834	2,307	24	26.4	72.9	0.8
55～59歳	3,568	960	2,568	41	26.9	72.0	1.1
60～64歳	4,012	1,104	2,838	70	27.5	70.7	1.7
65～69歳	4,619	1,372	3,148	98	29.7	68.2	2.1
70～74歳	4,026	1,293	2,612	121	32.1	64.9	3.0
75～79歳	3,552	1,288	2,089	175	36.3	58.8	4.9
80～84歳	3,135	1,223	1,538	374	39.0	49.1	11.9
85歳以上	6,746	2,185	1,931	2,630	32.4	28.6	39.0
65歳以上（再掲）	22,077	7,361	11,319	3,398	33.3	51.3	15.4
75歳以上（再掲）	13,432	4,696	5,558	3,179	35.0	41.4	23.7

注：四捨五入のため合計は必ずしも一致しない。

結果表6　男女年齢5歳階級別所属世帯規模別人口

2015（平成27）年

年　齢	人　口（1,000 人）				割　合　（％）		
	総数	一般世帯		施設世帯	一般世帯		施設世帯
		1人	2人以上		1人	2人以上	
男							
15歳以上計	53,677	9,600	43,006	1,071	17.9	80.1	2.0
15～19歳	3,112	220	2,780	113	7.1	89.3	3.6
20～24歳	3,122	944	2,096	83	30.2	67.1	2.7
25～29歳	3,333	1,022	2,272	40	30.6	68.2	1.2
30～34歳	3,751	820	2,901	30	21.9	77.3	0.8
35～39歳	4,268	749	3,489	31	17.5	81.7	0.7
40～44歳	4,988	851	4,098	39	17.1	82.2	0.8
45～49歳	4,422	798	3,585	39	18.1	81.1	0.9
50～54歳	4,029	733	3,258	38	18.2	80.9	1.0
55～59歳	3,784	675	3,067	42	17.8	81.0	1.1
60～64歳	4,210	734	3,416	60	17.4	81.1	1.4
65～69歳	4,723	756	3,889	79	16.0	82.3	1.7
70～74歳	3,625	491	3,056	78	13.5	84.3	2.2
75～79歳	2,817	346	2,381	91	12.3	84.5	3.2
80～84歳	2,015	254	1,648	114	12.6	81.8	5.6
85歳以上	1,477	210	1,072	195	14.2	72.6	13.2
65歳以上 （再掲）	14,657	2,056	12,045	556	14.0	82.2	3.8
75歳以上 （再掲）	6,309	809	5,100	399	12.8	80.8	6.3
女							
15歳以上計	57,472	8,817	46,967	1,688	15.3	81.7	2.9
15～19歳	2,942	165	2,717	60	5.6	92.4	2.0
20～24歳	2,969	693	2,237	38	23.3	75.4	1.3
25～29歳	3,199	658	2,530	10	20.6	79.1	0.3
30～34歳	3,645	487	3,149	9	13.4	86.4	0.2
35～39歳	4,149	410	3,728	11	9.9	89.9	0.3
40～44歳	4,859	432	4,412	15	8.9	90.8	0.3
45～49歳	4,344	405	3,922	17	9.3	90.3	0.4
50～54歳	3,995	402	3,574	19	10.1	89.5	0.5
55～59歳	3,817	415	3,379	23	10.9	88.5	0.6
60～64歳	4,342	554	3,755	34	12.7	86.5	0.8
65～69歳	5,036	803	4,180	53	16.0	83.0	1.0
70～74歳	4,162	834	3,252	76	20.0	78.1	1.8
75～79歳	3,537	892	2,505	140	25.2	70.8	4.0
80～84歳	3,011	876	1,857	279	29.1	61.7	9.3
85歳以上	3,466	792	1,769	904	22.9	51.0	26.1
65歳以上 （再掲）	19,211	4,197	13,563	1,452	21.8	70.6	7.6
75歳以上 （再掲）	10,013	2,560	6,130	1,323	25.6	61.2	13.2

注：四捨五入のため合計は必ずしも一致しない。
　　家族類型不詳、年齢不詳を案分したものである。

結果表6　男女年齢5歳階級別所属世帯規模別人口（続き）

2016（平成28）年

年　齢	人　口（1,000人）				割　合　（％）		
	総数	一般世帯		施設世帯	一般世帯		施設世帯
		1人	2人以上		1人	2人以上	
男							
15歳以上計	53,628	9,696	42,839	1,093	18.1	79.9	2.0
15〜19歳	3,094	218	2,762	114	7.1	89.3	3.7
20〜24歳	3,137	949	2,103	86	30.2	67.0	2.7
25〜29歳	3,262	1,007	2,214	40	30.9	67.9	1.2
30〜34歳	3,681	816	2,835	30	22.2	77.0	0.8
35〜39歳	4,113	734	3,350	30	17.8	81.4	0.7
40〜44歳	4,918	832	4,048	38	16.9	82.3	0.8
45〜49歳	4,684	838	3,805	40	17.9	81.2	0.9
50〜54歳	3,967	741	3,188	38	18.7	80.4	1.0
55〜59歳	3,758	691	3,026	42	18.4	80.5	1.1
60〜64歳	4,018	713	3,249	56	17.7	80.9	1.4
65〜69歳	4,971	821	4,067	84	16.5	81.8	1.7
70〜74歳	3,453	489	2,887	77	14.2	83.6	2.2
75〜79歳	2,905	358	2,455	92	12.3	84.5	3.2
80〜84歳	2,093	267	1,709	118	12.7	81.6	5.6
85歳以上	1,574	224	1,141	208	14.2	72.5	13.2
65歳以上 （再掲）	14,995	2,158	12,259	579	14.4	81.7	3.9
75歳以上 （再掲）	6,572	848	5,305	418	12.9	80.7	6.4
女							
15歳以上計	57,439	8,922	46,758	1,760	15.5	81.4	3.1
15〜19歳	2,929	164	2,706	59	5.6	92.4	2.0
20〜24歳	2,978	693	2,246	39	23.3	75.4	1.3
25〜29歳	3,124	646	2,467	10	20.7	79.0	0.3
30〜34歳	3,571	481	3,081	9	13.5	86.3	0.2
35〜39歳	4,000	404	3,586	11	10.1	89.6	0.3
40〜44歳	4,790	435	4,339	15	9.1	90.6	0.3
45〜49歳	4,596	445	4,132	19	9.7	89.9	0.4
50〜54歳	3,935	404	3,511	20	10.3	89.2	0.5
55〜59歳	3,786	427	3,335	24	11.3	88.1	0.6
60〜64歳	4,141	533	3,575	33	12.9	86.3	0.8
65〜69歳	5,303	844	4,403	56	15.9	83.0	1.1
70〜74歳	3,956	790	3,094	72	20.0	78.2	1.8
75〜79歳	3,620	911	2,567	142	25.2	70.9	3.9
80〜84歳	3,084	898	1,899	287	29.1	61.6	9.3
85歳以上	3,628	847	1,818	963	23.3	50.1	26.5
65歳以上 （再掲）	19,590	4,290	13,780	1,521	21.9	70.3	7.8
75歳以上 （再掲）	10,332	2,656	6,283	1,392	25.7	60.8	13.5

注：四捨五入のため合計は必ずしも一致しない。

結果表6　男女年齢5歳階級別所属世帯規模別人口（続き）

2017（平成29）年

年　齢	人　口　（　1,000　人　）				割　合　　（%）		
	総数	一般世帯		施設世帯	一般世帯		施設世帯
		1人	2人以上		1人	2人以上	
男							
15歳以上計	53,557	9,782	42,659	1,116	18.3	79.7	2.1
15～19歳	3,065	216	2,735	114	7.1	89.2	3.7
20～24歳	3,150	953	2,109	88	30.2	66.9	2.8
25～29歳	3,208	996	2,171	41	31.1	67.7	1.3
30～34歳	3,609	810	2,769	30	22.4	76.7	0.8
35～39歳	3,991	722	3,240	29	18.1	81.2	0.7
40～44歳	4,778	805	3,937	36	16.8	82.4	0.8
45～49歳	4,772	849	3,883	40	17.8	81.4	0.8
50～54歳	4,094	780	3,275	39	19.1	80.0	1.0
55～59歳	3,783	716	3,025	42	18.9	80.0	1.1
60～64歳	3,844	696	3,095	53	18.1	80.5	1.4
65～69歳	4,797	814	3,901	81	17.0	81.3	1.7
70～74歳	3,632	533	3,017	82	14.7	83.1	2.3
75～79歳	3,009	377	2,537	95	12.5	84.3	3.2
80～84歳	2,153	277	1,755	121	12.9	81.5	5.6
85歳以上	1,674	239	1,211	224	14.3	72.3	13.4
65歳以上 （再掲）	15,264	2,240	12,421	603	14.7	81.4	4.0
75歳以上 （再掲）	6,836	893	5,503	440	13.1	80.5	6.4
女							
15歳以上計	57,388	9,036	46,514	1,838	15.7	81.1	3.2
15～19歳	2,904	163	2,683	58	5.6	92.4	2.0
20～24歳	2,991	694	2,257	39	23.2	75.5	1.3
25～29歳	3,062	636	2,416	10	20.8	78.9	0.3
30～34歳	3,492	474	3,009	9	13.6	86.2	0.2
35～39歳	3,886	399	3,476	11	10.3	89.5	0.3
40～44歳	4,656	432	4,209	15	9.3	90.4	0.3
45～49歳	4,679	467	4,193	20	10.0	89.6	0.4
50～54歳	4,057	427	3,609	22	10.5	88.9	0.5
55～59歳	3,806	444	3,337	25	11.7	87.7	0.7
60～64歳	3,956	516	3,407	33	13.0	86.1	0.8
65～69歳	5,122	815	4,253	55	15.9	83.0	1.1
70～74歳	4,120	820	3,225	75	19.9	78.3	1.8
75～79歳	3,729	937	2,647	145	25.1	71.0	3.9
80～84歳	3,136	913	1,928	295	29.1	61.5	9.4
85歳以上	3,792	900	1,866	1,027	23.7	49.2	27.1
65歳以上 （再掲）	19,899	4,385	13,918	1,596	22.0	69.9	8.0
75歳以上 （再掲）	10,656	2,750	6,441	1,466	25.8	60.4	13.8

注：四捨五入のため合計は必ずしも一致しない。

結果表6 男女年齢5歳階級別所属世帯規模別人口（続き）

2018（平成30）年

年　齢	人　口　（1,000 人）				割　合　（％）		
	総数	一般世帯		施設世帯	一般世帯		施設世帯
		1人	2人以上		1人	2人以上	
男							
15歳以上計	53,457	9,865	42,454	1,138	18.5	79.4	2.1
15〜19歳	3,015	212	2,689	114	7.0	89.2	3.8
20〜24歳	3,172	960	2,122	91	30.2	66.9	2.9
25〜29歳	3,164	987	2,137	41	31.2	67.5	1.3
30〜34歳	3,521	799	2,692	30	22.7	76.5	0.9
35〜39歳	3,892	712	3,151	28	18.3	81.0	0.7
40〜44歳	4,600	775	3,790	35	16.8	82.4	0.8
45〜49歳	4,876	865	3,970	41	17.7	81.4	0.8
50〜54歳	4,196	810	3,346	39	19.3	79.7	0.9
55〜59歳	3,814	741	3,031	42	19.4	79.5	1.1
60〜64歳	3,740	693	2,996	51	18.5	80.1	1.4
65〜69歳	4,530	789	3,665	77	17.4	80.9	1.7
70〜74歳	3,875	585	3,201	89	15.1	82.6	2.3
75〜79歳	3,104	399	2,606	99	12.9	84.0	3.2
80〜84歳	2,187	284	1,780	123	13.0	81.4	5.6
85歳以上	1,770	254	1,276	240	14.4	72.1	13.5
65歳以上 （再掲）	15,467	2,311	12,528	627	14.9	81.0	4.1
75歳以上 （再掲）	7,061	937	5,662	461	13.3	80.2	6.5
女							
15歳以上計	57,307	9,142	46,247	1,919	16.0	80.7	3.3
15〜19歳	2,861	160	2,643	57	5.6	92.4	2.0
20〜24歳	3,011	698	2,274	40	23.2	75.5	1.3
25〜29歳	3,014	628	2,376	10	20.8	78.8	0.3
30〜34歳	3,398	464	2,925	9	13.7	86.1	0.3
35〜39歳	3,790	394	3,385	11	10.4	89.3	0.3
40〜44歳	4,481	423	4,043	15	9.4	90.2	0.3
45〜49歳	4,780	487	4,273	21	10.2	89.4	0.4
50〜54歳	4,156	449	3,684	24	10.8	88.6	0.6
55〜59歳	3,831	460	3,344	27	12.0	87.3	0.7
60〜64歳	3,846	511	3,302	33	13.3	85.9	0.9
65〜69歳	4,836	771	4,013	52	15.9	83.0	1.1
70〜74歳	4,366	867	3,419	80	19.9	78.3	1.8
75〜79歳	3,830	960	2,722	148	25.1	71.1	3.9
80〜84歳	3,153	919	1,935	299	29.1	61.4	9.5
85歳以上	3,955	950	1,911	1,094	24.0	48.3	27.7
65歳以上 （再掲）	20,140	4,467	13,999	1,673	22.2	69.5	8.3
75歳以上 （再掲）	10,938	2,829	6,568	1,541	25.9	60.0	14.1

注：四捨五入のため合計は必ずしも一致しない。

結果表6　男女年齢5歳階級別所属世帯規模別人口（続き）

2019（平成31）年

年　齢	人口（1,000人）				割　合　（％）		
	総数	一般世帯		施設世帯	一般世帯		施設世帯
		1人	2人以上		1人	2人以上	
男							
15歳以上計	53,332	9,943	42,231	1,159	18.6	79.2	2.2
15～19歳	2,962	209	2,641	113	7.0	89.1	3.8
20～24歳	3,171	959	2,120	92	30.2	66.9	2.9
25～29歳	3,157	987	2,129	42	31.3	67.4	1.3
30～34歳	3,424	784	2,611	30	22.9	76.2	0.9
35～39歳	3,814	705	3,081	28	18.5	80.8	0.7
40～44歳	4,404	745	3,626	33	16.9	82.3	0.7
45～49歳	4,945	876	4,029	40	17.7	81.5	0.8
50～54歳	4,298	837	3,422	40	19.5	79.6	0.9
55～59歳	3,844	766	3,037	42	19.9	79.0	1.1
60～64歳	3,707	704	2,953	50	19.0	79.7	1.3
65～69歳	4,214	751	3,391	71	17.8	80.5	1.7
70～74歳	4,102	635	3,371	96	15.5	82.2	2.3
75～79歳	3,244	430	2,710	104	13.3	83.5	3.2
80～84歳	2,189	287	1,778	123	13.1	81.2	5.6
85歳以上	1,856	268	1,333	255	14.4	71.8	13.8
65歳以上 （再掲）	15,605	2,372	12,583	650	15.2	80.6	4.2
75歳以上 （再掲）	7,289	985	5,821	483	13.5	79.9	6.6
女							
15歳以上計	57,206	9,239	45,970	1,997	16.2	80.4	3.5
15～19歳	2,817	158	2,603	56	5.6	92.4	2.0
20～24歳	3,011	697	2,274	40	23.1	75.5	1.3
25～29歳	2,998	625	2,363	10	20.9	78.8	0.3
30～34歳	3,294	453	2,833	8	13.7	86.0	0.3
35～39歳	3,717	391	3,315	10	10.5	89.2	0.3
40～44歳	4,295	413	3,868	15	9.6	90.0	0.3
45～49歳	4,842	502	4,319	21	10.4	89.2	0.4
50～54歳	4,256	473	3,758	25	11.1	88.3	0.6
55～59歳	3,857	476	3,353	28	12.3	86.9	0.7
60～64歳	3,808	517	3,257	34	13.6	85.5	0.9
65～69歳	4,491	718	3,724	49	16.0	82.9	1.1
70～74歳	4,592	910	3,597	85	19.8	78.3	1.8
75～79歳	4,001	1,001	2,845	155	25.0	71.1	3.9
80～84歳	3,129	912	1,917	299	29.1	61.3	9.6
85歳以上	4,097	993	1,945	1,159	24.2	47.5	28.3
65歳以上 （再掲）	20,310	4,535	14,028	1,747	22.3	69.1	8.6
75歳以上 （再掲）	11,227	2,907	6,707	1,613	25.9	59.7	14.4

注：四捨五入のため合計は必ずしも一致しない。

結果表6 男女年齢5歳階級別所属世帯規模別人口（続き）

2020（平成32）年

年　齢	人　口（1,000 人）				割　合（％）		
	総数	一般世帯		施設世帯	一般世帯		施設世帯
		1人	2人以上		1人	2人以上	
男							
15歳以上計	53,178	10,022	41,977	1,179	18.8	78.9	2.2
15～19歳	2,890	203	2,576	111	7.0	89.1	3.8
20～24歳	3,163	957	2,114	93	30.2	66.8	2.9
25～29歳	3,170	992	2,136	42	31.3	67.4	1.3
30～34歳	3,337	770	2,538	29	23.1	76.1	0.9
35～39歳	3,736	697	3,012	27	18.6	80.6	0.7
40～44歳	4,242	723	3,488	31	17.0	82.2	0.7
45～49歳	4,945	876	4,029	40	17.7	81.5	0.8
50～54歳	4,362	852	3,471	39	19.5	79.6	0.9
55～59歳	3,944	804	3,098	43	20.4	78.5	1.1
60～64歳	3,660	713	2,898	49	19.5	79.2	1.3
65～69歳	3,993	728	3,198	67	18.2	80.1	1.7
70～74歳	4,362	692	3,566	104	15.9	81.8	2.4
75～79歳	3,184	436	2,644	104	13.7	83.1	3.3
80～84歳	2,238	297	1,815	126	13.3	81.1	5.6
85歳以上	1,952	284	1,395	274	14.5	71.4	14.0
65歳以上（再掲）	15,728	2,435	12,618	675	15.5	80.2	4.3
75歳以上（再掲）	7,374	1,016	5,854	504	13.8	79.4	6.8
女							
15歳以上計	57,072	9,321	45,672	2,080	16.3	80.0	3.6
15～19歳	2,755	155	2,546	55	5.6	92.4	2.0
20～24歳	3,003	694	2,269	40	23.1	75.5	1.3
25～29歳	3,003	627	2,366	11	20.9	78.8	0.4
30～34歳	3,201	442	2,751	8	13.8	85.9	0.3
35～39歳	3,639	386	3,242	10	10.6	89.1	0.3
40～44歳	4,140	404	3,722	14	9.8	89.9	0.3
45～49歳	4,842	510	4,310	22	10.5	89.0	0.4
50～54歳	4,314	492	3,796	27	11.4	88.0	0.6
55～59歳	3,952	500	3,422	31	12.6	86.6	0.8
60～64歳	3,759	522	3,201	36	13.9	85.2	0.9
65～69歳	4,246	683	3,516	47	16.1	82.8	1.1
70～74歳	4,871	964	3,816	91	19.8	78.3	1.9
75～79歳	3,928	981	2,794	152	25.0	71.1	3.9
80～84歳	3,168	923	1,938	306	29.1	61.2	9.7
85歳以上	4,251	1,038	1,982	1,231	24.4	46.6	28.9
65歳以上（再掲）	20,464	4,590	14,047	1,827	22.4	68.6	8.9
75歳以上（再掲）	11,346	2,942	6,715	1,689	25.9	59.2	14.9

注：四捨五入のため合計は必ずしも一致しない。

結果表6　男女年齢5歳階級別所属世帯規模別人口（続き）

2021（平成33）年

年　齢	人口（1,000人）				割　合　（%）		
	総数	一般世帯		施設世帯	一般世帯		施設世帯
		1人	2人以上		1人	2人以上	
男							
15歳以上計	53,010	10,094	41,716	1,200	19.0	78.7	2.3
15〜19歳	2,834	199	2,524	110	7.0	89.1	3.9
20〜24歳	3,145	951	2,102	93	30.2	66.8	3.0
25〜29歳	3,185	996	2,146	43	31.3	67.4	1.3
30〜34歳	3,266	758	2,479	29	23.2	75.9	0.9
35〜39歳	3,667	689	2,952	26	18.8	80.5	0.7
40〜44歳	4,088	704	3,353	30	17.2	82.0	0.7
45〜49歳	4,876	866	3,971	39	17.8	81.5	0.8
50〜54歳	4,620	903	3,677	40	19.5	79.6	0.9
55〜59歳	3,883	807	3,034	42	20.8	78.1	1.1
60〜64歳	3,636	727	2,861	48	20.0	78.7	1.3
65〜69歳	3,813	710	3,040	64	18.6	79.7	1.7
70〜74歳	4,588	745	3,732	111	16.2	81.4	2.4
75〜79歳	3,035	428	2,506	101	14.1	82.6	3.3
80〜84歳	2,319	311	1,877	131	13.4	80.9	5.7
85歳以上	2,055	301	1,460	294	14.6	71.1	14.3
65歳以上（再掲）	15,810	2,494	12,616	700	15.8	79.8	4.4
75歳以上（再掲）	7,409	1,040	5,843	526	14.0	78.9	7.1
女							
15歳以上計	56,926	9,389	45,368	2,169	16.5	79.7	3.8
15〜19歳	2,704	152	2,499	53	5.6	92.4	2.0
20〜24歳	2,990	691	2,260	40	23.1	75.6	1.3
25〜29歳	3,013	628	2,374	11	20.9	78.8	0.4
30〜34歳	3,126	433	2,685	8	13.8	85.9	0.3
35〜39歳	3,565	381	3,173	10	10.7	89.0	0.3
40〜44歳	3,992	394	3,584	14	9.9	89.8	0.4
45〜49歳	4,773	509	4,243	22	10.7	88.9	0.5
50〜54歳	4,564	533	4,002	29	11.7	87.7	0.6
55〜59歳	3,893	503	3,358	32	12.9	86.3	0.8
60〜64歳	3,729	531	3,161	37	14.2	84.8	1.0
65〜69歳	4,050	657	3,347	46	16.2	82.6	1.1
70〜74歳	5,127	1,014	4,017	96	19.8	78.3	1.9
75〜79歳	3,734	931	2,658	145	24.9	71.2	3.9
80〜84歳	3,251	947	1,986	318	29.1	61.1	9.8
85歳以上	4,413	1,083	2,022	1,307	24.5	45.8	29.6
65歳以上（再掲）	20,576	4,633	14,030	1,913	22.5	68.2	9.3
75歳以上（再掲）	11,398	2,962	6,666	1,770	26.0	58.5	15.5

注：四捨五入のため合計は必ずしも一致しない。

結果表6　男女年齢5歳階級別所属世帯規模別人口（続き）

2022（平成34）年

年　齢	人　口（1,000 人）				割　合（％）		
	総数	一般世帯		施設世帯	一般世帯		施設世帯
		1人	2人以上		1人	2人以上	
男							
15歳以上計	52,837	10,156	41,457	1,224	19.2	78.5	2.3
15〜19歳	2,791	196	2,485	109	7.0	89.0	3.9
20〜24歳	3,116	942	2,082	93	30.2	66.8	3.0
25〜29歳	3,198	999	2,156	43	31.2	67.4	1.4
30〜34歳	3,212	749	2,435	28	23.3	75.8	0.9
35〜39歳	3,595	679	2,890	25	18.9	80.4	0.7
40〜44歳	3,966	692	3,245	29	17.4	81.8	0.7
45〜49歳	4,738	844	3,857	37	17.8	81.4	0.8
50〜54歳	4,708	919	3,749	40	19.5	79.6	0.9
55〜59歳	4,009	848	3,118	43	21.2	77.8	1.1
60〜64歳	3,661	750	2,863	48	20.5	78.2	1.3
65〜69歳	3,650	693	2,897	60	19.0	79.4	1.6
70〜74歳	4,429	736	3,585	108	16.6	80.9	2.4
75〜79歳	3,204	465	2,631	108	14.5	82.1	3.4
80〜84歳	2,413	327	1,948	138	13.6	80.7	5.7
85歳以上	2,146	316	1,517	313	14.7	70.7	14.6
65歳以上（再掲）	15,842	2,538	12,577	728	16.0	79.4	4.6
75歳以上（再掲）	7,763	1,109	6,096	559	14.3	78.5	7.2
女							
15歳以上計	56,772	9,471	45,036	2,265	16.7	79.3	4.0
15〜19歳	2,664	149	2,462	52	5.6	92.4	2.0
20〜24歳	2,965	685	2,241	39	23.1	75.6	1.3
25〜29歳	3,026	630	2,385	11	20.8	78.8	0.4
30〜34歳	3,065	426	2,631	8	13.9	85.8	0.3
35〜39歳	3,487	375	3,102	10	10.8	89.0	0.3
40〜44歳	3,878	387	3,477	14	10.0	89.7	0.4
45〜49歳	4,640	500	4,119	21	10.8	88.8	0.5
50〜54歳	4,647	555	4,062	31	11.9	87.4	0.7
55〜59歳	4,014	530	3,450	34	13.2	85.9	0.9
60〜64歳	3,749	547	3,162	40	14.6	84.3	1.1
65〜69歳	3,871	634	3,191	45	16.4	82.4	1.2
70〜74歳	4,954	980	3,880	94	19.8	78.3	1.9
75〜79歳	3,897	971	2,774	153	24.9	71.2	3.9
80〜84歳	3,358	978	2,048	332	29.1	61.0	9.9
85歳以上	4,556	1,123	2,053	1,381	24.6	45.1	30.3
65歳以上（再掲）	20,636	4,686	13,946	2,005	22.7	67.6	9.7
75歳以上（再掲）	11,811	3,071	6,874	1,865	26.0	58.2	15.8

注：四捨五入のため合計は必ずしも一致しない。

結果表6 男女年齢5歳階級別所属世帯規模別人口（続き）

2023（平成35）年

年　齢	人口（1,000人）				割　合（%）		
	総数	一般世帯		施設世帯	一般世帯		施設世帯
		1人	2人以上		1人	2人以上	
男							
15歳以上計	52,657	10,211	41,201	1,245	19.4	78.2	2.4
15～19歳	2,769	195	2,465	110	7.0	89.0	4.0
20～24歳	3,066	926	2,049	92	30.2	66.8	3.0
25～29歳	3,221	1,005	2,172	44	31.2	67.4	1.4
30～34歳	3,169	742	2,400	28	23.4	75.7	0.9
35～39歳	3,508	666	2,817	25	19.0	80.3	0.7
40～44歳	3,869	684	3,157	28	17.7	81.6	0.7
45～49歳	4,561	817	3,709	35	17.9	81.3	0.8
50～54歳	4,811	936	3,835	40	19.5	79.7	0.8
55～59歳	4,110	882	3,184	44	21.5	77.5	1.1
60～64歳	3,693	774	2,870	48	21.0	77.7	1.3
65～69歳	3,554	689	2,807	58	19.4	79.0	1.6
70～74歳	4,186	712	3,370	104	17.0	80.5	2.5
75～79歳	3,430	511	2,801	118	14.9	81.7	3.4
80～84歳	2,494	343	2,008	143	13.8	80.5	5.7
85歳以上	2,217	329	1,558	330	14.8	70.3	14.9
65歳以上（再掲）	15,881	2,584	12,544	753	16.3	79.0	4.7
75歳以上（再掲）	8,141	1,183	6,367	592	14.5	78.2	7.3
女							
15歳以上計	56,610	9,546	44,709	2,355	16.9	79.0	4.2
15～19歳	2,644	148	2,444	52	5.6	92.4	2.0
20～24歳	2,922	675	2,208	39	23.1	75.6	1.3
25～29歳	3,046	634	2,402	11	20.8	78.8	0.4
30～34歳	3,017	420	2,589	8	13.9	85.8	0.3
35～39歳	3,393	366	3,016	10	10.8	88.9	0.3
40～44歳	3,783	382	3,388	14	10.1	89.6	0.4
45～49歳	4,466	486	3,959	21	10.9	88.7	0.5
50～54歳	4,749	578	4,139	32	12.2	87.2	0.7
55～59歳	4,113	554	3,522	37	13.5	85.6	0.9
60～64歳	3,775	565	3,168	42	15.0	83.9	1.1
65～69歳	3,764	625	3,093	45	16.6	82.2	1.2
70～74歳	4,678	926	3,663	90	19.8	78.3	1.9
75～79歳	4,137	1,030	2,944	163	24.9	71.2	3.9
80～84歳	3,454	1,005	2,103	346	29.1	60.9	10.0
85歳以上	4,669	1,154	2,070	1,446	24.7	44.3	31.0
65歳以上（再掲）	20,703	4,739	13,873	2,090	22.9	67.0	10.1
75歳以上（再掲）	12,261	3,188	7,117	1,955	26.0	58.0	15.9

注：四捨五入のため合計は必ずしも一致しない。

結果表6　男女年齢5歳階級別所属世帯規模別人口（続き）

2024（平成36）年

年　齢	人　口（1,000 人）				割　合　（％）		
	総数	一般世帯		施設世帯	一般世帯		施設世帯
		1人	2人以上		1人	2人以上	
男							
15歳以上計	52,457	10,257	40,937	1,263	19.6	78.0	2.4
15〜19歳	2,748	193	2,445	110	7.0	89.0	4.0
20〜24歳	3,014	910	2,014	90	30.2	66.8	3.0
25〜29歳	3,219	1,003	2,172	44	31.2	67.5	1.4
30〜34歳	3,162	742	2,392	28	23.5	75.6	0.9
35〜39歳	3,411	651	2,737	24	19.1	80.2	0.7
40〜44歳	3,791	679	3,085	27	17.9	81.4	0.7
45〜49歳	4,368	788	3,547	33	18.0	81.2	0.7
50〜54歳	4,880	948	3,893	40	19.4	79.8	0.8
55〜59歳	4,211	913	3,253	44	21.7	77.3	1.1
60〜64歳	3,724	798	2,878	48	21.4	77.3	1.3
65〜69歳	3,525	698	2,771	56	19.8	78.6	1.6
70〜74歳	3,897	678	3,121	97	17.4	80.1	2.5
75〜79歳	3,640	554	2,958	127	15.2	81.3	3.5
80〜84歳	2,610	365	2,093	152	14.0	80.2	5.8
85歳以上	2,258	337	1,577	343	14.9	69.9	15.2
65歳以上（再掲）	15,928	2,632	12,520	776	16.5	78.6	4.9
75歳以上（再掲）	8,507	1,256	6,629	622	14.8	77.9	7.3
女							
15歳以上計	56,427	9,616	44,377	2,435	17.0	78.6	4.3
15〜19歳	2,622	147	2,424	51	5.6	92.4	1.9
20〜24歳	2,879	665	2,175	38	23.1	75.6	1.3
25〜29歳	3,046	633	2,402	11	20.8	78.9	0.4
30〜34歳	3,001	418	2,575	8	13.9	85.8	0.3
35〜39歳	3,290	356	2,924	10	10.8	88.9	0.3
40〜44歳	3,710	377	3,319	14	10.2	89.5	0.4
45〜49歳	4,281	470	3,791	20	11.0	88.6	0.5
50〜54歳	4,811	594	4,183	33	12.4	87.0	0.7
55〜59歳	4,212	578	3,595	40	13.7	85.3	0.9
60〜64歳	3,801	582	3,175	45	15.3	83.5	1.2
65〜69歳	3,728	629	3,053	47	16.9	81.9	1.3
70〜74歳	4,347	862	3,400	84	19.8	78.2	1.9
75〜79歳	4,357	1,084	3,101	173	24.9	71.2	4.0
80〜84歳	3,612	1,049	2,195	367	29.1	60.8	10.2
85歳以上	4,731	1,171	2,064	1,496	24.7	43.6	31.6
65歳以上（再掲）	20,775	4,795	13,814	2,167	23.1	66.5	10.4
75歳以上（再掲）	12,700	3,304	7,360	2,036	26.0	58.0	16.0

注：四捨五入のため合計は必ずしも一致しない。

結果表6　男女年齢5歳階級別所属世帯規模別人口（続き）

2025（平成37）年

年　齢	人　口（1,000 人）				割　合（％）		
	総数	一般世帯		施設世帯	一般世帯		施設世帯
		1人	2人以上		1人	2人以上	
男							
15歳以上計	52,243	10,297	40,664	1,282	19.7	77.8	2.5
15〜19歳	2,740	193	2,437	110	7.0	89.0	4.0
20〜24歳	2,943	888	1,966	89	30.2	66.8	3.0
25〜29歳	3,211	1,000	2,168	44	31.1	67.5	1.4
30〜34歳	3,175	746	2,401	28	23.5	75.6	0.9
35〜39歳	3,325	637	2,664	23	19.2	80.1	0.7
40〜44歳	3,714	673	3,015	27	18.1	81.2	0.7
45〜49歳	4,207	765	3,411	31	18.2	81.1	0.7
50〜54歳	4,880	946	3,895	39	19.4	79.8	0.8
55〜59歳	4,275	933	3,298	44	21.8	77.1	1.0
60〜64歳	3,822	835	2,937	50	21.9	76.8	1.3
65〜69歳	3,482	704	2,723	55	20.2	78.2	1.6
70〜74歳	3,696	658	2,945	93	17.8	79.7	2.5
75〜79歳	3,870	602	3,131	137	15.5	80.9	3.5
80〜84歳	2,560	364	2,045	151	14.2	79.9	5.9
85歳以上	2,342	352	1,628	363	15.0	69.5	15.5
65歳以上 （再掲）	15,950	2,680	12,471	799	16.8	78.2	5.0
75歳以上 （再掲）	8,772	1,318	6,803	650	15.0	77.6	7.4
女							
15歳以上計	56,229	9,663	44,048	2,518	17.2	78.3	4.5
15〜19歳	2,613	147	2,416	51	5.6	92.5	1.9
20〜24歳	2,818	651	2,129	37	23.1	75.6	1.3
25〜29歳	3,038	631	2,397	11	20.8	78.9	0.4
30〜34歳	3,007	419	2,580	8	13.9	85.8	0.3
35〜39歳	3,197	347	2,840	9	10.9	88.8	0.3
40〜44歳	3,632	371	3,248	13	10.2	89.4	0.4
45〜49歳	4,127	457	3,650	19	11.1	88.5	0.5
50〜54歳	4,810	602	4,175	34	12.5	86.8	0.7
55〜59歳	4,271	597	3,632	42	14.0	85.1	1.0
60〜64歳	3,896	610	3,238	48	15.6	83.1	1.2
65〜69歳	3,681	631	3,002	48	17.2	81.5	1.3
70〜74歳	4,112	819	3,212	81	19.9	78.1	2.0
75〜79歳	4,622	1,149	3,289	184	24.9	71.2	4.0
80〜84歳	3,545	1,028	2,152	365	29.0	60.7	10.3
85歳以上	4,860	1,204	2,089	1,567	24.8	43.0	32.2
65歳以上 （再掲）	20,821	4,832	13,744	2,245	23.2	66.0	10.8
75歳以上 （再掲）	13,028	3,381	7,530	2,117	26.0	57.8	16.2

注：四捨五入のため合計は必ずしも一致しない。

結果表6 男女年齢5歳階級別所属世帯規模別人口（続き）

2030（平成42）年

年　齢	人　口　（1,000 人）				割　合　（％）		
	総数	一般世帯		施設世帯	一般世帯		施設世帯
		1人	2人以上		1人	2人以上	
男							
15歳以上計	50,926	10,414	39,128	1,384	20.4	76.8	2.7
15～19歳	2,574	181	2,286	107	7.0	88.8	4.1
20～24歳	2,794	844	1,864	86	30.2	66.7	3.1
25～29歳	2,993	934	2,017	41	31.2	67.4	1.4
30～34歳	3,217	757	2,430	29	23.5	75.5	0.9
35～39歳	3,164	620	2,523	21	19.6	79.7	0.7
40～44歳	3,306	613	2,670	23	18.5	80.8	0.7
45～49歳	3,685	704	2,955	26	19.1	80.2	0.7
50～54歳	4,154	818	3,306	30	19.7	79.6	0.7
55～59歳	4,787	1,039	3,703	45	21.7	77.4	0.9
60～64歳	4,151	969	3,128	54	23.4	75.4	1.3
65～69歳	3,647	816	2,773	58	22.4	76.0	1.6
70～74歳	3,236	634	2,521	82	19.6	77.9	2.5
75～79歳	3,287	564	2,600	124	17.1	79.1	3.8
80～84歳	3,167	492	2,476	199	15.5	78.2	6.3
85歳以上	2,764	428	1,876	460	15.5	67.9	16.6
65歳以上（再掲）	16,102	2,935	12,246	922	18.2	76.0	5.7
75歳以上（再掲）	9,219	1,484	6,952	782	16.1	75.4	8.5
女							
15歳以上計	54,987	9,840	42,181	2,966	17.9	76.7	5.4
15～19歳	2,464	138	2,279	47	5.6	92.5	1.9
20～24歳	2,676	619	2,023	35	23.1	75.6	1.3
25～29歳	2,853	592	2,251	10	20.7	78.9	0.4
30～34歳	3,041	422	2,611	8	13.9	85.9	0.3
35～39歳	3,003	331	2,663	9	11.0	88.7	0.3
40～44歳	3,192	332	2,848	12	10.4	89.2	0.4
45～49歳	3,622	415	3,189	18	11.5	88.1	0.5
50～54歳	4,101	533	3,538	30	13.0	86.3	0.7
55～59歳	4,764	715	3,997	52	15.0	83.9	1.1
60～64歳	4,214	720	3,428	65	17.1	81.4	1.5
65～69歳	3,820	718	3,039	62	18.8	79.6	1.6
70～74歳	3,572	745	2,749	79	20.8	77.0	2.2
75～79歳	3,909	976	2,772	161	25.0	70.9	4.1
80～84歳	4,215	1,211	2,543	461	28.7	60.3	10.9
85歳以上	5,542	1,374	2,250	1,917	24.8	40.6	34.6
65歳以上（再掲）	21,057	5,024	13,354	2,680	23.9	63.4	12.7
75歳以上（再掲）	13,665	3,561	7,565	2,539	26.1	55.4	18.6

注：四捨五入のため合計は必ずしも一致しない。

結果表6 男女年齢5歳階級別所属世帯規模別人口（続き）

2035（平成47）年

年　齢	人口（1,000人）				割　合　（%）		
	総数	一般世帯		施設世帯	一般世帯		施設世帯
		1人	2人以上		1人	2人以上	
男							
15歳以上計	49,337	10,380	37,477	1,479	21.0	76.0	3.0
15～19歳	2,447	172	2,171	104	7.0	88.8	4.2
20～24歳	2,629	794	1,753	82	30.2	66.7	3.1
25～29歳	2,844	891	1,913	40	31.3	67.3	1.4
30～34歳	2,999	709	2,263	28	23.6	75.5	0.9
35～39歳	3,206	627	2,557	21	19.6	79.8	0.7
40～44歳	3,147	592	2,534	21	18.8	80.5	0.7
45～49歳	3,281	642	2,616	22	19.6	79.7	0.7
50～54歳	3,641	748	2,868	25	20.5	78.8	0.7
55～59歳	4,078	896	3,145	36	22.0	77.1	0.9
60～64歳	4,653	1,085	3,511	57	23.3	75.5	1.2
65～69歳	3,969	948	2,957	64	23.9	74.5	1.6
70～74歳	3,401	730	2,582	90	21.5	75.9	2.6
75～79歳	2,897	543	2,243	111	18.8	77.4	3.8
80～84歳	2,702	455	2,069	178	16.8	76.6	6.6
85歳以上	3,443	550	2,294	599	16.0	66.6	17.4
65歳以上（再掲）	16,412	3,225	12,144	1,043	19.7	74.0	6.4
75歳以上（再掲）	9,042	1,548	6,606	888	17.1	73.1	9.8
女							
15歳以上計	53,421	9,853	40,189	3,379	18.4	75.2	6.3
15～19歳	2,332	131	2,157	44	5.6	92.5	1.9
20～24歳	2,528	584	1,911	33	23.1	75.6	1.3
25～29歳	2,713	563	2,141	10	20.7	78.9	0.4
30～34歳	2,858	395	2,454	8	13.8	85.9	0.3
35～39歳	3,038	334	2,695	10	11.0	88.7	0.3
40～44歳	2,999	318	2,670	12	10.6	89.0	0.4
45～49歳	3,183	371	2,796	16	11.7	87.8	0.5
50～54歳	3,600	482	3,091	27	13.4	85.9	0.7
55～59歳	4,063	629	3,389	46	15.5	83.4	1.1
60～64歳	4,702	853	3,769	80	18.1	80.1	1.7
65～69歳	4,136	837	3,217	81	20.2	77.8	2.0
70～74歳	3,713	828	2,789	96	22.3	75.1	2.6
75～79歳	3,407	875	2,382	151	25.7	69.9	4.4
80～84歳	3,573	1,023	2,142	408	28.6	59.9	11.4
85歳以上	6,575	1,629	2,588	2,358	24.8	39.4	35.9
65歳以上（再掲）	21,404	5,192	13,118	3,094	24.3	61.3	14.5
75歳以上（再掲）	13,555	3,527	7,111	2,917	26.0	52.5	21.5

注：四捨五入のため合計は必ずしも一致しない。

結果表6　男女年齢5歳階級別所属世帯規模別人口（続き）

2040（平成52）年

年　齢	人　口（1,000　人）				割　合　（％）		
	総数	一般世帯		施設世帯	一般世帯		施設世帯
		1人	2人以上		1人	2人以上	
男							
15歳以上計	47,478	10,222	35,721	1,535	21.5	75.2	3.2
15〜19歳	2,228	156	1,976	95	7.0	88.7	4.3
20〜24歳	2,501	755	1,666	79	30.2	66.6	3.1
25〜29歳	2,678	842	1,798	38	31.4	67.2	1.4
30〜34歳	2,852	679	2,146	26	23.8	75.3	0.9
35〜39歳	2,990	587	2,384	20	19.6	79.7	0.7
40〜44歳	3,189	596	2,572	21	18.7	80.6	0.7
45〜49歳	3,125	617	2,486	21	19.8	79.6	0.7
50〜54歳	3,243	679	2,542	22	20.9	78.4	0.7
55〜59歳	3,577	817	2,728	32	22.8	76.3	0.9
60〜64歳	3,968	934	2,987	47	23.5	75.3	1.2
65〜69歳	4,456	1,063	3,322	71	23.9	74.6	1.6
70〜74歳	3,713	846	2,763	105	22.8	74.4	2.8
75〜79歳	3,060	622	2,314	124	20.3	75.6	4.0
80〜84歳	2,408	440	1,806	162	18.3	75.0	6.7
85歳以上	3,491	588	2,230	673	16.8	63.9	19.3
65歳以上（再掲）	17,129	3,559	12,436	1,134	20.8	72.6	6.6
75歳以上（再掲）	8,959	1,650	6,351	958	18.4	70.9	10.7
女							
15歳以上計	51,505	9,722	38,126	3,657	18.9	74.0	7.1
15〜19歳	2,123	119	1,964	40	5.6	92.5	1.9
20〜24歳	2,394	553	1,810	31	23.1	75.6	1.3
25〜29歳	2,564	532	2,023	9	20.7	78.9	0.4
30〜34歳	2,718	376	2,334	8	13.8	85.9	0.3
35〜39歳	2,855	313	2,533	9	11.0	88.7	0.3
40〜44歳	3,034	322	2,701	12	10.6	89.0	0.4
45〜49歳	2,992	356	2,620	16	11.9	87.6	0.5
50〜54歳	3,166	432	2,710	24	13.6	85.6	0.8
55〜59歳	3,568	569	2,959	41	15.9	82.9	1.1
60〜64歳	4,012	745	3,197	70	18.6	79.7	1.7
65〜69歳	4,619	981	3,539	98	21.2	76.6	2.1
70〜74歳	4,026	950	2,955	121	23.6	73.4	3.0
75〜79歳	3,552	950	2,427	175	26.8	68.3	4.9
80〜84歳	3,135	909	1,852	374	29.0	59.1	11.9
85歳以上	6,746	1,612	2,504	2,630	23.9	37.1	39.0
65歳以上（再掲）	22,077	5,404	13,276	3,398	24.5	60.1	15.4
75歳以上（再掲）	13,432	3,472	6,782	3,179	25.8	50.5	23.7

注：四捨五入のため合計は必ずしも一致しない。

仮定値表 推移確率行列（続き）

2015〜2020年：男

15-19歳	S:hS	S:hO	S:nh	M:hS	M:hC	M:hN	M:hO	M:nh	W:hS	W:hP	W:hO	W:nh	dead
S:hS	0.2527	0.0000	0.7017	0.0000	0.0197	0.0173	0.0000	0.0024	0.0041	0.0000	0.0000	0.0000	0.0021
S:hO	0.0000	0.9544	0.0000	0.0000	0.0000	0.0000	0.0394	0.0000	0.0000	0.0000	0.0041	0.0000	0.0021
S:nh	0.3132	0.0035	0.6376	0.0015	0.0110	0.0182	0.0009	0.0078	0.0012	0.0001	0.0001	0.0027	0.0021
M:hS	0.0000	0.0000	0.0000	0.9540	0.0000	0.0000	0.0000	0.0000	0.0438	0.0000	0.0000	0.0000	0.0022
M:hC	0.0000	0.0000	0.0000	0.0000	0.2120	0.7420	0.0000	0.0000	0.0438	0.0000	0.0000	0.0000	0.0022
M:hN	0.0000	0.0000	0.0000	0.0000	0.0000	0.9540	0.0000	0.0000	0.0219	0.0219	0.0000	0.0000	0.0022
M:hO	0.0000	0.0000	0.0000	0.0000	0.0000	0.0000	0.9540	0.0000	0.0000	0.0000	0.0438	0.0000	0.0022
M:nh	0.0000	0.0000	0.0000	0.0000	0.0000	0.0000	0.0000	0.9540	0.0000	0.0000	0.0000	0.0438	0.0022
W:hS	0.0000	0.0000	0.0000	0.0000	0.3005	0.2253	0.0501	0.0000	0.4175	0.0000	0.0000	0.0000	0.0066
W:hP	0.0000	0.0000	0.0000	0.0000	0.5759	0.0000	0.0000	0.0000	0.0000	0.4175	0.0000	0.0000	0.0066
W:hO	0.0000	0.0000	0.0000	0.0000	0.5759	0.0000	0.0000	0.0000	0.0000	0.0000	0.4175	0.0000	0.0066
W:nh	0.0000	0.0000	0.0000	0.0000	0.0823	0.3565	0.1097	0.0274	0.0000	0.0000	0.0000	0.4175	0.0066
dead	0.0000	0.0000	0.0000	0.0000	0.0000	0.0000	0.0000	0.0000	0.0000	0.0000	0.0000	0.0000	1.0000

20-24歳	S:hS	S:hO	S:nh	M:hS	M:hC	M:hN	M:hO	M:nh	W:hS	W:hP	W:hO	W:nh	dead
S:hS	0.5037	0.0000	0.2853	0.0060	0.1074	0.0805	0.0022	0.0013	0.0107	0.0000	0.0000	0.0000	0.0029
S:hO	0.0000	0.7890	0.0000	0.0000	0.0000	0.0000	0.1974	0.0000	0.0000	0.0000	0.0107	0.0000	0.0029
S:nh	0.2327	0.0012	0.5552	0.0060	0.0808	0.0925	0.0026	0.0155	0.0012	0.0001	0.0005	0.0090	0.0029
M:hS	0.0000	0.0000	0.0000	0.9538	0.0000	0.0000	0.0000	0.0000	0.0438	0.0000	0.0000	0.0000	0.0024
M:hC	0.0000	0.0000	0.0000	0.0000	0.2120	0.7419	0.0000	0.0000	0.0438	0.0000	0.0000	0.0000	0.0024
M:hN	0.0000	0.0000	0.0000	0.0000	0.0000	0.9538	0.0000	0.0000	0.0219	0.0219	0.0000	0.0000	0.0024
M:hO	0.0000	0.0000	0.0000	0.0000	0.0000	0.0000	0.9538	0.0000	0.0000	0.0000	0.0438	0.0000	0.0024
M:nh	0.0000	0.0000	0.0000	0.0000	0.0000	0.0000	0.0000	0.9538	0.0000	0.0000	0.0000	0.0438	0.0024
W:hS	0.0000	0.0000	0.0000	0.0000	0.3441	0.2580	0.0573	0.0000	0.3328	0.0000	0.0000	0.0000	0.0077
W:hP	0.0000	0.0000	0.0000	0.0000	0.6595	0.0000	0.0000	0.0000	0.0000	0.3328	0.0000	0.0000	0.0077
W:hO	0.0000	0.0000	0.0000	0.0000	0.6595	0.0000	0.0000	0.0000	0.0000	0.0000	0.3328	0.0000	0.0077
W:nh	0.0000	0.0000	0.0000	0.0000	0.0942	0.4082	0.1256	0.0314	0.0000	0.0000	0.0000	0.3328	0.0077
dead	0.0000	0.0000	0.0000	0.0000	0.0000	0.0000	0.0000	0.0000	0.0000	0.0000	0.0000	0.0000	1.0000

25-29歳	S:hS	S:hO	S:nh	M:hS	M:hC	M:hN	M:hO	M:nh	W:hS	W:hP	W:hO	W:nh	dead
S:hS	0.5159	0.0000	0.1535	0.0081	0.1589	0.1394	0.0000	0.0114	0.0095	0.0000	0.0000	0.0000	0.0033
S:hO	0.0000	0.6694	0.0000	0.0000	0.0000	0.0000	0.3178	0.0000	0.0000	0.0000	0.0095	0.0000	0.0033
S:nh	0.1252	0.0006	0.5436	0.0081	0.1119	0.1538	0.0096	0.0343	0.0000	0.0000	0.0000	0.0095	0.0033
M:hS	0.0000	0.0000	0.0000	0.9545	0.0000	0.0000	0.0000	0.0000	0.0436	0.0000	0.0000	0.0000	0.0019
M:hC	0.0000	0.0000	0.0000	0.0000	0.2121	0.7424	0.0000	0.0000	0.0436	0.0000	0.0000	0.0000	0.0019
M:hN	0.0000	0.0000	0.0000	0.0000	0.0000	0.9545	0.0000	0.0000	0.0170	0.0084	0.0028	0.0154	0.0019
M:hO	0.0000	0.0000	0.0000	0.0000	0.0000	0.0000	0.9545	0.0000	0.0000	0.0000	0.0436	0.0000	0.0019
M:nh	0.0000	0.0000	0.0000	0.0000	0.0048	0.3224	0.0000	0.6274	0.0000	0.0000	0.0000	0.0436	0.0019
W:hS	0.0000	0.0000	0.0000	0.0000	0.3429	0.2572	0.0572	0.0000	0.3345	0.0000	0.0000	0.0000	0.0083
W:hP	0.0000	0.0000	0.0000	0.0000	0.6573	0.0000	0.0000	0.0000	0.0000	0.3345	0.0000	0.0000	0.0083
W:hO	0.0000	0.0000	0.0000	0.0000	0.6573	0.0000	0.0000	0.0000	0.0000	0.0000	0.3345	0.0000	0.0083
W:nh	0.0000	0.0000	0.0000	0.0000	0.0939	0.4069	0.1252	0.0313	0.0000	0.0000	0.0000	0.3345	0.0083
dead	0.0000	0.0000	0.0000	0.0000	0.0000	0.0000	0.0000	0.0000	0.0000	0.0000	0.0000	0.0000	1.0000

30-34歳	S:hS	S:hO	S:nh	M:hS	M:hC	M:hN	M:hO	M:nh	W:hS	W:hP	W:hO	W:nh	dead
S:hS	0.6069	0.0000	0.1524	0.0096	0.1317	0.0760	0.0000	0.0131	0.0055	0.0000	0.0000	0.0000	0.0048
S:hO	0.0000	0.7593	0.0000	0.0000	0.0000	0.0000	0.2304	0.0000	0.0000	0.0000	0.0055	0.0000	0.0048
S:nh	0.1202	0.0008	0.6382	0.0112	0.1000	0.0825	0.0074	0.0293	0.0000	0.0000	0.0000	0.0055	0.0048
M:hS	0.0000	0.0000	0.0000	0.9536	0.0000	0.0000	0.0000	0.0000	0.0444	0.0000	0.0000	0.0000	0.0020
M:hC	0.0000	0.0000	0.0000	0.0000	0.2411	0.7125	0.0000	0.0000	0.0444	0.0000	0.0000	0.0000	0.0020
M:hN	0.0000	0.0000	0.0000	0.0000	0.0000	0.9440	0.0096	0.0000	0.0192	0.0073	0.0012	0.0165	0.0020
M:hO	0.0000	0.0000	0.0000	0.0000	0.0000	0.1565	0.7971	0.0000	0.0000	0.0000	0.0444	0.0000	0.0020
M:nh	0.0000	0.0000	0.0000	0.0000	0.0757	0.0757	0.0757	0.7265	0.0000	0.0000	0.0000	0.0444	0.0020
W:hS	0.0000	0.0000	0.0000	0.0000	0.3205	0.2404	0.0534	0.0000	0.3750	0.0000	0.0000	0.0000	0.0108
W:hP	0.0000	0.0000	0.0000	0.0000	0.6143	0.0000	0.0000	0.0000	0.0000	0.3750	0.0000	0.0000	0.0108
W:hO	0.0000	0.0000	0.0000	0.0000	0.6143	0.0000	0.0000	0.0000	0.0000	0.0000	0.3750	0.0000	0.0108
W:nh	0.0000	0.0000	0.0000	0.0000	0.0878	0.3803	0.1170	0.0293	0.0000	0.0000	0.0000	0.3750	0.0108
dead	0.0000	0.0000	0.0000	0.0000	0.0000	0.0000	0.0000	0.0000	0.0000	0.0000	0.0000	0.0000	1.0000

35-39歳	S:hS	S:hO	S:nh	M:hS	M:hC	M:hN	M:hO	M:nh	W:hS	W:hP	W:hO	W:nh	dead
S:hS	0.7400	0.0000	0.0921	0.0000	0.0786	0.0689	0.0000	0.0097	0.0028	0.0000	0.0000	0.0000	0.0079
S:hO	0.0000	0.8321	0.0000	0.0000	0.0000	0.0000	0.1572	0.0000	0.0000	0.0000	0.0028	0.0000	0.0079
S:nh	0.0832	0.0019	0.7471	0.0000	0.0550	0.0760	0.0051	0.0210	0.0000	0.0000	0.0000	0.0028	0.0079
M:hS	0.0000	0.0000	0.0000	0.9538	0.0000	0.0000	0.0000	0.0000	0.0434	0.0000	0.0000	0.0000	0.0029
M:hC	0.0000	0.0000	0.0000	0.0000	0.4321	0.5103	0.0114	0.0000	0.0434	0.0000	0.0000	0.0000	0.0029
M:hN	0.0000	0.0000	0.0000	0.0243	0.0332	0.8792	0.0170	0.0000	0.0219	0.0079	0.0005	0.0131	0.0029
M:hO	0.0000	0.0000	0.0000	0.0000	0.0000	0.1526	0.8011	0.0000	0.0000	0.0000	0.0434	0.0000	0.0029
M:nh	0.0000	0.0000	0.0000	0.0000	0.0578	0.0578	0.0578	0.7802	0.0000	0.0000	0.0000	0.0434	0.0029
W:hS	0.0000	0.0000	0.0000	0.0000	0.2569	0.1927	0.0428	0.0000	0.4918	0.0000	0.0000	0.0000	0.0158
W:hP	0.0000	0.0000	0.0000	0.0000	0.4923	0.0000	0.0000	0.0000	0.0000	0.4918	0.0000	0.0000	0.0158
W:hO	0.0000	0.0000	0.0000	0.0000	0.4923	0.0000	0.0000	0.0000	0.0000	0.0000	0.4918	0.0000	0.0158
W:nh	0.0000	0.0000	0.0000	0.0000	0.0703	0.3048	0.0938	0.0234	0.0000	0.0000	0.0000	0.4918	0.0158
dead	0.0000	0.0000	0.0000	0.0000	0.0000	0.0000	0.0000	0.0000	0.0000	0.0000	0.0000	0.0000	1.0000

注）表側（左端）が2015年，表頭（上端）が2020年の配偶関係別世帯内地位をあらわす．

仮定値表 推移確率行列（続き）

2015～2020年：男

40-44歳	S:hS	S:hO	S:nh	M:hS	M:hC	M:hN	M:hO	M:nh	W:hS	W:hP	W:hO	W:nh	dead
S:hS	0.7867	0.0000	0.0842	0.0000	0.0576	0.0505	0.0000	0.0071	0.0010	0.0000	0.0000	0.0000	0.0129
S:hO	0.0000	0.8709	0.0000	0.0000	0.0000	0.0000	0.1152	0.0000	0.0000	0.0000	0.0010	0.0000	0.0129
S:nh	0.0921	0.0044	0.7744	0.0000	0.0403	0.0557	0.0037	0.0154	0.0000	0.0000	0.0000	0.0010	0.0129
M:hS	0.0000	0.0000	0.0000	0.9585	0.0000	0.0000	0.0000	0.0000	0.0370	0.0000	0.0000	0.0000	0.0045
M:hC	0.0000	0.0000	0.0000	0.0000	0.7041	0.2430	0.0114	0.0000	0.0370	0.0000	0.0000	0.0000	0.0045
M:hN	0.0000	0.0000	0.0000	0.0297	0.0282	0.8741	0.0265	0.0000	0.0214	0.0073	0.0000	0.0084	0.0045
M:hO	0.0000	0.0000	0.0000	0.0000	0.0533	0.0978	0.8075	0.0000	0.0000	0.0000	0.0344	0.0026	0.0045
M:nh	0.0000	0.0000	0.0000	0.0000	0.0614	0.0614	0.0614	0.7744	0.0000	0.0000	0.0000	0.0370	0.0045
W:hS	0.0000	0.0000	0.0000	0.0000	0.1773	0.1330	0.0296	0.0000	0.6350	0.0000	0.0000	0.0000	0.0251
W:hP	0.0000	0.0000	0.0000	0.0000	0.3399	0.0000	0.0000	0.0000	0.0000	0.6350	0.0000	0.0000	0.0251
W:hO	0.0000	0.0000	0.0000	0.0000	0.3399	0.0000	0.0000	0.0000	0.0000	0.0000	0.6350	0.0000	0.0251
W:nh	0.0000	0.0000	0.0000	0.0000	0.0486	0.2104	0.0647	0.0162	0.0000	0.0000	0.0000	0.6350	0.0251
dead	0.0000	0.0000	0.0000	0.0000	0.0000	0.0000	0.0000	0.0000	0.0000	0.0000	0.0000	0.0000	1.0000

45-49歳	S:hS	S:hO	S:nh	M:hS	M:hC	M:hN	M:hO	M:nh	W:hS	W:hP	W:hO	W:nh	dead
S:hS	0.8515	0.0000	0.0639	0.0000	0.0319	0.0280	0.0000	0.0039	0.0003	0.0000	0.0000	0.0000	0.0204
S:hO	0.0000	0.9154	0.0000	0.0000	0.0000	0.0000	0.0638	0.0000	0.0000	0.0000	0.0003	0.0000	0.0204
S:nh	0.1104	0.0097	0.7954	0.0000	0.0224	0.0309	0.0021	0.0085	0.0000	0.0000	0.0000	0.0003	0.0204
M:hS	0.0000	0.0000	0.0000	0.9599	0.0000	0.0000	0.0000	0.0000	0.0327	0.0000	0.0000	0.0000	0.0073
M:hC	0.0000	0.0000	0.0000	0.0000	0.9057	0.0429	0.0114	0.0000	0.0327	0.0000	0.0000	0.0000	0.0073
M:hN	0.0000	0.0000	0.0000	0.0219	0.0587	0.8429	0.0365	0.0000	0.0250	0.0059	0.0000	0.0018	0.0073
M:hO	0.0000	0.0000	0.0000	0.0000	0.0533	0.0354	0.8712	0.0000	0.0000	0.0000	0.0189	0.0138	0.0073
M:nh	0.0000	0.0000	0.0000	0.0000	0.1185	0.1185	0.1185	0.6044	0.0000	0.0000	0.0000	0.0327	0.0073
W:hS	0.0000	0.0000	0.0000	0.0000	0.1111	0.0833	0.0185	0.0000	0.7492	0.0000	0.0000	0.0000	0.0379
W:hP	0.0000	0.0000	0.0000	0.0000	0.2129	0.0000	0.0000	0.0000	0.0000	0.7492	0.0000	0.0000	0.0379
W:hO	0.0000	0.0000	0.0000	0.0000	0.2129	0.0000	0.0000	0.0000	0.0000	0.0000	0.7492	0.0000	0.0379
W:nh	0.0000	0.0000	0.0000	0.0000	0.0304	0.1318	0.0405	0.0101	0.0000	0.0000	0.0000	0.7492	0.0379
dead	0.0000	0.0000	0.0000	0.0000	0.0000	0.0000	0.0000	0.0000	0.0000	0.0000	0.0000	0.0000	1.0000

50-54歳	S:hS	S:hO	S:nh	M:hS	M:hC	M:hN	M:hO	M:nh	W:hS	W:hP	W:hO	W:nh	dead
S:hS	0.9197	0.0000	0.0000	0.0000	0.0233	0.0204	0.0000	0.0029	0.0001	0.0000	0.0000	0.0000	0.0335
S:hO	0.0000	0.9197	0.0000	0.0000	0.0000	0.0000	0.0466	0.0000	0.0000	0.0000	0.0001	0.0000	0.0335
S:nh	0.1815	0.0179	0.7203	0.0000	0.0163	0.0226	0.0015	0.0062	0.0000	0.0000	0.0000	0.0001	0.0335
M:hS	0.0000	0.0000	0.0000	0.9595	0.0000	0.0000	0.0000	0.0000	0.0284	0.0000	0.0000	0.0000	0.0122
M:hC	0.0000	0.0000	0.0000	0.0000	0.8891	0.0442	0.0262	0.0000	0.0284	0.0000	0.0000	0.0000	0.0122
M:hN	0.0000	0.0000	0.0000	0.0018	0.1601	0.7564	0.0411	0.0000	0.0236	0.0047	0.0000	0.0000	0.0122
M:hO	0.0000	0.0000	0.0000	0.0000	0.0533	0.0789	0.8273	0.0000	0.0197	0.0000	0.0084	0.0002	0.0122
M:nh	0.0000	0.0000	0.0000	0.0000	0.1616	0.1616	0.1616	0.4745	0.0000	0.0000	0.0000	0.0284	0.0122
W:hS	0.0000	0.0000	0.0000	0.0000	0.0664	0.0498	0.0111	0.0000	0.8173	0.0000	0.0000	0.0000	0.0555
W:hP	0.0000	0.0000	0.0000	0.0000	0.1272	0.0000	0.0000	0.0000	0.0000	0.8173	0.0000	0.0000	0.0555
W:hO	0.0000	0.0000	0.0000	0.0000	0.1272	0.0000	0.0000	0.0000	0.0000	0.0000	0.8173	0.0000	0.0555
W:nh	0.0000	0.0000	0.0000	0.0000	0.0182	0.0787	0.0242	0.0061	0.0000	0.0000	0.0000	0.8173	0.0555
dead	0.0000	0.0000	0.0000	0.0000	0.0000	0.0000	0.0000	0.0000	0.0000	0.0000	0.0000	0.0000	1.0000

55-59歳	S:hS	S:hO	S:nh	M:hS	M:hC	M:hN	M:hO	M:nh	W:hS	W:hP	W:hO	W:nh	dead
S:hS	0.8995	0.0000	0.0000	0.0000	0.0219	0.0192	0.0000	0.0027	0.0001	0.0000	0.0000	0.0000	0.0567
S:hO	0.0000	0.8995	0.0000	0.0000	0.0000	0.0000	0.0437	0.0000	0.0000	0.0000	0.0001	0.0000	0.0567
S:nh	0.2078	0.0287	0.6630	0.0000	0.0153	0.0211	0.0014	0.0058	0.0000	0.0000	0.0000	0.0001	0.0567
M:hS	0.0000	0.0000	0.0000	0.9508	0.0000	0.0000	0.0000	0.0000	0.0284	0.0000	0.0000	0.0000	0.0208
M:hC	0.0000	0.0000	0.0000	0.0000	0.9148	0.0101	0.0259	0.0000	0.0284	0.0000	0.0000	0.0000	0.0208
M:hN	0.0000	0.0000	0.0000	0.0000	0.2473	0.6815	0.0221	0.0000	0.0242	0.0042	0.0000	0.0000	0.0208
M:hO	0.0000	0.0000	0.0000	0.0000	0.0634	0.1382	0.7493	0.0000	0.0231	0.0000	0.0053	0.0000	0.0208
M:nh	0.0000	0.0000	0.0000	0.0000	0.0983	0.0983	0.0983	0.6559	0.0000	0.0000	0.0000	0.0284	0.0208
W:hS	0.0000	0.0000	0.0000	0.0000	0.0471	0.0353	0.0078	0.0000	0.8314	0.0000	0.0000	0.0000	0.0783
W:hP	0.0000	0.0000	0.0000	0.0000	0.0903	0.0000	0.0000	0.0000	0.0000	0.8314	0.0000	0.0000	0.0783
W:hO	0.0000	0.0000	0.0000	0.0000	0.0903	0.0000	0.0000	0.0000	0.0000	0.0000	0.8314	0.0000	0.0783
W:nh	0.0000	0.0000	0.0000	0.0000	0.0129	0.0559	0.0172	0.0043	0.0000	0.0000	0.0000	0.8314	0.0783
dead	0.0000	0.0000	0.0000	0.0000	0.0000	0.0000	0.0000	0.0000	0.0000	0.0000	0.0000	0.0000	1.0000

60-64歳	S:hS	S:hO	S:nh	M:hS	M:hC	M:hN	M:hO	M:nh	W:hS	W:hP	W:hO	W:nh	dead
S:hS	0.8638	0.0000	0.0000	0.0000	0.0230	0.0202	0.0000	0.0028	0.0000	0.0000	0.0000	0.0000	0.0902
S:hO	0.0000	0.8638	0.0000	0.0000	0.0000	0.0000	0.0460	0.0000	0.0000	0.0000	0.0000	0.0000	0.0902
S:nh	0.2069	0.0361	0.6208	0.0000	0.0161	0.0223	0.0015	0.0061	0.0000	0.0000	0.0000	0.0000	0.0902
M:hS	0.0000	0.0000	0.0000	0.9379	0.0000	0.0000	0.0000	0.0000	0.0267	0.0000	0.0000	0.0000	0.0354
M:hC	0.0000	0.0000	0.0000	0.0000	0.8569	0.0554	0.0256	0.0000	0.0267	0.0000	0.0000	0.0000	0.0354
M:hN	0.0000	0.0000	0.0000	0.0000	0.2809	0.6345	0.0225	0.0000	0.0207	0.0059	0.0000	0.0000	0.0354
M:hO	0.0000	0.0000	0.0000	0.0000	0.1752	0.1251	0.6377	0.0000	0.0224	0.0000	0.0043	0.0000	0.0354
M:nh	0.0000	0.0000	0.0000	0.0000	0.0759	0.0759	0.0759	0.7102	0.0000	0.0000	0.0000	0.0267	0.0354
W:hS	0.0000	0.0000	0.0000	0.0000	0.0307	0.0230	0.0051	0.0000	0.8310	0.0000	0.0000	0.0000	0.1103
W:hP	0.0000	0.0000	0.0000	0.0000	0.0588	0.0000	0.0000	0.0000	0.0000	0.8310	0.0000	0.0000	0.1103
W:hO	0.0000	0.0000	0.0000	0.0000	0.0588	0.0000	0.0000	0.0000	0.0000	0.0000	0.8310	0.0000	0.1103
W:nh	0.0000	0.0000	0.0000	0.0000	0.0084	0.0364	0.0112	0.0028	0.0000	0.0000	0.0000	0.8310	0.1103
dead	0.0000	0.0000	0.0000	0.0000	0.0000	0.0000	0.0000	0.0000	0.0000	0.0000	0.0000	0.0000	1.0000

注）表側(左端)が2015年，表頭(上端)が2020年の配偶関係別世帯内地位をあらわす.

仮定値表 推移確率行列（続き）

2015～2020年：男

65-69歳	S:hS	S:hO	S:nh	M:hS	M:hC	M:hN	M:hO	M:nh	W:hS	W:hP	W:hO	W:nh	dead
S:hS	0.8129	0.0000	0.0000	0.0000	0.0248	0.0218	0.0000	0.0031	0.0000	0.0000	0.0000	0.0000	0.1374
S:hO	0.0000	0.8129	0.0000	0.0000	0.0000	0.0000	0.0497	0.0000	0.0000	0.0000	0.0000	0.0000	0.1374
S:nh	0.1318	0.0349	0.6461	0.0000	0.0174	0.0240	0.0016	0.0066	0.0000	0.0000	0.0000	0.0000	0.1374
M:hS	0.0000	0.0000	0.0000	0.9130	0.0000	0.0000	0.0000	0.0000	0.0283	0.0000	0.0000	0.0000	0.0586
M:hC	0.0000	0.0000	0.0000	0.0025	0.8470	0.0468	0.0167	0.0000	0.0283	0.0000	0.0000	0.0000	0.0586
M:hN	0.0000	0.0000	0.0000	0.0000	0.2592	0.6515	0.0023	0.0000	0.0145	0.0138	0.0000	0.0000	0.0586
M:hO	0.0000	0.0000	0.0000	0.0000	0.1304	0.1271	0.6471	0.0084	0.0187	0.0000	0.0096	0.0000	0.0586
M:nh	0.0000	0.0000	0.0000	0.0000	0.0534	0.0534	0.0534	0.7528	0.0000	0.0000	0.0000	0.0283	0.0586
W:hS	0.0000	0.0000	0.0000	0.0000	0.0194	0.0146	0.0032	0.0000	0.8081	0.0000	0.0000	0.0000	0.1547
W:hP	0.0000	0.0000	0.0000	0.0000	0.0372	0.0000	0.0000	0.0000	0.0000	0.8081	0.0000	0.0000	0.1547
W:hO	0.0000	0.0000	0.0000	0.0000	0.0372	0.0000	0.0000	0.0000	0.0000	0.0000	0.8081	0.0000	0.1547
W:nh	0.0000	0.0000	0.0000	0.0000	0.0053	0.0230	0.0071	0.0018	0.0000	0.0000	0.0000	0.8081	0.1547
dead	0.0000	0.0000	0.0000	0.0000	0.0000	0.0000	0.0000	0.0000	0.0000	0.0000	0.0000	0.0000	1.0000

70-74歳	S:hS	S:hO	S:nh	M:hS	M:hC	M:hN	M:hO	M:nh	W:hS	W:hP	W:hO	W:nh	dead
S:hS	0.7528	0.0000	0.0000	0.0000	0.0168	0.0147	0.0000	0.0021	0.0000	0.0000	0.0000	0.0000	0.2136
S:hO	0.0000	0.7528	0.0000	0.0000	0.0000	0.0000	0.0335	0.0000	0.0000	0.0000	0.0000	0.0000	0.2136
S:nh	0.0536	0.0165	0.6826	0.0000	0.0117	0.0162	0.0011	0.0045	0.0000	0.0000	0.0000	0.0000	0.2136
M:hS	0.0000	0.0000	0.0000	0.8628	0.0000	0.0000	0.0000	0.0000	0.0375	0.0000	0.0000	0.0000	0.0997
M:hC	0.0000	0.0000	0.0000	0.0055	0.7998	0.0418	0.0158	0.0000	0.0375	0.0000	0.0000	0.0000	0.0997
M:hN	0.0000	0.0000	0.0000	0.0000	0.1869	0.6672	0.0087	0.0000	0.0081	0.0294	0.0000	0.0000	0.0997
M:hO	0.0000	0.0000	0.0000	0.0000	0.1233	0.0799	0.6450	0.0146	0.0084	0.0000	0.0219	0.0072	0.0997
M:nh	0.0000	0.0000	0.0000	0.0000	0.0505	0.0505	0.0505	0.7114	0.0000	0.0000	0.0000	0.0375	0.0997
W:hS	0.0000	0.0000	0.0000	0.0000	0.0162	0.0122	0.0027	0.0000	0.7516	0.0000	0.0000	0.0000	0.2173
W:hP	0.0000	0.0000	0.0000	0.0000	0.0311	0.0000	0.0000	0.0000	0.0000	0.7516	0.0000	0.0000	0.2173
W:hO	0.0000	0.0000	0.0000	0.0000	0.0311	0.0000	0.0000	0.0000	0.0000	0.0000	0.7516	0.0000	0.2173
W:nh	0.0000	0.0000	0.0000	0.0000	0.0044	0.0192	0.0059	0.0015	0.0000	0.0000	0.0000	0.7516	0.2173
dead	0.0000	0.0000	0.0000	0.0000	0.0000	0.0000	0.0000	0.0000	0.0000	0.0000	0.0000	0.0000	1.0000

75-79歳	S:hS	S:hO	S:nh	M:hS	M:hC	M:hN	M:hO	M:nh	W:hS	W:hP	W:hO	W:nh	dead
S:hS	0.6760	0.0000	0.0000	0.0000	0.0002	0.0002	0.0000	0.0000	0.0000	0.0000	0.0000	0.0000	0.3236
S:hO	0.0191	0.6568	0.0000	0.0000	0.0000	0.0000	0.0004	0.0000	0.0000	0.0000	0.0000	0.0000	0.3236
S:nh	0.0078	0.0000	0.6682	0.0000	0.0002	0.0002	0.0000	0.0001	0.0000	0.0000	0.0000	0.0000	0.3236
M:hS	0.0000	0.0000	0.0000	0.7614	0.0000	0.0000	0.0000	0.0000	0.0572	0.0000	0.0000	0.0000	0.1814
M:hC	0.0000	0.0000	0.0000	0.0111	0.7028	0.0336	0.0139	0.0000	0.0572	0.0000	0.0000	0.0000	0.1814
M:hN	0.0000	0.0000	0.0000	0.0000	0.1257	0.6277	0.0080	0.0000	0.0014	0.0558	0.0000	0.0000	0.1814
M:hO	0.0000	0.0000	0.0000	0.0000	0.1015	0.0249	0.6158	0.0191	0.0000	0.0000	0.0438	0.0134	0.1814
M:nh	0.0000	0.0000	0.0000	0.0000	0.0445	0.0445	0.0445	0.6278	0.0000	0.0000	0.0000	0.0572	0.1814
W:hS	0.0000	0.0000	0.0000	0.0000	0.0162	0.0121	0.0027	0.0000	0.6339	0.0000	0.0000	0.0220	0.3131
W:hP	0.0000	0.0000	0.0000	0.0000	0.0310	0.0000	0.0000	0.0000	0.0000	0.6559	0.0000	0.0000	0.3131
W:hO	0.0000	0.0000	0.0000	0.0000	0.0310	0.0000	0.0000	0.0000	0.0000	0.0000	0.6559	0.0000	0.3131
W:nh	0.0000	0.0000	0.0000	0.0000	0.0044	0.0192	0.0059	0.0015	0.0000	0.0000	0.0000	0.6559	0.3131
dead	0.0000	0.0000	0.0000	0.0000	0.0000	0.0000	0.0000	0.0000	0.0000	0.0000	0.0000	0.0000	1.0000

80-84歳	S:hS	S:hO	S:nh	M:hS	M:hC	M:hN	M:hO	M:nh	W:hS	W:hP	W:hO	W:nh	dead
S:hS	0.5373	0.0000	0.0080	0.0000	0.0000	0.0000	0.0000	0.0000	0.0000	0.0000	0.0000	0.0000	0.4547
S:hO	0.0000	0.5453	0.0000	0.0000	0.0000	0.0000	0.0000	0.0000	0.0000	0.0000	0.0000	0.0000	0.4547
S:nh	0.0000	0.0045	0.5408	0.0000	0.0000	0.0000	0.0000	0.0000	0.0000	0.0000	0.0000	0.0000	0.4547
M:hS	0.0000	0.0000	0.0000	0.6140	0.0000	0.0000	0.0000	0.0000	0.0692	0.0000	0.0000	0.0000	0.3168
M:hC	0.0000	0.0000	0.0000	0.0226	0.5572	0.0212	0.0130	0.0000	0.0692	0.0000	0.0000	0.0000	0.3168
M:hN	0.0000	0.0000	0.0000	0.0000	0.1048	0.5091	0.0000	0.0000	0.0000	0.0692	0.0000	0.0000	0.3168
M:hO	0.0000	0.0000	0.0000	0.0000	0.0186	0.0136	0.5817	0.0000	0.0000	0.0000	0.0350	0.0342	0.3168
M:nh	0.0000	0.0000	0.0000	0.0000	0.0359	0.0359	0.0359	0.5062	0.0000	0.0000	0.0000	0.0692	0.3168
W:hS	0.0000	0.0000	0.0000	0.0000	0.0005	0.0004	0.0001	0.0000	0.3850	0.0987	0.0000	0.0734	0.4418
W:hP	0.0000	0.0000	0.0000	0.0000	0.0011	0.0000	0.0000	0.0000	0.0000	0.5571	0.0000	0.0000	0.4418
W:hO	0.0000	0.0000	0.0000	0.0000	0.0011	0.0000	0.0000	0.0000	0.0000	0.0000	0.5571	0.0000	0.4418
W:nh	0.0000	0.0000	0.0000	0.0000	0.0002	0.0007	0.0002	0.0001	0.0000	0.0000	0.0000	0.5571	0.4418
dead	0.0000	0.0000	0.0000	0.0000	0.0000	0.0000	0.0000	0.0000	0.0000	0.0000	0.0000	0.0000	1.0000

85+歳	S:hS	S:hO	S:nh	M:hS	M:hC	M:hN	M:hO	M:nh	W:hS	W:hP	W:hO	W:nh	dead
S:hS	0.3066	0.0000	0.0000	0.0000	0.0000	0.0000	0.0000	0.0000	0.0000	0.0000	0.0000	0.0000	0.6934
S:hO	0.0000	0.3066	0.0000	0.0000	0.0000	0.0000	0.0000	0.0000	0.0000	0.0000	0.0000	0.0000	0.6934
S:nh	0.0000	0.0045	0.3020	0.0000	0.0000	0.0000	0.0000	0.0000	0.0000	0.0000	0.0000	0.0000	0.6934
M:hS	0.0000	0.0000	0.0000	0.3384	0.0000	0.0000	0.0000	0.0000	0.1077	0.0000	0.0000	0.0000	0.5539
M:hC	0.0000	0.0000	0.0000	0.0000	0.3189	0.0117	0.0078	0.0000	0.1077	0.0000	0.0000	0.0000	0.5539
M:hN	0.0000	0.0000	0.0000	0.0000	0.0556	0.2828	0.0000	0.0000	0.0538	0.0538	0.0000	0.0000	0.5539
M:hO	0.0000	0.0000	0.0000	0.0000	0.0000	0.0032	0.3352	0.0000	0.0000	0.0000	0.1077	0.0000	0.5539
M:nh	0.0000	0.0000	0.0000	0.0000	0.0198	0.0198	0.0198	0.2790	0.0000	0.0000	0.0000	0.1077	0.5539
W:hS	0.0000	0.0000	0.0000	0.0000	0.0000	0.0000	0.0000	0.0000	0.2934	0.0000	0.0000	0.0000	0.7066
W:hP	0.0000	0.0000	0.0000	0.0000	0.0000	0.0000	0.0000	0.0000	0.0000	0.2934	0.0000	0.0000	0.7066
W:hO	0.0000	0.0000	0.0000	0.0000	0.0000	0.0000	0.0000	0.0000	0.0000	0.0000	0.2934	0.0000	0.7066
W:nh	0.0000	0.0000	0.0000	0.0000	0.0000	0.0000	0.0000	0.0000	0.0000	0.0000	0.0000	0.2934	0.7066
dead	0.0000	0.0000	0.0000	0.0000	0.0000	0.0000	0.0000	0.0000	0.0000	0.0000	0.0000	0.0000	1.0000

注）表側(左端)が2015年，表頭(上端)が2020年の配偶関係別世帯内地位をあらわす.

仮定値表 推移確率行列（続き）

2020～2025年：男

15-19歳	S:hS	S:h0	S:nh	M:hS	M:hC	M:hN	M:h0	M:nh	W:hS	W:hP	W:h0	W:nh	dead
S:hS	0.2525	0.0000	0.7011	0.0000	0.0201	0.0176	0.0000	0.0025	0.0042	0.0000	0.0000	0.0000	0.0019
S:h0	0.0000	0.9536	0.0000	0.0000	0.0000	0.0000	0.0402	0.0000	0.0000	0.0000	0.0042	0.0000	0.0019
S:nh	0.3130	0.0035	0.6371	0.0015	0.0112	0.0185	0.0010	0.0080	0.0012	0.0001	0.0001	0.0027	0.0019
M:hS	0.0000	0.0000	0.0000	0.9541	0.0000	0.0000	0.0000	0.0000	0.0438	0.0000	0.0000	0.0000	0.0021
M:hC	0.0000	0.0000	0.0000	0.0000	0.2120	0.7421	0.0000	0.0000	0.0438	0.0000	0.0000	0.0000	0.0021
M:hN	0.0000	0.0000	0.0000	0.0000	0.0000	0.9541	0.0000	0.0000	0.0219	0.0219	0.0000	0.0000	0.0021
M:h0	0.0000	0.0000	0.0000	0.0000	0.0000	0.0000	0.9541	0.0000	0.0000	0.0000	0.0438	0.0000	0.0021
M:nh	0.0000	0.0000	0.0000	0.0000	0.0000	0.0000	0.0000	0.9541	0.0000	0.0000	0.0000	0.0438	0.0021
W:hS	0.0000	0.0000	0.0000	0.0000	0.3923	0.2942	0.0654	0.0000	0.2419	0.0000	0.0000	0.0000	0.0062
W:hP	0.0000	0.0000	0.0000	0.0000	0.7519	0.0000	0.0000	0.0000	0.0000	0.2419	0.0000	0.0000	0.0062
W:h0	0.0000	0.0000	0.0000	0.0000	0.7519	0.0000	0.0000	0.0000	0.0000	0.0000	0.2419	0.0000	0.0062
W:nh	0.0000	0.0000	0.0000	0.0000	0.1074	0.4655	0.1432	0.0358	0.0000	0.0000	0.0000	0.2419	0.0062
dead	0.0000	0.0000	0.0000	0.0000	0.0000	0.0000	0.0000	0.0000	0.0000	0.0000	0.0000	0.0000	1.0000

20-24歳	S:hS	S:h0	S:nh	M:hS	M:hC	M:hN	M:h0	M:nh	W:hS	W:hP	W:h0	W:nh	dead
S:hS	0.5009	0.0000	0.2837	0.0061	0.1098	0.0823	0.0023	0.0013	0.0110	0.0000	0.0000	0.0000	0.0028
S:h0	0.0000	0.7846	0.0000	0.0000	0.0000	0.0000	0.2017	0.0000	0.0000	0.0000	0.0110	0.0000	0.0028
S:nh	0.2313	0.0012	0.5520	0.0061	0.0826	0.0945	0.0026	0.0158	0.0012	0.0001	0.0005	0.0092	0.0028
M:hS	0.0000	0.0000	0.0000	0.9539	0.0000	0.0000	0.0000	0.0000	0.0438	0.0000	0.0000	0.0000	0.0023
M:hC	0.0000	0.0000	0.0000	0.0000	0.2120	0.7419	0.0000	0.0000	0.0438	0.0000	0.0000	0.0000	0.0023
M:hN	0.0000	0.0000	0.0000	0.0000	0.0000	0.9539	0.0000	0.0000	0.0219	0.0219	0.0000	0.0000	0.0023
M:h0	0.0000	0.0000	0.0000	0.0000	0.0000	0.0000	0.9539	0.0000	0.0000	0.0000	0.0438	0.0000	0.0023
M:nh	0.0000	0.0000	0.0000	0.0000	0.0000	0.0000	0.0000	0.9539	0.0000	0.0000	0.0000	0.0438	0.0023
W:hS	0.0000	0.0000	0.0000	0.0000	0.4556	0.3417	0.0759	0.0000	0.1193	0.0000	0.0000	0.0000	0.0075
W:hP	0.0000	0.0000	0.0000	0.0000	0.8732	0.0000	0.0000	0.0000	0.0000	0.1193	0.0000	0.0000	0.0075
W:h0	0.0000	0.0000	0.0000	0.0000	0.8732	0.0000	0.0000	0.0000	0.0000	0.0000	0.1193	0.0000	0.0075
W:nh	0.0000	0.0000	0.0000	0.0000	0.1247	0.5406	0.1663	0.0416	0.0000	0.0000	0.0000	0.1193	0.0075
dead	0.0000	0.0000	0.0000	0.0000	0.0000	0.0000	0.0000	0.0000	0.0000	0.0000	0.0000	0.0000	1.0000

25-29歳	S:hS	S:h0	S:nh	M:hS	M:hC	M:hN	M:h0	M:nh	W:hS	W:hP	W:h0	W:nh	dead
S:hS	0.5208	0.0000	0.1550	0.0080	0.1559	0.1367	0.0000	0.0112	0.0093	0.0000	0.0000	0.0000	0.0031
S:h0	0.0000	0.6758	0.0000	0.0000	0.0000	0.0000	0.3118	0.0000	0.0000	0.0000	0.0093	0.0000	0.0031
S:nh	0.1264	0.0006	0.5488	0.0080	0.1098	0.1508	0.0095	0.0337	0.0000	0.0000	0.0000	0.0093	0.0031
M:hS	0.0000	0.0000	0.0000	0.9546	0.0000	0.0000	0.0000	0.0000	0.0436	0.0000	0.0000	0.0000	0.0018
M:hC	0.0000	0.0000	0.0000	0.0000	0.2121	0.7425	0.0000	0.0000	0.0436	0.0000	0.0000	0.0000	0.0018
M:hN	0.0000	0.0000	0.0000	0.0000	0.0000	0.9546	0.0000	0.0000	0.0170	0.0084	0.0028	0.0154	0.0018
M:h0	0.0000	0.0000	0.0000	0.0000	0.0000	0.0000	0.9546	0.0000	0.0000	0.0000	0.0436	0.0000	0.0018
M:nh	0.0000	0.0000	0.0000	0.0000	0.0048	0.3224	0.0000	0.6275	0.0000	0.0000	0.0000	0.0436	0.0018
W:hS	0.0000	0.0000	0.0000	0.0000	0.4378	0.3283	0.0730	0.0000	0.1531	0.0000	0.0000	0.0000	0.0079
W:hP	0.0000	0.0000	0.0000	0.0000	0.8391	0.0000	0.0000	0.0000	0.0000	0.1531	0.0000	0.0000	0.0079
W:h0	0.0000	0.0000	0.0000	0.0000	0.8391	0.0000	0.0000	0.0000	0.0000	0.0000	0.1531	0.0000	0.0079
W:nh	0.0000	0.0000	0.0000	0.0000	0.1199	0.5194	0.1598	0.0400	0.0000	0.0000	0.0000	0.1531	0.0079
dead	0.0000	0.0000	0.0000	0.0000	0.0000	0.0000	0.0000	0.0000	0.0000	0.0000	0.0000	0.0000	1.0000

30-34歳	S:hS	S:h0	S:nh	M:hS	M:hC	M:hN	M:h0	M:nh	W:hS	W:hP	W:h0	W:nh	dead
S:hS	0.6055	0.0000	0.1520	0.0097	0.1328	0.0766	0.0000	0.0132	0.0056	0.0000	0.0000	0.0000	0.0046
S:h0	0.0000	0.7575	0.0000	0.0000	0.0000	0.0000	0.2323	0.0000	0.0000	0.0000	0.0056	0.0000	0.0046
S:nh	0.1199	0.0008	0.6368	0.0113	0.1008	0.0832	0.0075	0.0295	0.0000	0.0000	0.0000	0.0056	0.0046
M:hS	0.0000	0.0000	0.0000	0.9537	0.0000	0.0000	0.0000	0.0000	0.0443	0.0000	0.0000	0.0000	0.0019
M:hC	0.0000	0.0000	0.0000	0.0000	0.2412	0.7126	0.0000	0.0000	0.0443	0.0000	0.0000	0.0000	0.0019
M:hN	0.0000	0.0000	0.0000	0.0000	0.0000	0.9441	0.0096	0.0000	0.0192	0.0073	0.0012	0.0165	0.0019
M:h0	0.0000	0.0000	0.0000	0.0000	0.0000	0.1565	0.7973	0.0000	0.0000	0.0000	0.0443	0.0000	0.0019
M:nh	0.0000	0.0000	0.0000	0.0000	0.0757	0.0757	0.0757	0.7266	0.0000	0.0000	0.0000	0.0443	0.0019
W:hS	0.0000	0.0000	0.0000	0.0000	0.4269	0.3202	0.0712	0.0000	0.1715	0.0000	0.0000	0.0000	0.0102
W:hP	0.0000	0.0000	0.0000	0.0000	0.8183	0.0000	0.0000	0.0000	0.0000	0.1715	0.0000	0.0000	0.0102
W:h0	0.0000	0.0000	0.0000	0.0000	0.8183	0.0000	0.0000	0.0000	0.0000	0.0000	0.1715	0.0000	0.0102
W:nh	0.0000	0.0000	0.0000	0.0000	0.1169	0.5065	0.1559	0.0390	0.0000	0.0000	0.0000	0.1715	0.0102
dead	0.0000	0.0000	0.0000	0.0000	0.0000	0.0000	0.0000	0.0000	0.0000	0.0000	0.0000	0.0000	1.0000

35-39歳	S:hS	S:h0	S:nh	M:hS	M:hC	M:hN	M:h0	M:nh	W:hS	W:hP	W:h0	W:nh	dead
S:hS	0.7586	0.0000	0.0944	0.0000	0.0685	0.0601	0.0000	0.0084	0.0024	0.0000	0.0000	0.0000	0.0075
S:h0	0.0000	0.8530	0.0000	0.0000	0.0000	0.0000	0.1370	0.0000	0.0000	0.0000	0.0024	0.0000	0.0075
S:nh	0.0852	0.0019	0.7658	0.0000	0.0480	0.0663	0.0044	0.0183	0.0000	0.0000	0.0000	0.0024	0.0075
M:hS	0.0000	0.0000	0.0000	0.9540	0.0000	0.0000	0.0000	0.0000	0.0433	0.0000	0.0000	0.0000	0.0027
M:hC	0.0000	0.0000	0.0000	0.0000	0.4322	0.5104	0.0114	0.0000	0.0433	0.0000	0.0000	0.0000	0.0027
M:hN	0.0000	0.0000	0.0000	0.0243	0.0332	0.8794	0.0170	0.0000	0.0219	0.0079	0.0005	0.0130	0.0027
M:h0	0.0000	0.0000	0.0000	0.0000	0.0000	0.1527	0.8013	0.0000	0.0000	0.0000	0.0433	0.0000	0.0027
M:nh	0.0000	0.0000	0.0000	0.0000	0.0579	0.0579	0.0579	0.7804	0.0000	0.0000	0.0000	0.0433	0.0027
W:hS	0.0000	0.0000	0.0000	0.0000	0.3041	0.2281	0.0507	0.0000	0.4020	0.0000	0.0000	0.0000	0.0150
W:hP	0.0000	0.0000	0.0000	0.0000	0.5829	0.0000	0.0000	0.0000	0.0000	0.4020	0.0000	0.0000	0.0150
W:h0	0.0000	0.0000	0.0000	0.0000	0.5829	0.0000	0.0000	0.0000	0.0000	0.0000	0.4020	0.0000	0.0150
W:nh	0.0000	0.0000	0.0000	0.0000	0.0833	0.3609	0.1110	0.0278	0.0000	0.0000	0.0000	0.4020	0.0150
dead	0.0000	0.0000	0.0000	0.0000	0.0000	0.0000	0.0000	0.0000	0.0000	0.0000	0.0000	0.0000	1.0000

注）表側(左端)が2020年，表頭(上端)が2025年の配偶関係別世帯内地位をあらわす．

仮定値表 推移確率行列（続き）

2020〜2025年：男

40-44歳	S:hS	S:hO	S:nh	M:hS	M:hC	M:hN	M:hO	M:nh	W:hS	W:hP	W:hO	W:nh	dead
S:hS	0.8078	0.0000	0.0865	0.0000	0.0462	0.0405	0.0000	0.0057	0.0008	0.0000	0.0000	0.0000	0.0125
S:hO	0.0000	0.8943	0.0000	0.0000	0.0000	0.0000	0.0924	0.0000	0.0000	0.0000	0.0008	0.0000	0.0125
S:nh	0.0946	0.0045	0.7952	0.0000	0.0324	0.0447	0.0030	0.0124	0.0000	0.0000	0.0000	0.0008	0.0125
M:hS	0.0000	0.0000	0.0000	0.9588	0.0000	0.0000	0.0000	0.0000	0.0369	0.0000	0.0000	0.0000	0.0043
M:hC	0.0000	0.0000	0.0000	0.0000	0.7043	0.2431	0.0114	0.0000	0.0369	0.0000	0.0000	0.0000	0.0043
M:hN	0.0000	0.0000	0.0000	0.0297	0.0282	0.8744	0.0265	0.0000	0.0213	0.0072	0.0000	0.0083	0.0043
M:hO	0.0000	0.0000	0.0000	0.0000	0.0533	0.0978	0.8078	0.0000	0.0000	0.0000	0.0343	0.0026	0.0043
M:nh	0.0000	0.0000	0.0000	0.0000	0.0614	0.0614	0.0614	0.7746	0.0000	0.0000	0.0000	0.0369	0.0043
W:hS	0.0000	0.0000	0.0000	0.0000	0.1672	0.1254	0.0279	0.0000	0.6553	0.0000	0.0000	0.0000	0.0242
W:hP	0.0000	0.0000	0.0000	0.0000	0.3205	0.0000	0.0000	0.0000	0.0000	0.6553	0.0000	0.0000	0.0242
W:hO	0.0000	0.0000	0.0000	0.0000	0.3205	0.0000	0.0000	0.0000	0.0000	0.0000	0.6553	0.0000	0.0242
W:nh	0.0000	0.0000	0.0000	0.0000	0.0458	0.1984	0.0610	0.0153	0.0000	0.0000	0.0000	0.6553	0.0242
dead	0.0000	0.0000	0.0000	0.0000	0.0000	0.0000	0.0000	0.0000	0.0000	0.0000	0.0000	0.0000	1.0000

45-49歳	S:hS	S:hO	S:nh	M:hS	M:hC	M:hN	M:hO	M:nh	W:hS	W:hP	W:hO	W:nh	dead
S:hS	0.8571	0.0000	0.0643	0.0000	0.0293	0.0257	0.0000	0.0036	0.0003	0.0000	0.0000	0.0000	0.0197
S:hO	0.0000	0.9214	0.0000	0.0000	0.0000	0.0000	0.0586	0.0000	0.0000	0.0000	0.0003	0.0000	0.0197
S:nh	0.1111	0.0097	0.8006	0.0000	0.0205	0.0283	0.0019	0.0078	0.0000	0.0000	0.0000	0.0003	0.0197
M:hS	0.0000	0.0000	0.0000	0.9604	0.0000	0.0000	0.0000	0.0000	0.0325	0.0000	0.0000	0.0000	0.0071
M:hC	0.0000	0.0000	0.0000	0.0000	0.9061	0.0429	0.0114	0.0000	0.0325	0.0000	0.0000	0.0000	0.0071
M:hN	0.0000	0.0000	0.0000	0.0219	0.0587	0.8433	0.0365	0.0000	0.0248	0.0059	0.0000	0.0018	0.0071
M:hO	0.0000	0.0000	0.0000	0.0000	0.0534	0.0355	0.8716	0.0000	0.0000	0.0000	0.0188	0.0137	0.0071
M:nh	0.0000	0.0000	0.0000	0.0000	0.1186	0.1186	0.1186	0.6047	0.0000	0.0000	0.0000	0.0325	0.0071
W:hS	0.0000	0.0000	0.0000	0.0000	0.1316	0.0987	0.0219	0.0000	0.7112	0.0000	0.0000	0.0000	0.0367
W:hP	0.0000	0.0000	0.0000	0.0000	0.2522	0.0000	0.0000	0.0000	0.0000	0.7112	0.0000	0.0000	0.0367
W:hO	0.0000	0.0000	0.0000	0.0000	0.2522	0.0000	0.0000	0.0000	0.0000	0.0000	0.7112	0.0000	0.0367
W:nh	0.0000	0.0000	0.0000	0.0000	0.0360	0.1561	0.0480	0.0120	0.0000	0.0000	0.0000	0.7112	0.0367
dead	0.0000	0.0000	0.0000	0.0000	0.0000	0.0000	0.0000	0.0000	0.0000	0.0000	0.0000	0.0000	1.0000

50-54歳	S:hS	S:hO	S:nh	M:hS	M:hC	M:hN	M:hO	M:nh	W:hS	W:hP	W:hO	W:nh	dead
S:hS	0.9224	0.0000	0.0000	0.0000	0.0232	0.0203	0.0000	0.0028	0.0001	0.0000	0.0000	0.0000	0.0312
S:hO	0.0000	0.9224	0.0000	0.0000	0.0000	0.0000	0.0463	0.0000	0.0000	0.0000	0.0001	0.0000	0.0312
S:nh	0.1821	0.0179	0.7224	0.0000	0.0162	0.0224	0.0015	0.0062	0.0000	0.0000	0.0000	0.0001	0.0312
M:hS	0.0000	0.0000	0.0000	0.9607	0.0000	0.0000	0.0000	0.0000	0.0280	0.0000	0.0000	0.0000	0.0113
M:hC	0.0000	0.0000	0.0000	0.0000	0.8902	0.0443	0.0262	0.0000	0.0280	0.0000	0.0000	0.0000	0.0113
M:hN	0.0000	0.0000	0.0000	0.0018	0.1603	0.7574	0.0412	0.0000	0.0233	0.0047	0.0000	0.0000	0.0113
M:hO	0.0000	0.0000	0.0000	0.0000	0.0534	0.0790	0.8283	0.0000	0.0195	0.0000	0.0083	0.0002	0.0113
M:nh	0.0000	0.0000	0.0000	0.0000	0.1619	0.1619	0.1619	0.4751	0.0000	0.0000	0.0000	0.0280	0.0113
W:hS	0.0000	0.0000	0.0000	0.0000	0.0851	0.0638	0.0142	0.0000	0.7853	0.0000	0.0000	0.0000	0.0516
W:hP	0.0000	0.0000	0.0000	0.0000	0.1631	0.0000	0.0000	0.0000	0.0000	0.7853	0.0000	0.0000	0.0516
W:hO	0.0000	0.0000	0.0000	0.0000	0.1631	0.0000	0.0000	0.0000	0.0000	0.0000	0.7853	0.0000	0.0516
W:nh	0.0000	0.0000	0.0000	0.0000	0.0233	0.1009	0.0311	0.0078	0.0000	0.0000	0.0000	0.7853	0.0516
dead	0.0000	0.0000	0.0000	0.0000	0.0000	0.0000	0.0000	0.0000	0.0000	0.0000	0.0000	0.0000	1.0000

55-59歳	S:hS	S:hO	S:nh	M:hS	M:hC	M:hN	M:hO	M:nh	W:hS	W:hP	W:hO	W:nh	dead
S:hS	0.9044	0.0000	0.0000	0.0000	0.0217	0.0190	0.0000	0.0027	0.0001	0.0000	0.0000	0.0000	0.0521
S:hO	0.0000	0.9044	0.0000	0.0000	0.0000	0.0000	0.0434	0.0000	0.0000	0.0000	0.0001	0.0000	0.0521
S:nh	0.2089	0.0288	0.6666	0.0000	0.0152	0.0210	0.0014	0.0058	0.0000	0.0000	0.0000	0.0001	0.0521
M:hS	0.0000	0.0000	0.0000	0.9531	0.0000	0.0000	0.0000	0.0000	0.0279	0.0000	0.0000	0.0000	0.0191
M:hC	0.0000	0.0000	0.0000	0.0000	0.9170	0.0101	0.0260	0.0000	0.0279	0.0000	0.0000	0.0000	0.0191
M:hN	0.0000	0.0000	0.0000	0.0000	0.2478	0.6831	0.0221	0.0000	0.0238	0.0041	0.0000	0.0000	0.0191
M:hO	0.0000	0.0000	0.0000	0.0000	0.0635	0.1385	0.7510	0.0000	0.0226	0.0000	0.0052	0.0000	0.0191
M:nh	0.0000	0.0000	0.0000	0.0000	0.0985	0.0985	0.0985	0.6575	0.0000	0.0000	0.0000	0.0279	0.0191
W:hS	0.0000	0.0000	0.0000	0.0000	0.0604	0.0453	0.0101	0.0000	0.8123	0.0000	0.0000	0.0000	0.0719
W:hP	0.0000	0.0000	0.0000	0.0000	0.1158	0.0000	0.0000	0.0000	0.0000	0.8123	0.0000	0.0000	0.0719
W:hO	0.0000	0.0000	0.0000	0.0000	0.1158	0.0000	0.0000	0.0000	0.0000	0.0000	0.8123	0.0000	0.0719
W:nh	0.0000	0.0000	0.0000	0.0000	0.0165	0.0717	0.0221	0.0055	0.0000	0.0000	0.0000	0.8123	0.0719
dead	0.0000	0.0000	0.0000	0.0000	0.0000	0.0000	0.0000	0.0000	0.0000	0.0000	0.0000	0.0000	1.0000

60-64歳	S:hS	S:hO	S:nh	M:hS	M:hC	M:hN	M:hO	M:nh	W:hS	W:hP	W:hO	W:nh	dead
S:hS	0.8698	0.0000	0.0000	0.0000	0.0229	0.0200	0.0000	0.0028	0.0000	0.0000	0.0000	0.0000	0.0844
S:hO	0.0000	0.8698	0.0000	0.0000	0.0000	0.0000	0.0457	0.0000	0.0000	0.0000	0.0000	0.0000	0.0844
S:nh	0.2084	0.0363	0.6251	0.0000	0.0160	0.0221	0.0015	0.0061	0.0000	0.0000	0.0000	0.0000	0.0844
M:hS	0.0000	0.0000	0.0000	0.9412	0.0000	0.0000	0.0000	0.0000	0.0257	0.0000	0.0000	0.0000	0.0331
M:hC	0.0000	0.0000	0.0000	0.0000	0.8599	0.0556	0.0257	0.0000	0.0257	0.0000	0.0000	0.0000	0.0331
M:hN	0.0000	0.0000	0.0000	0.0000	0.2819	0.6367	0.0226	0.0000	0.0200	0.0057	0.0000	0.0000	0.0331
M:hO	0.0000	0.0000	0.0000	0.0000	0.1758	0.1255	0.6399	0.0000	0.0216	0.0000	0.0041	0.0000	0.0331
M:nh	0.0000	0.0000	0.0000	0.0000	0.0762	0.0762	0.0762	0.7126	0.0000	0.0000	0.0000	0.0257	0.0331
W:hS	0.0000	0.0000	0.0000	0.0000	0.0393	0.0295	0.0066	0.0000	0.8214	0.0000	0.0000	0.0000	0.1032
W:hP	0.0000	0.0000	0.0000	0.0000	0.0754	0.0000	0.0000	0.0000	0.0000	0.8214	0.0000	0.0000	0.1032
W:hO	0.0000	0.0000	0.0000	0.0000	0.0754	0.0000	0.0000	0.0000	0.0000	0.0000	0.8214	0.0000	0.1032
W:nh	0.0000	0.0000	0.0000	0.0000	0.0108	0.0467	0.0144	0.0036	0.0000	0.0000	0.0000	0.8214	0.1032
dead	0.0000	0.0000	0.0000	0.0000	0.0000	0.0000	0.0000	0.0000	0.0000	0.0000	0.0000	0.0000	1.0000

注）表側(左端)が2020年，表頭(上端)が2025年の配偶関係別世帯内地位をあらわす．

仮定値表 推移確率行列（続き）

2020～2025年：男

65-69歳	S:hS	S:h0	S:nh	M:hS	M:hC	M:hN	M:h0	M:nh	W:hS	W:hP	W:h0	W:nh	dead
S:hS	0.8231	0.0000	0.0000	0.0000	0.0247	0.0216	0.0000	0.0030	0.0000	0.0000	0.0000	0.0000	0.1275
S:h0	0.0000	0.8231	0.0000	0.0000	0.0000	0.0000	0.0494	0.0000	0.0000	0.0000	0.0000	0.0000	0.1275
S:nh	0.1335	0.0353	0.6543	0.0000	0.0173	0.0239	0.0016	0.0066	0.0000	0.0000	0.0000	0.0000	0.1275
M:hS	0.0000	0.0000	0.0000	0.9186	0.0000	0.0000	0.0000	0.0000	0.0270	0.0000	0.0000	0.0000	0.0544
M:hC	0.0000	0.0000	0.0000	0.0025	0.8522	0.0471	0.0168	0.0000	0.0270	0.0000	0.0000	0.0000	0.0544
M:hN	0.0000	0.0000	0.0000	0.0000	0.2608	0.6555	0.0023	0.0000	0.0138	0.0132	0.0000	0.0000	0.0544
M:h0	0.0000	0.0000	0.0000	0.0000	0.1312	0.1279	0.6510	0.0084	0.0178	0.0000	0.0092	0.0000	0.0544
M:nh	0.0000	0.0000	0.0000	0.0000	0.0537	0.0537	0.0537	0.7574	0.0000	0.0000	0.0000	0.0270	0.0544
W:hS	0.0000	0.0000	0.0000	0.0000	0.0249	0.0187	0.0041	0.0000	0.8088	0.0000	0.0000	0.0000	0.1436
W:hP	0.0000	0.0000	0.0000	0.0000	0.0477	0.0000	0.0000	0.0000	0.0000	0.8088	0.0000	0.0000	0.1436
W:h0	0.0000	0.0000	0.0000	0.0000	0.0477	0.0000	0.0000	0.0000	0.0000	0.0000	0.8088	0.0000	0.1436
W:nh	0.0000	0.0000	0.0000	0.0000	0.0068	0.0295	0.0091	0.0023	0.0000	0.0000	0.0000	0.8088	0.1436
dead	0.0000	0.0000	0.0000	0.0000	0.0000	0.0000	0.0000	0.0000	0.0000	0.0000	0.0000	0.0000	1.0000

70-74歳	S:hS	S:h0	S:nh	M:hS	M:hC	M:hN	M:h0	M:nh	W:hS	W:hP	W:h0	W:nh	dead
S:hS	0.7695	0.0000	0.0000	0.0000	0.0167	0.0146	0.0000	0.0021	0.0000	0.0000	0.0000	0.0000	0.1971
S:h0	0.0000	0.7695	0.0000	0.0000	0.0000	0.0000	0.0334	0.0000	0.0000	0.0000	0.0000	0.0000	0.1971
S:nh	0.0548	0.0169	0.6977	0.0000	0.0117	0.0161	0.0011	0.0045	0.0000	0.0000	0.0000	0.0000	0.1971
M:hS	0.0000	0.0000	0.0000	0.8727	0.0000	0.0000	0.0000	0.0000	0.0353	0.0000	0.0000	0.0000	0.0920
M:hC	0.0000	0.0000	0.0000	0.0055	0.8089	0.0423	0.0160	0.0000	0.0353	0.0000	0.0000	0.0000	0.0920
M:hN	0.0000	0.0000	0.0000	0.0000	0.1890	0.6749	0.0088	0.0000	0.0076	0.0277	0.0000	0.0000	0.0920
M:h0	0.0000	0.0000	0.0000	0.0000	0.1247	0.0808	0.6524	0.0148	0.0079	0.0000	0.0206	0.0068	0.0920
M:nh	0.0000	0.0000	0.0000	0.0000	0.0510	0.0510	0.0510	0.7196	0.0000	0.0000	0.0000	0.0353	0.0920
W:hS	0.0000	0.0000	0.0000	0.0000	0.0208	0.0156	0.0035	0.0000	0.7596	0.0000	0.0000	0.0000	0.2005
W:hP	0.0000	0.0000	0.0000	0.0000	0.0399	0.0000	0.0000	0.0000	0.0000	0.7596	0.0000	0.0000	0.2005
W:h0	0.0000	0.0000	0.0000	0.0000	0.0399	0.0000	0.0000	0.0000	0.0000	0.0000	0.7596	0.0000	0.2005
W:nh	0.0000	0.0000	0.0000	0.0000	0.0057	0.0247	0.0076	0.0019	0.0000	0.0000	0.0000	0.7596	0.2005
dead	0.0000	0.0000	0.0000	0.0000	0.0000	0.0000	0.0000	0.0000	0.0000	0.0000	0.0000	0.0000	1.0000

75-79歳	S:hS	S:h0	S:nh	M:hS	M:hC	M:hN	M:h0	M:nh	W:hS	W:hP	W:h0	W:nh	dead
S:hS	0.6956	0.0000	0.0000	0.0000	0.0002	0.0002	0.0000	0.0000	0.0000	0.0000	0.0000	0.0000	0.3039
S:h0	0.0197	0.6759	0.0000	0.0000	0.0000	0.0000	0.0004	0.0000	0.0000	0.0000	0.0000	0.0000	0.3039
S:nh	0.0080	0.0000	0.6876	0.0000	0.0002	0.0002	0.0000	0.0001	0.0000	0.0000	0.0000	0.0000	0.3039
M:hS	0.0000	0.0000	0.0000	0.7763	0.0000	0.0000	0.0000	0.0000	0.0533	0.0000	0.0000	0.0000	0.1704
M:hC	0.0000	0.0000	0.0000	0.0113	0.7165	0.0343	0.0142	0.0000	0.0533	0.0000	0.0000	0.0000	0.1704
M:hN	0.0000	0.0000	0.0000	0.0000	0.1282	0.6400	0.0081	0.0000	0.0013	0.0520	0.0000	0.0000	0.1704
M:h0	0.0000	0.0000	0.0000	0.0000	0.1035	0.0254	0.6279	0.0195	0.0000	0.0000	0.0408	0.0125	0.1704
M:nh	0.0000	0.0000	0.0000	0.0000	0.0454	0.0454	0.0454	0.6401	0.0000	0.0000	0.0000	0.0533	0.1704
W:hS	0.0000	0.0000	0.0000	0.0000	0.0208	0.0156	0.0035	0.0000	0.6438	0.0000	0.0000	0.0223	0.2941
W:hP	0.0000	0.0000	0.0000	0.0000	0.0398	0.0000	0.0000	0.0000	0.0000	0.6661	0.0000	0.0000	0.2941
W:h0	0.0000	0.0000	0.0000	0.0000	0.0398	0.0000	0.0000	0.0000	0.0000	0.0000	0.6661	0.0000	0.2941
W:nh	0.0000	0.0000	0.0000	0.0000	0.0057	0.0246	0.0076	0.0019	0.0000	0.0000	0.0000	0.6661	0.2941
dead	0.0000	0.0000	0.0000	0.0000	0.0000	0.0000	0.0000	0.0000	0.0000	0.0000	0.0000	0.0000	1.0000

80-84歳	S:hS	S:h0	S:nh	M:hS	M:hC	M:hN	M:h0	M:nh	W:hS	W:hP	W:h0	W:nh	dead
S:hS	0.5571	0.0000	0.0083	0.0000	0.0000	0.0000	0.0000	0.0000	0.0000	0.0000	0.0000	0.0000	0.4346
S:h0	0.0000	0.5654	0.0000	0.0000	0.0000	0.0000	0.0000	0.0000	0.0000	0.0000	0.0000	0.0000	0.4346
S:nh	0.0000	0.0047	0.5607	0.0000	0.0000	0.0000	0.0000	0.0000	0.0000	0.0000	0.0000	0.0000	0.4346
M:hS	0.0000	0.0000	0.0000	0.6327	0.0000	0.0000	0.0000	0.0000	0.0645	0.0000	0.0000	0.0000	0.3028
M:hC	0.0000	0.0000	0.0000	0.0232	0.5742	0.0218	0.0134	0.0000	0.0645	0.0000	0.0000	0.0000	0.3028
M:hN	0.0000	0.0000	0.0000	0.0000	0.1080	0.5247	0.0000	0.0000	0.0000	0.0645	0.0000	0.0000	0.3028
M:h0	0.0000	0.0000	0.0000	0.0000	0.0192	0.0141	0.5995	0.0000	0.0000	0.0000	0.0326	0.0319	0.3028
M:nh	0.0000	0.0000	0.0000	0.0000	0.0370	0.0370	0.0370	0.5217	0.0000	0.0000	0.0000	0.0645	0.3028
W:hS	0.0000	0.0000	0.0000	0.0000	0.0007	0.0005	0.0001	0.0000	0.3983	0.1021	0.0000	0.0760	0.4223
W:hP	0.0000	0.0000	0.0000	0.0000	0.0013	0.0000	0.0000	0.0000	0.0000	0.5764	0.0000	0.0000	0.4223
W:h0	0.0000	0.0000	0.0000	0.0000	0.0013	0.0000	0.0000	0.0000	0.0000	0.0000	0.5764	0.0000	0.4223
W:nh	0.0000	0.0000	0.0000	0.0000	0.0002	0.0008	0.0003	0.0001	0.0000	0.0000	0.0000	0.5764	0.4223
dead	0.0000	0.0000	0.0000	0.0000	0.0000	0.0000	0.0000	0.0000	0.0000	0.0000	0.0000	0.0000	1.0000

85+歳	S:hS	S:h0	S:nh	M:hS	M:hC	M:hN	M:h0	M:nh	W:hS	W:hP	W:h0	W:nh	dead
S:hS	0.3137	0.0000	0.0000	0.0000	0.0000	0.0000	0.0000	0.0000	0.0000	0.0000	0.0000	0.0000	0.6863
S:h0	0.0000	0.3137	0.0000	0.0000	0.0000	0.0000	0.0000	0.0000	0.0000	0.0000	0.0000	0.0000	0.6863
S:nh	0.0000	0.0046	0.3090	0.0000	0.0000	0.0000	0.0000	0.0000	0.0000	0.0000	0.0000	0.0000	0.6863
M:hS	0.0000	0.0000	0.0000	0.3463	0.0000	0.0000	0.0000	0.0000	0.1054	0.0000	0.0000	0.0000	0.5483
M:hC	0.0000	0.0000	0.0000	0.0000	0.3264	0.0119	0.0080	0.0000	0.1054	0.0000	0.0000	0.0000	0.5483
M:hN	0.0000	0.0000	0.0000	0.0000	0.0569	0.2894	0.0000	0.0000	0.0527	0.0527	0.0000	0.0000	0.5483
M:h0	0.0000	0.0000	0.0000	0.0000	0.0000	0.0033	0.3430	0.0000	0.0000	0.0000	0.1054	0.0000	0.5483
M:nh	0.0000	0.0000	0.0000	0.0000	0.0203	0.0203	0.0203	0.2856	0.0000	0.0000	0.0000	0.1054	0.5483
W:hS	0.0000	0.0000	0.0000	0.0000	0.0000	0.0000	0.0000	0.0000	0.3006	0.0000	0.0000	0.0000	0.6994
W:hP	0.0000	0.0000	0.0000	0.0000	0.0000	0.0000	0.0000	0.0000	0.0000	0.3006	0.0000	0.0000	0.6994
W:h0	0.0000	0.0000	0.0000	0.0000	0.0000	0.0000	0.0000	0.0000	0.0000	0.0000	0.3006	0.0000	0.6994
W:nh	0.0000	0.0000	0.0000	0.0000	0.0000	0.0000	0.0000	0.0000	0.0000	0.0000	0.0000	0.3006	0.6994
dead	0.0000	0.0000	0.0000	0.0000	0.0000	0.0000	0.0000	0.0000	0.0000	0.0000	0.0000	0.0000	1.0000

注）表側(左端)が2020年，表頭(上端)が2025年の配偶関係別世帯内地位をあらわす.

仮定値表 推移確率行列（続き）

2025～2030年：男

15-19歳	S:hS	S:hO	S:nh	M:hS	M:hC	M:hN	M:hO	M:nh	W:hS	W:hP	W:hO	W:nh	dead
S:hS	0.2528	0.0000	0.7020	0.0000	0.0196	0.0172	0.0000	0.0024	0.0041	0.0000	0.0000	0.0000	0.0018
S:hO	0.0000	0.9548	0.0000	0.0000	0.0000	0.0000	0.0393	0.0000	0.0000	0.0000	0.0041	0.0000	0.0018
S:nh	0.3134	0.0035	0.6379	0.0015	0.0109	0.0181	0.0009	0.0078	0.0012	0.0001	0.0001	0.0027	0.0018
M:hS	0.0000	0.0000	0.0000	0.9543	0.0000	0.0000	0.0000	0.0000	0.0438	0.0000	0.0000	0.0000	0.0020
M:hC	0.0000	0.0000	0.0000	0.0000	0.2121	0.7422	0.0000	0.0000	0.0438	0.0000	0.0000	0.0000	0.0020
M:hN	0.0000	0.0000	0.0000	0.0000	0.0000	0.9543	0.0000	0.0000	0.0219	0.0219	0.0000	0.0000	0.0020
M:hO	0.0000	0.0000	0.0000	0.0000	0.0000	0.0000	0.9543	0.0000	0.0000	0.0000	0.0438	0.0000	0.0020
M:nh	0.0000	0.0000	0.0000	0.0000	0.0000	0.0000	0.0000	0.9543	0.0000	0.0000	0.0000	0.0438	0.0020
W:hS	0.0000	0.0000	0.0000	0.0000	0.3036	0.2277	0.0506	0.0000	0.4123	0.0000	0.0000	0.0000	0.0058
W:hP	0.0000	0.0000	0.0000	0.0000	0.5818	0.0000	0.0000	0.0000	0.0000	0.4123	0.0000	0.0000	0.0058
W:hO	0.0000	0.0000	0.0000	0.0000	0.5818	0.0000	0.0000	0.0000	0.0000	0.0000	0.4123	0.0000	0.0058
W:nh	0.0000	0.0000	0.0000	0.0000	0.0831	0.3602	0.1108	0.0277	0.0000	0.0000	0.0000	0.4123	0.0058
dead	0.0000	0.0000	0.0000	0.0000	0.0000	0.0000	0.0000	0.0000	0.0000	0.0000	0.0000	0.0000	1.0000

20-24歳	S:hS	S:hO	S:nh	M:hS	M:hC	M:hN	M:hO	M:nh	W:hS	W:hP	W:hO	W:nh	dead
S:hS	0.5025	0.0000	0.2846	0.0061	0.1085	0.0813	0.0022	0.0013	0.0108	0.0000	0.0000	0.0000	0.0027
S:hO	0.0000	0.7871	0.0000	0.0000	0.0000	0.0000	0.1994	0.0000	0.0000	0.0000	0.0108	0.0000	0.0027
S:nh	0.2321	0.0012	0.5538	0.0061	0.0817	0.0934	0.0026	0.0157	0.0012	0.0001	0.0005	0.0091	0.0027
M:hS	0.0000	0.0000	0.0000	0.9540	0.0000	0.0000	0.0000	0.0000	0.0438	0.0000	0.0000	0.0000	0.0022
M:hC	0.0000	0.0000	0.0000	0.0000	0.2120	0.7420	0.0000	0.0000	0.0438	0.0000	0.0000	0.0000	0.0022
M:hN	0.0000	0.0000	0.0000	0.0000	0.0000	0.9540	0.0000	0.0000	0.0219	0.0219	0.0000	0.0000	0.0022
M:hO	0.0000	0.0000	0.0000	0.0000	0.0000	0.0000	0.9540	0.0000	0.0000	0.0000	0.0438	0.0000	0.0022
M:nh	0.0000	0.0000	0.0000	0.0000	0.0000	0.0000	0.0000	0.9540	0.0000	0.0000	0.0000	0.0438	0.0022
W:hS	0.0000	0.0000	0.0000	0.0000	0.3524	0.2643	0.0587	0.0000	0.3175	0.0000	0.0000	0.0000	0.0072
W:hP	0.0000	0.0000	0.0000	0.0000	0.6753	0.0000	0.0000	0.0000	0.0000	0.3175	0.0000	0.0000	0.0072
W:hO	0.0000	0.0000	0.0000	0.0000	0.6753	0.0000	0.0000	0.0000	0.0000	0.0000	0.3175	0.0000	0.0072
W:nh	0.0000	0.0000	0.0000	0.0000	0.0965	0.4181	0.1286	0.0322	0.0000	0.0000	0.0000	0.3175	0.0072
dead	0.0000	0.0000	0.0000	0.0000	0.0000	0.0000	0.0000	0.0000	0.0000	0.0000	0.0000	0.0000	1.0000

25-29歳	S:hS	S:hO	S:nh	M:hS	M:hC	M:hN	M:hO	M:nh	W:hS	W:hP	W:hO	W:nh	dead
S:hS	0.5236	0.0000	0.1559	0.0079	0.1541	0.1352	0.0000	0.0111	0.0092	0.0000	0.0000	0.0000	0.0030
S:hO	0.0000	0.6795	0.0000	0.0000	0.0000	0.0000	0.3083	0.0000	0.0000	0.0000	0.0092	0.0000	0.0030
S:nh	0.1271	0.0006	0.5518	0.0079	0.1086	0.1492	0.0094	0.0333	0.0000	0.0000	0.0000	0.0092	0.0030
M:hS	0.0000	0.0000	0.0000	0.9547	0.0000	0.0000	0.0000	0.0000	0.0435	0.0000	0.0000	0.0000	0.0017
M:hC	0.0000	0.0000	0.0000	0.0000	0.2122	0.7426	0.0000	0.0000	0.0435	0.0000	0.0000	0.0000	0.0017
M:hN	0.0000	0.0000	0.0000	0.0000	0.0000	0.9547	0.0000	0.0000	0.0170	0.0084	0.0028	0.0154	0.0017
M:hO	0.0000	0.0000	0.0000	0.0000	0.0000	0.0000	0.9547	0.0000	0.0000	0.0000	0.0435	0.0000	0.0017
M:nh	0.0000	0.0000	0.0000	0.0000	0.0048	0.3224	0.0000	0.6275	0.0000	0.0000	0.0000	0.0435	0.0017
W:hS	0.0000	0.0000	0.0000	0.0000	0.4062	0.3047	0.0677	0.0000	0.2138	0.0000	0.0000	0.0000	0.0076
W:hP	0.0000	0.0000	0.0000	0.0000	0.7786	0.0000	0.0000	0.0000	0.0000	0.2138	0.0000	0.0000	0.0076
W:hO	0.0000	0.0000	0.0000	0.0000	0.7786	0.0000	0.0000	0.0000	0.0000	0.0000	0.2138	0.0000	0.0076
W:nh	0.0000	0.0000	0.0000	0.0000	0.1112	0.4820	0.1483	0.0371	0.0000	0.0000	0.0000	0.2138	0.0076
dead	0.0000	0.0000	0.0000	0.0000	0.0000	0.0000	0.0000	0.0000	0.0000	0.0000	0.0000	0.0000	1.0000

30-34歳	S:hS	S:hO	S:nh	M:hS	M:hC	M:hN	M:hO	M:nh	W:hS	W:hP	W:hO	W:nh	dead
S:hS	0.6071	0.0000	0.1524	0.0096	0.1318	0.0760	0.0000	0.0131	0.0055	0.0000	0.0000	0.0000	0.0044
S:hO	0.0000	0.7596	0.0000	0.0000	0.0000	0.0000	0.2305	0.0000	0.0000	0.0000	0.0055	0.0000	0.0044
S:nh	0.1203	0.0008	0.6385	0.0112	0.1000	0.0825	0.0074	0.0293	0.0000	0.0000	0.0000	0.0055	0.0044
M:hS	0.0000	0.0000	0.0000	0.9539	0.0000	0.0000	0.0000	0.0000	0.0443	0.0000	0.0000	0.0000	0.0018
M:hC	0.0000	0.0000	0.0000	0.0000	0.2412	0.7126	0.0000	0.0000	0.0443	0.0000	0.0000	0.0000	0.0018
M:hN	0.0000	0.0000	0.0000	0.0000	0.0000	0.9443	0.0096	0.0000	0.0192	0.0073	0.0012	0.0165	0.0018
M:hO	0.0000	0.0000	0.0000	0.0000	0.0000	0.1565	0.7974	0.0000	0.0000	0.0000	0.0443	0.0000	0.0018
M:nh	0.0000	0.0000	0.0000	0.0000	0.0757	0.0757	0.0757	0.7267	0.0000	0.0000	0.0000	0.0443	0.0018
W:hS	0.0000	0.0000	0.0000	0.0000	0.4109	0.3081	0.0685	0.0000	0.2028	0.0000	0.0000	0.0000	0.0097
W:hP	0.0000	0.0000	0.0000	0.0000	0.7875	0.0000	0.0000	0.0000	0.0000	0.2028	0.0000	0.0000	0.0097
W:hO	0.0000	0.0000	0.0000	0.0000	0.7875	0.0000	0.0000	0.0000	0.0000	0.0000	0.2028	0.0000	0.0097
W:nh	0.0000	0.0000	0.0000	0.0000	0.1125	0.4875	0.1500	0.0375	0.0000	0.0000	0.0000	0.2028	0.0097
dead	0.0000	0.0000	0.0000	0.0000	0.0000	0.0000	0.0000	0.0000	0.0000	0.0000	0.0000	0.0000	1.0000

35-39歳	S:hS	S:hO	S:nh	M:hS	M:hC	M:hN	M:hO	M:nh	W:hS	W:hP	W:hO	W:nh	dead
S:hS	0.7604	0.0000	0.0946	0.0000	0.0677	0.0593	0.0000	0.0083	0.0024	0.0000	0.0000	0.0000	0.0072
S:hO	0.0000	0.8550	0.0000	0.0000	0.0000	0.0000	0.1354	0.0000	0.0000	0.0000	0.0024	0.0000	0.0072
S:nh	0.0854	0.0019	0.7677	0.0000	0.0474	0.0655	0.0044	0.0181	0.0000	0.0000	0.0000	0.0024	0.0072
M:hS	0.0000	0.0000	0.0000	0.9541	0.0000	0.0000	0.0000	0.0000	0.0433	0.0000	0.0000	0.0000	0.0026
M:hC	0.0000	0.0000	0.0000	0.0000	0.4322	0.5105	0.0114	0.0000	0.0433	0.0000	0.0000	0.0000	0.0026
M:hN	0.0000	0.0000	0.0000	0.0243	0.0332	0.8796	0.0171	0.0000	0.0219	0.0079	0.0005	0.0130	0.0026
M:hO	0.0000	0.0000	0.0000	0.0000	0.0000	0.1527	0.8014	0.0000	0.0000	0.0000	0.0433	0.0000	0.0026
M:nh	0.0000	0.0000	0.0000	0.0000	0.0579	0.0579	0.0579	0.7805	0.0000	0.0000	0.0000	0.0433	0.0026
W:hS	0.0000	0.0000	0.0000	0.0000	0.3387	0.2540	0.0564	0.0000	0.3364	0.0000	0.0000	0.0000	0.0144
W:hP	0.0000	0.0000	0.0000	0.0000	0.6492	0.0000	0.0000	0.0000	0.0000	0.3364	0.0000	0.0000	0.0144
W:hO	0.0000	0.0000	0.0000	0.0000	0.6492	0.0000	0.0000	0.0000	0.0000	0.0000	0.3364	0.0000	0.0144
W:nh	0.0000	0.0000	0.0000	0.0000	0.0927	0.4019	0.1237	0.0309	0.0000	0.0000	0.0000	0.3364	0.0144
dead	0.0000	0.0000	0.0000	0.0000	0.0000	0.0000	0.0000	0.0000	0.0000	0.0000	0.0000	0.0000	1.0000

注）表側(左端)が2025年，表頭(上端)が2030年の配偶関係別世帯内地位をあらわす.

仮定値表 推移確率行列（続き）

2025～2030年：男

40-44歳	S:hS	S:hO	S:nh	M:hS	M:hC	M:hN	M:hO	M:nh	W:hS	W:hP	W:hO	W:nh	dead
S:hS	0.8159	0.0000	0.0873	0.0000	0.0421	0.0369	0.0000	0.0052	0.0008	0.0000	0.0000	0.0000	0.0118
S:hO	0.0000	0.9032	0.0000	0.0000	0.0000	0.0000	0.0842	0.0000	0.0000	0.0000	0.0008	0.0000	0.0118
S:nh	0.0955	0.0045	0.8032	0.0000	0.0295	0.0408	0.0027	0.0113	0.0000	0.0000	0.0000	0.0008	0.0118
M:hS	0.0000	0.0000	0.0000	0.9592	0.0000	0.0000	0.0000	0.0000	0.0368	0.0000	0.0000	0.0000	0.0041
M:hC	0.0000	0.0000	0.0000	0.0000	0.7046	0.2432	0.0114	0.0000	0.0368	0.0000	0.0000	0.0000	0.0041
M:hN	0.0000	0.0000	0.0000	0.0297	0.0282	0.8747	0.0266	0.0000	0.0212	0.0072	0.0000	0.0083	0.0041
M:hO	0.0000	0.0000	0.0000	0.0000	0.0533	0.0978	0.8080	0.0000	0.0000	0.0000	0.0342	0.0026	0.0041
M:nh	0.0000	0.0000	0.0000	0.0000	0.0614	0.0614	0.0614	0.7749	0.0000	0.0000	0.0000	0.0368	0.0041
W:hS	0.0000	0.0000	0.0000	0.0000	0.2069	0.1552	0.0345	0.0000	0.5806	0.0000	0.0000	0.0000	0.0229
W:hP	0.0000	0.0000	0.0000	0.0000	0.3965	0.0000	0.0000	0.0000	0.0000	0.5806	0.0000	0.0000	0.0229
W:hO	0.0000	0.0000	0.0000	0.0000	0.3965	0.0000	0.0000	0.0000	0.0000	0.0000	0.5806	0.0000	0.0229
W:nh	0.0000	0.0000	0.0000	0.0000	0.0566	0.2455	0.0755	0.0189	0.0000	0.0000	0.0000	0.5806	0.0229
dead	0.0000	0.0000	0.0000	0.0000	0.0000	0.0000	0.0000	0.0000	0.0000	0.0000	0.0000	0.0000	1.0000

45-49歳	S:hS	S:hO	S:nh	M:hS	M:hC	M:hN	M:hO	M:nh	W:hS	W:hP	W:hO	W:nh	dead
S:hS	0.8589	0.0000	0.0645	0.0000	0.0288	0.0253	0.0000	0.0035	0.0003	0.0000	0.0000	0.0000	0.0188
S:hO	0.0000	0.9234	0.0000	0.0000	0.0000	0.0000	0.0576	0.0000	0.0000	0.0000	0.0003	0.0000	0.0188
S:nh	0.1113	0.0098	0.8023	0.0000	0.0202	0.0279	0.0019	0.0077	0.0000	0.0000	0.0000	0.0003	0.0188
M:hS	0.0000	0.0000	0.0000	0.9610	0.0000	0.0000	0.0000	0.0000	0.0323	0.0000	0.0000	0.0000	0.0067
M:hC	0.0000	0.0000	0.0000	0.0000	0.9066	0.0429	0.0114	0.0000	0.0323	0.0000	0.0000	0.0000	0.0067
M:hN	0.0000	0.0000	0.0000	0.0219	0.0587	0.8437	0.0366	0.0000	0.0247	0.0058	0.0000	0.0018	0.0067
M:hO	0.0000	0.0000	0.0000	0.0000	0.0534	0.0355	0.8721	0.0000	0.0000	0.0000	0.0187	0.0136	0.0067
M:nh	0.0000	0.0000	0.0000	0.0000	0.1186	0.1186	0.1186	0.6051	0.0000	0.0000	0.0000	0.0323	0.0067
W:hS	0.0000	0.0000	0.0000	0.0000	0.1627	0.1221	0.0271	0.0000	0.6532	0.0000	0.0000	0.0000	0.0348
W:hP	0.0000	0.0000	0.0000	0.0000	0.3119	0.0000	0.0000	0.0000	0.0000	0.6532	0.0000	0.0000	0.0348
W:hO	0.0000	0.0000	0.0000	0.0000	0.3119	0.0000	0.0000	0.0000	0.0000	0.0000	0.6532	0.0000	0.0348
W:nh	0.0000	0.0000	0.0000	0.0000	0.0446	0.1931	0.0594	0.0149	0.0000	0.0000	0.0000	0.6532	0.0348
dead	0.0000	0.0000	0.0000	0.0000	0.0000	0.0000	0.0000	0.0000	0.0000	0.0000	0.0000	0.0000	1.0000

50-54歳	S:hS	S:hO	S:nh	M:hS	M:hC	M:hN	M:hO	M:nh	W:hS	W:hP	W:hO	W:nh	dead
S:hS	0.9243	0.0000	0.0000	0.0000	0.0228	0.0200	0.0000	0.0028	0.0001	0.0000	0.0000	0.0000	0.0301
S:hO	0.0000	0.9243	0.0000	0.0000	0.0000	0.0000	0.0455	0.0000	0.0000	0.0000	0.0001	0.0000	0.0301
S:nh	0.1824	0.0179	0.7239	0.0000	0.0159	0.0220	0.0015	0.0061	0.0000	0.0000	0.0000	0.0001	0.0301
M:hS	0.0000	0.0000	0.0000	0.9614	0.0000	0.0000	0.0000	0.0000	0.0277	0.0000	0.0000	0.0000	0.0109
M:hC	0.0000	0.0000	0.0000	0.0000	0.8909	0.0443	0.0262	0.0000	0.0277	0.0000	0.0000	0.0000	0.0109
M:hN	0.0000	0.0000	0.0000	0.0018	0.1604	0.7580	0.0412	0.0000	0.0230	0.0046	0.0000	0.0000	0.0109
M:hO	0.0000	0.0000	0.0000	0.0000	0.0534	0.0791	0.8289	0.0000	0.0192	0.0000	0.0082	0.0002	0.0109
M:nh	0.0000	0.0000	0.0000	0.0000	0.1620	0.1620	0.1620	0.4755	0.0000	0.0000	0.0000	0.0277	0.0109
W:hS	0.0000	0.0000	0.0000	0.0000	0.1052	0.0789	0.0175	0.0000	0.7486	0.0000	0.0000	0.0000	0.0497
W:hP	0.0000	0.0000	0.0000	0.0000	0.2016	0.0000	0.0000	0.0000	0.0000	0.7486	0.0000	0.0000	0.0497
W:hO	0.0000	0.0000	0.0000	0.0000	0.2016	0.0000	0.0000	0.0000	0.0000	0.0000	0.7486	0.0000	0.0497
W:nh	0.0000	0.0000	0.0000	0.0000	0.0288	0.1248	0.0384	0.0096	0.0000	0.0000	0.0000	0.7486	0.0497
dead	0.0000	0.0000	0.0000	0.0000	0.0000	0.0000	0.0000	0.0000	0.0000	0.0000	0.0000	0.0000	1.0000

55-59歳	S:hS	S:hO	S:nh	M:hS	M:hC	M:hN	M:hO	M:nh	W:hS	W:hP	W:hO	W:nh	dead
S:hS	0.9086	0.0000	0.0000	0.0000	0.0214	0.0187	0.0000	0.0026	0.0001	0.0000	0.0000	0.0000	0.0486
S:hO	0.0000	0.9086	0.0000	0.0000	0.0000	0.0000	0.0427	0.0000	0.0000	0.0000	0.0001	0.0000	0.0486
S:nh	0.2099	0.0290	0.6697	0.0000	0.0150	0.0207	0.0014	0.0057	0.0000	0.0000	0.0000	0.0001	0.0486
M:hS	0.0000	0.0000	0.0000	0.9549	0.0000	0.0000	0.0000	0.0000	0.0274	0.0000	0.0000	0.0000	0.0178
M:hC	0.0000	0.0000	0.0000	0.0000	0.9187	0.0102	0.0260	0.0000	0.0274	0.0000	0.0000	0.0000	0.0178
M:hN	0.0000	0.0000	0.0000	0.0000	0.2483	0.6844	0.0222	0.0000	0.0233	0.0040	0.0000	0.0000	0.0178
M:hO	0.0000	0.0000	0.0000	0.0000	0.0637	0.1388	0.7525	0.0000	0.0222	0.0000	0.0051	0.0000	0.0178
M:nh	0.0000	0.0000	0.0000	0.0000	0.0987	0.0987	0.0987	0.6587	0.0000	0.0000	0.0000	0.0274	0.0178
W:hS	0.0000	0.0000	0.0000	0.0000	0.0747	0.0560	0.0125	0.0000	0.7897	0.0000	0.0000	0.0000	0.0671
W:hP	0.0000	0.0000	0.0000	0.0000	0.1432	0.0000	0.0000	0.0000	0.0000	0.7897	0.0000	0.0000	0.0671
W:hO	0.0000	0.0000	0.0000	0.0000	0.1432	0.0000	0.0000	0.0000	0.0000	0.0000	0.7897	0.0000	0.0671
W:nh	0.0000	0.0000	0.0000	0.0000	0.0205	0.0887	0.0273	0.0068	0.0000	0.0000	0.0000	0.7897	0.0671
dead	0.0000	0.0000	0.0000	0.0000	0.0000	0.0000	0.0000	0.0000	0.0000	0.0000	0.0000	0.0000	1.0000

60-64歳	S:hS	S:hO	S:nh	M:hS	M:hC	M:hN	M:hO	M:nh	W:hS	W:hP	W:hO	W:nh	dead
S:hS	0.8764	0.0000	0.0000	0.0000	0.0225	0.0197	0.0000	0.0028	0.0000	0.0000	0.0000	0.0000	0.0786
S:hO	0.0000	0.8764	0.0000	0.0000	0.0000	0.0000	0.0450	0.0000	0.0000	0.0000	0.0000	0.0000	0.0786
S:nh	0.2100	0.0366	0.6298	0.0000	0.0158	0.0218	0.0015	0.0060	0.0000	0.0000	0.0000	0.0000	0.0786
M:hS	0.0000	0.0000	0.0000	0.9443	0.0000	0.0000	0.0000	0.0000	0.0248	0.0000	0.0000	0.0000	0.0308
M:hC	0.0000	0.0000	0.0000	0.0000	0.8628	0.0558	0.0258	0.0000	0.0248	0.0000	0.0000	0.0000	0.0308
M:hN	0.0000	0.0000	0.0000	0.0000	0.2828	0.6389	0.0226	0.0000	0.0193	0.0055	0.0000	0.0000	0.0308
M:hO	0.0000	0.0000	0.0000	0.0000	0.1764	0.1259	0.6420	0.0000	0.0208	0.0000	0.0040	0.0000	0.0308
M:nh	0.0000	0.0000	0.0000	0.0000	0.0764	0.0764	0.0764	0.7150	0.0000	0.0000	0.0000	0.0248	0.0308
W:hS	0.0000	0.0000	0.0000	0.0000	0.0487	0.0365	0.0081	0.0000	0.8106	0.0000	0.0000	0.0000	0.0961
W:hP	0.0000	0.0000	0.0000	0.0000	0.0933	0.0000	0.0000	0.0000	0.0000	0.8106	0.0000	0.0000	0.0961
W:hO	0.0000	0.0000	0.0000	0.0000	0.0933	0.0000	0.0000	0.0000	0.0000	0.0000	0.8106	0.0000	0.0961
W:nh	0.0000	0.0000	0.0000	0.0000	0.0133	0.0578	0.0178	0.0044	0.0000	0.0000	0.0000	0.8106	0.0961
dead	0.0000	0.0000	0.0000	0.0000	0.0000	0.0000	0.0000	0.0000	0.0000	0.0000	0.0000	0.0000	1.0000

注）表側(左端)が2025年，表頭(上端)が2030年の配偶関係別世帯内地位をあらわす.

仮定値表 推移確率行列（続き）

2025～2030年：男

65-69歳	S:hS	S:hO	S:nh	M:hS	M:hC	M:hN	M:hO	M:nh	W:hS	W:hP	W:hO	W:nh	dead
S:hS	0.8307	0.0000	0.0000	0.0000	0.0243	0.0213	0.0000	0.0030	0.0000	0.0000	0.0000	0.0000	0.1207
S:hO	0.0000	0.8307	0.0000	0.0000	0.0000	0.0000	0.0486	0.0000	0.0000	0.0000	0.0000	0.0000	0.1207
S:nh	0.1347	0.0357	0.6603	0.0000	0.0170	0.0235	0.0016	0.0065	0.0000	0.0000	0.0000	0.0000	0.1207
M:hS	0.0000	0.0000	0.0000	0.9227	0.0000	0.0000	0.0000	0.0000	0.0258	0.0000	0.0000	0.0000	0.0515
M:hC	0.0000	0.0000	0.0000	0.0025	0.8560	0.0473	0.0169	0.0000	0.0258	0.0000	0.0000	0.0000	0.0515
M:hN	0.0000	0.0000	0.0000	0.0000	0.2620	0.6584	0.0023	0.0000	0.0132	0.0126	0.0000	0.0000	0.0515
M:hO	0.0000	0.0000	0.0000	0.0000	0.1318	0.1285	0.6539	0.0085	0.0170	0.0000	0.0088	0.0000	0.0515
M:nh	0.0000	0.0000	0.0000	0.0000	0.0540	0.0540	0.0540	0.7608	0.0000	0.0000	0.0000	0.0258	0.0515
W:hS	0.0000	0.0000	0.0000	0.0000	0.0308	0.0231	0.0051	0.0000	0.8051	0.0000	0.0000	0.0000	0.1359
W:hP	0.0000	0.0000	0.0000	0.0000	0.0590	0.0000	0.0000	0.0000	0.0000	0.8051	0.0000	0.0000	0.1359
W:hO	0.0000	0.0000	0.0000	0.0000	0.0590	0.0000	0.0000	0.0000	0.0000	0.0000	0.8051	0.0000	0.1359
W:nh	0.0000	0.0000	0.0000	0.0000	0.0084	0.0365	0.0112	0.0028	0.0000	0.0000	0.0000	0.8051	0.1359
dead	0.0000	0.0000	0.0000	0.0000	0.0000	0.0000	0.0000	0.0000	0.0000	0.0000	0.0000	0.0000	1.0000

70-74歳	S:hS	S:hO	S:nh	M:hS	M:hC	M:hN	M:hO	M:nh	W:hS	W:hP	W:hO	W:nh	dead
S:hS	0.7828	0.0000	0.0000	0.0000	0.0164	0.0144	0.0000	0.0020	0.0000	0.0000	0.0000	0.0000	0.1844
S:hO	0.0000	0.7828	0.0000	0.0000	0.0000	0.0000	0.0328	0.0000	0.0000	0.0000	0.0000	0.0000	0.1844
S:nh	0.0558	0.0172	0.7098	0.0000	0.0115	0.0159	0.0011	0.0044	0.0000	0.0000	0.0000	0.0000	0.1844
M:hS	0.0000	0.0000	0.0000	0.8805	0.0000	0.0000	0.0000	0.0000	0.0334	0.0000	0.0000	0.0000	0.0860
M:hC	0.0000	0.0000	0.0000	0.0056	0.8161	0.0427	0.0161	0.0000	0.0334	0.0000	0.0000	0.0000	0.0860
M:hN	0.0000	0.0000	0.0000	0.0000	0.1907	0.6809	0.0089	0.0000	0.0072	0.0262	0.0000	0.0000	0.0860
M:hO	0.0000	0.0000	0.0000	0.0000	0.1258	0.0816	0.6582	0.0149	0.0075	0.0000	0.0195	0.0064	0.0860
M:nh	0.0000	0.0000	0.0000	0.0000	0.0515	0.0515	0.0515	0.7260	0.0000	0.0000	0.0000	0.0334	0.0860
W:hS	0.0000	0.0000	0.0000	0.0000	0.0257	0.0193	0.0043	0.0000	0.7632	0.0000	0.0000	0.0000	0.1875
W:hP	0.0000	0.0000	0.0000	0.0000	0.0493	0.0000	0.0000	0.0000	0.0000	0.7632	0.0000	0.0000	0.1875
W:hO	0.0000	0.0000	0.0000	0.0000	0.0493	0.0000	0.0000	0.0000	0.0000	0.0000	0.7632	0.0000	0.1875
W:nh	0.0000	0.0000	0.0000	0.0000	0.0070	0.0305	0.0094	0.0023	0.0000	0.0000	0.0000	0.7632	0.1875
dead	0.0000	0.0000	0.0000	0.0000	0.0000	0.0000	0.0000	0.0000	0.0000	0.0000	0.0000	0.0000	1.0000

75-79歳	S:hS	S:hO	S:nh	M:hS	M:hC	M:hN	M:hO	M:nh	W:hS	W:hP	W:hO	W:nh	dead
S:hS	0.7153	0.0000	0.0000	0.0000	0.0002	0.0002	0.0000	0.0000	0.0000	0.0000	0.0000	0.0000	0.2843
S:hO	0.0203	0.6950	0.0000	0.0000	0.0000	0.0000	0.0004	0.0000	0.0000	0.0000	0.0000	0.0000	0.2843
S:nh	0.0082	0.0000	0.7071	0.0000	0.0001	0.0002	0.0000	0.0001	0.0000	0.0000	0.0000	0.0000	0.2843
M:hS	0.0000	0.0000	0.0000	0.7906	0.0000	0.0000	0.0000	0.0000	0.0500	0.0000	0.0000	0.0000	0.1594
M:hC	0.0000	0.0000	0.0000	0.0115	0.7297	0.0349	0.0145	0.0000	0.0500	0.0000	0.0000	0.0000	0.1594
M:hN	0.0000	0.0000	0.0000	0.0000	0.1305	0.6518	0.0083	0.0000	0.0012	0.0488	0.0000	0.0000	0.1594
M:hO	0.0000	0.0000	0.0000	0.0000	0.1054	0.0258	0.6395	0.0199	0.0000	0.0000	0.0383	0.0117	0.1594
M:nh	0.0000	0.0000	0.0000	0.0000	0.0462	0.0462	0.0462	0.6519	0.0000	0.0000	0.0000	0.0500	0.1594
W:hS	0.0000	0.0000	0.0000	0.0000	0.0257	0.0193	0.0043	0.0000	0.6531	0.0000	0.0000	0.0227	0.2750
W:hP	0.0000	0.0000	0.0000	0.0000	0.0492	0.0000	0.0000	0.0000	0.0000	0.6757	0.0000	0.0000	0.2750
W:hO	0.0000	0.0000	0.0000	0.0000	0.0492	0.0000	0.0000	0.0000	0.0000	0.0000	0.6757	0.0000	0.2750
W:nh	0.0000	0.0000	0.0000	0.0000	0.0070	0.0305	0.0094	0.0023	0.0000	0.0000	0.0000	0.6757	0.2750
dead	0.0000	0.0000	0.0000	0.0000	0.0000	0.0000	0.0000	0.0000	0.0000	0.0000	0.0000	0.0000	1.0000

80-84歳	S:hS	S:hO	S:nh	M:hS	M:hC	M:hN	M:hO	M:nh	W:hS	W:hP	W:hO	W:nh	dead
S:hS	0.5761	0.0000	0.0086	0.0000	0.0000	0.0000	0.0000	0.0000	0.0000	0.0000	0.0000	0.0000	0.4154
S:hO	0.0000	0.5846	0.0000	0.0000	0.0000	0.0000	0.0000	0.0000	0.0000	0.0000	0.0000	0.0000	0.4154
S:nh	0.0000	0.0048	0.5798	0.0000	0.0000	0.0000	0.0000	0.0000	0.0000	0.0000	0.0000	0.0000	0.4154
M:hS	0.0000	0.0000	0.0000	0.6502	0.0000	0.0000	0.0000	0.0000	0.0604	0.0000	0.0000	0.0000	0.2894
M:hC	0.0000	0.0000	0.0000	0.0239	0.5901	0.0224	0.0138	0.0000	0.0604	0.0000	0.0000	0.0000	0.2894
M:hN	0.0000	0.0000	0.0000	0.0000	0.1110	0.5392	0.0000	0.0000	0.0000	0.0604	0.0000	0.0000	0.2894
M:hO	0.0000	0.0000	0.0000	0.0000	0.0197	0.0144	0.6161	0.0000	0.0000	0.0000	0.0306	0.0298	0.2894
M:nh	0.0000	0.0000	0.0000	0.0000	0.0380	0.0380	0.0380	0.5361	0.0000	0.0000	0.0000	0.0604	0.2894
W:hS	0.0000	0.0000	0.0000	0.0000	0.0009	0.0007	0.0001	0.0000	0.4110	0.1053	0.0000	0.0784	0.4036
W:hP	0.0000	0.0000	0.0000	0.0000	0.0017	0.0000	0.0000	0.0000	0.0000	0.5948	0.0000	0.0000	0.4036
W:hO	0.0000	0.0000	0.0000	0.0000	0.0017	0.0000	0.0000	0.0000	0.0000	0.0000	0.5948	0.0000	0.4036
W:nh	0.0000	0.0000	0.0000	0.0000	0.0002	0.0010	0.0003	0.0001	0.0000	0.0000	0.0000	0.5948	0.4036
dead	0.0000	0.0000	0.0000	0.0000	0.0000	0.0000	0.0000	0.0000	0.0000	0.0000	0.0000	0.0000	1.0000

85+歳	S:hS	S:hO	S:nh	M:hS	M:hC	M:hN	M:hO	M:nh	W:hS	W:hP	W:hO	W:nh	dead
S:hS	0.3252	0.0000	0.0000	0.0000	0.0000	0.0000	0.0000	0.0000	0.0000	0.0000	0.0000	0.0000	0.6748
S:hO	0.0000	0.3252	0.0000	0.0000	0.0000	0.0000	0.0000	0.0000	0.0000	0.0000	0.0000	0.0000	0.6748
S:nh	0.0000	0.0048	0.3204	0.0000	0.0000	0.0000	0.0000	0.0000	0.0000	0.0000	0.0000	0.0000	0.6748
M:hS	0.0000	0.0000	0.0000	0.3576	0.0000	0.0000	0.0000	0.0000	0.1033	0.0000	0.0000	0.0000	0.5391
M:hC	0.0000	0.0000	0.0000	0.0000	0.3370	0.0123	0.0082	0.0000	0.1033	0.0000	0.0000	0.0000	0.5391
M:hN	0.0000	0.0000	0.0000	0.0000	0.0588	0.2988	0.0000	0.0000	0.0517	0.0517	0.0000	0.0000	0.5391
M:hO	0.0000	0.0000	0.0000	0.0000	0.0000	0.0034	0.3542	0.0000	0.0000	0.0000	0.1033	0.0000	0.5391
M:nh	0.0000	0.0000	0.0000	0.0000	0.0209	0.0209	0.0209	0.2949	0.0000	0.0000	0.0000	0.1033	0.5391
W:hS	0.0000	0.0000	0.0000	0.0000	0.0000	0.0000	0.0000	0.0000	0.3123	0.0000	0.0000	0.0000	0.6877
W:hP	0.0000	0.0000	0.0000	0.0000	0.0000	0.0000	0.0000	0.0000	0.0000	0.3123	0.0000	0.0000	0.6877
W:hO	0.0000	0.0000	0.0000	0.0000	0.0000	0.0000	0.0000	0.0000	0.0000	0.0000	0.3123	0.0000	0.6877
W:nh	0.0000	0.0000	0.0000	0.0000	0.0000	0.0000	0.0000	0.0000	0.0000	0.0000	0.0000	0.3123	0.6877
dead	0.0000	0.0000	0.0000	0.0000	0.0000	0.0000	0.0000	0.0000	0.0000	0.0000	0.0000	0.0000	1.0000

注）表側(左端)が2025年，表頭(上端)が2030年の配偶関係別世帯内地位をあらわす.

仮定値表 推移確率行列（続き）

2030～2035年：男

15-19歳	S:hS	S:hO	S:nh	M:hS	M:hC	M:hN	M:hO	M:nh	W:hS	W:hP	W:hO	W:nh	dead
S:hS	0.2530	0.0000	0.7025	0.0000	0.0194	0.0170	0.0000	0.0024	0.0040	0.0000	0.0000	0.0000	0.0017
S:hO	0.0000	0.9555	0.0000	0.0000	0.0000	0.0000	0.0387	0.0000	0.0000	0.0000	0.0040	0.0000	0.0017
S:nh	0.3136	0.0035	0.6384	0.0015	0.0108	0.0178	0.0009	0.0077	0.0012	0.0001	0.0001	0.0026	0.0017
M:hS	0.0000	0.0000	0.0000	0.9544	0.0000	0.0000	0.0000	0.0000	0.0438	0.0000	0.0000	0.0000	0.0019
M:hC	0.0000	0.0000	0.0000	0.0000	0.2121	0.7423	0.0000	0.0000	0.0438	0.0000	0.0000	0.0000	0.0019
M:hN	0.0000	0.0000	0.0000	0.0000	0.0000	0.9544	0.0000	0.0000	0.0219	0.0219	0.0000	0.0000	0.0019
M:hO	0.0000	0.0000	0.0000	0.0000	0.0000	0.0000	0.9544	0.0000	0.0000	0.0000	0.0438	0.0000	0.0019
M:nh	0.0000	0.0000	0.0000	0.0000	0.0000	0.0000	0.0000	0.9544	0.0000	0.0000	0.0000	0.0438	0.0019
W:hS	0.0000	0.0000	0.0000	0.0000	0.3333	0.2500	0.0556	0.0000	0.3556	0.0000	0.0000	0.0000	0.0055
W:hP	0.0000	0.0000	0.0000	0.0000	0.6389	0.0000	0.0000	0.0000	0.0000	0.3556	0.0000	0.0000	0.0055
W:hO	0.0000	0.0000	0.0000	0.0000	0.6389	0.0000	0.0000	0.0000	0.0000	0.0000	0.3556	0.0000	0.0055
W:nh	0.0000	0.0000	0.0000	0.0000	0.0913	0.3955	0.1217	0.0304	0.0000	0.0000	0.0000	0.3556	0.0055
dead	0.0000	0.0000	0.0000	0.0000	0.0000	0.0000	0.0000	0.0000	0.0000	0.0000	0.0000	0.0000	1.0000

20-24歳	S:hS	S:hO	S:nh	M:hS	M:hC	M:hN	M:hO	M:nh	W:hS	W:hP	W:hO	W:nh	dead
S:hS	0.5045	0.0000	0.2857	0.0060	0.1070	0.0802	0.0022	0.0013	0.0107	0.0000	0.0000	0.0000	0.0026
S:hO	0.0000	0.7902	0.0000	0.0000	0.0000	0.0000	0.1966	0.0000	0.0000	0.0000	0.0107	0.0000	0.0026
S:nh	0.2330	0.0012	0.5560	0.0060	0.0805	0.0921	0.0026	0.0154	0.0012	0.0001	0.0005	0.0089	0.0026
M:hS	0.0000	0.0000	0.0000	0.9541	0.0000	0.0000	0.0000	0.0000	0.0438	0.0000	0.0000	0.0000	0.0022
M:hC	0.0000	0.0000	0.0000	0.0000	0.2120	0.7421	0.0000	0.0000	0.0438	0.0000	0.0000	0.0000	0.0022
M:hN	0.0000	0.0000	0.0000	0.0000	0.0000	0.9541	0.0000	0.0000	0.0219	0.0219	0.0000	0.0000	0.0022
M:hO	0.0000	0.0000	0.0000	0.0000	0.0000	0.0000	0.9541	0.0000	0.0000	0.0000	0.0438	0.0000	0.0022
M:nh	0.0000	0.0000	0.0000	0.0000	0.0000	0.0000	0.0000	0.9541	0.0000	0.0000	0.0000	0.0438	0.0022
W:hS	0.0000	0.0000	0.0000	0.0000	0.3869	0.2902	0.0645	0.0000	0.2515	0.0000	0.0000	0.0000	0.0069
W:hP	0.0000	0.0000	0.0000	0.0000	0.7416	0.0000	0.0000	0.0000	0.0000	0.2515	0.0000	0.0000	0.0069
W:hO	0.0000	0.0000	0.0000	0.0000	0.7416	0.0000	0.0000	0.0000	0.0000	0.0000	0.2515	0.0000	0.0069
W:nh	0.0000	0.0000	0.0000	0.0000	0.1059	0.4591	0.1413	0.0353	0.0000	0.0000	0.0000	0.2515	0.0069
dead	0.0000	0.0000	0.0000	0.0000	0.0000	0.0000	0.0000	0.0000	0.0000	0.0000	0.0000	0.0000	1.0000

25-29歳	S:hS	S:hO	S:nh	M:hS	M:hC	M:hN	M:hO	M:nh	W:hS	W:hP	W:hO	W:nh	dead
S:hS	0.5260	0.0000	0.1566	0.0078	0.1527	0.1339	0.0000	0.0110	0.0091	0.0000	0.0000	0.0000	0.0029
S:hO	0.0000	0.6825	0.0000	0.0000	0.0000	0.0000	0.3055	0.0000	0.0000	0.0000	0.0091	0.0000	0.0029
S:nh	0.1277	0.0006	0.5542	0.0078	0.1076	0.1478	0.0093	0.0330	0.0000	0.0000	0.0000	0.0091	0.0029
M:hS	0.0000	0.0000	0.0000	0.9548	0.0000	0.0000	0.0000	0.0000	0.0435	0.0000	0.0000	0.0000	0.0017
M:hC	0.0000	0.0000	0.0000	0.0000	0.2122	0.7426	0.0000	0.0000	0.0435	0.0000	0.0000	0.0000	0.0017
M:hN	0.0000	0.0000	0.0000	0.0000	0.0000	0.9548	0.0000	0.0000	0.0170	0.0083	0.0028	0.0154	0.0017
M:hO	0.0000	0.0000	0.0000	0.0000	0.0000	0.0000	0.9548	0.0000	0.0000	0.0000	0.0435	0.0000	0.0017
M:nh	0.0000	0.0000	0.0000	0.0000	0.0048	0.3225	0.0000	0.6276	0.0000	0.0000	0.0000	0.0435	0.0017
W:hS	0.0000	0.0000	0.0000	0.0000	0.4461	0.3346	0.0743	0.0000	0.1377	0.0000	0.0000	0.0000	0.0073
W:hP	0.0000	0.0000	0.0000	0.0000	0.8550	0.0000	0.0000	0.0000	0.0000	0.1377	0.0000	0.0000	0.0073
W:hO	0.0000	0.0000	0.0000	0.0000	0.8550	0.0000	0.0000	0.0000	0.0000	0.0000	0.1377	0.0000	0.0073
W:nh	0.0000	0.0000	0.0000	0.0000	0.1221	0.5293	0.1629	0.0407	0.0000	0.0000	0.0000	0.1377	0.0073
dead	0.0000	0.0000	0.0000	0.0000	0.0000	0.0000	0.0000	0.0000	0.0000	0.0000	0.0000	0.0000	1.0000

30-34歳	S:hS	S:hO	S:nh	M:hS	M:hC	M:hN	M:hO	M:nh	W:hS	W:hP	W:hO	W:nh	dead
S:hS	0.6082	0.0000	0.1527	0.0096	0.1312	0.0757	0.0000	0.0131	0.0055	0.0000	0.0000	0.0000	0.0042
S:hO	0.0000	0.7609	0.0000	0.0000	0.0000	0.0000	0.2295	0.0000	0.0000	0.0000	0.0055	0.0000	0.0042
S:nh	0.1205	0.0008	0.6396	0.0112	0.0996	0.0822	0.0074	0.0292	0.0000	0.0000	0.0000	0.0055	0.0042
M:hS	0.0000	0.0000	0.0000	0.9540	0.0000	0.0000	0.0000	0.0000	0.0443	0.0000	0.0000	0.0000	0.0018
M:hC	0.0000	0.0000	0.0000	0.0000	0.2412	0.7127	0.0000	0.0000	0.0443	0.0000	0.0000	0.0000	0.0018
M:hN	0.0000	0.0000	0.0000	0.0000	0.0000	0.9444	0.0096	0.0000	0.0192	0.0073	0.0012	0.0165	0.0018
M:hO	0.0000	0.0000	0.0000	0.0000	0.0000	0.1565	0.7974	0.0000	0.0000	0.0000	0.0443	0.0000	0.0018
M:nh	0.0000	0.0000	0.0000	0.0000	0.0757	0.0757	0.0757	0.7268	0.0000	0.0000	0.0000	0.0443	0.0018
W:hS	0.0000	0.0000	0.0000	0.0000	0.4511	0.3384	0.0752	0.0000	0.1261	0.0000	0.0000	0.0000	0.0092
W:hP	0.0000	0.0000	0.0000	0.0000	0.8647	0.0000	0.0000	0.0000	0.0000	0.1261	0.0000	0.0000	0.0092
W:hO	0.0000	0.0000	0.0000	0.0000	0.8647	0.0000	0.0000	0.0000	0.0000	0.0000	0.1261	0.0000	0.0092
W:nh	0.0000	0.0000	0.0000	0.0000	0.1235	0.5353	0.1647	0.0412	0.0000	0.0000	0.0000	0.1261	0.0092
dead	0.0000	0.0000	0.0000	0.0000	0.0000	0.0000	0.0000	0.0000	0.0000	0.0000	0.0000	0.0000	1.0000

35-39歳	S:hS	S:hO	S:nh	M:hS	M:hC	M:hN	M:hO	M:nh	W:hS	W:hP	W:hO	W:nh	dead
S:hS	0.7613	0.0000	0.0948	0.0000	0.0674	0.0591	0.0000	0.0083	0.0024	0.0000	0.0000	0.0000	0.0068
S:hO	0.0000	0.8561	0.0000	0.0000	0.0000	0.0000	0.1347	0.0000	0.0000	0.0000	0.0024	0.0000	0.0068
S:nh	0.0855	0.0019	0.7686	0.0000	0.0472	0.0652	0.0043	0.0180	0.0000	0.0000	0.0000	0.0024	0.0068
M:hS	0.0000	0.0000	0.0000	0.9543	0.0000	0.0000	0.0000	0.0000	0.0432	0.0000	0.0000	0.0000	0.0025
M:hC	0.0000	0.0000	0.0000	0.0000	0.4323	0.5106	0.0114	0.0000	0.0432	0.0000	0.0000	0.0000	0.0025
M:hN	0.0000	0.0000	0.0000	0.0243	0.0332	0.8798	0.0171	0.0000	0.0219	0.0079	0.0005	0.0130	0.0025
M:hO	0.0000	0.0000	0.0000	0.0000	0.0000	0.1527	0.8016	0.0000	0.0000	0.0000	0.0432	0.0000	0.0025
M:nh	0.0000	0.0000	0.0000	0.0000	0.0579	0.0579	0.0579	0.7807	0.0000	0.0000	0.0000	0.0432	0.0025
W:hS	0.0000	0.0000	0.0000	0.0000	0.3719	0.2789	0.0620	0.0000	0.2736	0.0000	0.0000	0.0000	0.0136
W:hP	0.0000	0.0000	0.0000	0.0000	0.7128	0.0000	0.0000	0.0000	0.0000	0.2736	0.0000	0.0000	0.0136
W:hO	0.0000	0.0000	0.0000	0.0000	0.7128	0.0000	0.0000	0.0000	0.0000	0.0000	0.2736	0.0000	0.0136
W:nh	0.0000	0.0000	0.0000	0.0000	0.1018	0.4413	0.1358	0.0339	0.0000	0.0000	0.0000	0.2736	0.0136
dead	0.0000	0.0000	0.0000	0.0000	0.0000	0.0000	0.0000	0.0000	0.0000	0.0000	0.0000	0.0000	1.0000

注）表側（左端）が2030年，表頭（上端）が2035年の配偶関係別世帯内地位をあらわす.

仮定値表 推移確率行列（続き）

2030～2035年：男

40-44歳	S:hS	S:hO	S:nh	M:hS	M:hC	M:hN	M:hO	M:nh	W:hS	W:hP	W:hO	W:nh	dead
S:hS	0.8240	0.0000	0.0882	0.0000	0.0379	0.0333	0.0000	0.0047	0.0007	0.0000	0.0000	0.0000	0.0113
S:hO	0.0000	0.9122	0.0000	0.0000	0.0000	0.0000	0.0759	0.0000	0.0000	0.0000	0.0007	0.0000	0.0113
S:nh	0.0965	0.0046	0.8111	0.0000	0.0266	0.0367	0.0024	0.0101	0.0000	0.0000	0.0000	0.0007	0.0113
M:hS	0.0000	0.0000	0.0000	0.9594	0.0000	0.0000	0.0000	0.0000	0.0367	0.0000	0.0000	0.0000	0.0039
M:hC	0.0000	0.0000	0.0000	0.0000	0.7048	0.2432	0.0114	0.0000	0.0367	0.0000	0.0000	0.0000	0.0039
M:hN	0.0000	0.0000	0.0000	0.0297	0.0282	0.8749	0.0266	0.0000	0.0212	0.0072	0.0000	0.0083	0.0039
M:hO	0.0000	0.0000	0.0000	0.0000	0.0533	0.0979	0.8083	0.0000	0.0000	0.0000	0.0341	0.0026	0.0039
M:nh	0.0000	0.0000	0.0000	0.0000	0.0614	0.0614	0.0614	0.7751	0.0000	0.0000	0.0000	0.0367	0.0039
W:hS	0.0000	0.0000	0.0000	0.0000	0.2272	0.1704	0.0379	0.0000	0.5427	0.0000	0.0000	0.0000	0.0219
W:hP	0.0000	0.0000	0.0000	0.0000	0.4354	0.0000	0.0000	0.0000	0.0000	0.5427	0.0000	0.0000	0.0219
W:hO	0.0000	0.0000	0.0000	0.0000	0.4354	0.0000	0.0000	0.0000	0.0000	0.0000	0.5427	0.0000	0.0219
W:nh	0.0000	0.0000	0.0000	0.0000	0.0622	0.2695	0.0829	0.0207	0.0000	0.0000	0.0000	0.5427	0.0219
dead	0.0000	0.0000	0.0000	0.0000	0.0000	0.0000	0.0000	0.0000	0.0000	0.0000	0.0000	0.0000	1.0000

45-49歳	S:hS	S:hO	S:nh	M:hS	M:hC	M:hN	M:hO	M:nh	W:hS	W:hP	W:hO	W:nh	dead
S:hS	0.8605	0.0000	0.0646	0.0000	0.0284	0.0249	0.0000	0.0035	0.0003	0.0000	0.0000	0.0000	0.0179
S:hO	0.0000	0.9250	0.0000	0.0000	0.0000	0.0000	0.0568	0.0000	0.0000	0.0000	0.0003	0.0000	0.0179
S:nh	0.1115	0.0098	0.8037	0.0000	0.0199	0.0275	0.0018	0.0076	0.0000	0.0000	0.0000	0.0003	0.0179
M:hS	0.0000	0.0000	0.0000	0.9615	0.0000	0.0000	0.0000	0.0000	0.0321	0.0000	0.0000	0.0000	0.0064
M:hC	0.0000	0.0000	0.0000	0.0000	0.9071	0.0429	0.0114	0.0000	0.0321	0.0000	0.0000	0.0000	0.0064
M:hN	0.0000	0.0000	0.0000	0.0219	0.0588	0.8442	0.0366	0.0000	0.0245	0.0058	0.0000	0.0018	0.0064
M:hO	0.0000	0.0000	0.0000	0.0000	0.0534	0.0355	0.8726	0.0000	0.0000	0.0000	0.0186	0.0135	0.0064
M:nh	0.0000	0.0000	0.0000	0.0000	0.1187	0.1187	0.1187	0.6054	0.0000	0.0000	0.0000	0.0321	0.0064
W:hS	0.0000	0.0000	0.0000	0.0000	0.1787	0.1340	0.0298	0.0000	0.6243	0.0000	0.0000	0.0000	0.0332
W:hP	0.0000	0.0000	0.0000	0.0000	0.3425	0.0000	0.0000	0.0000	0.0000	0.6243	0.0000	0.0000	0.0332
W:hO	0.0000	0.0000	0.0000	0.0000	0.3425	0.0000	0.0000	0.0000	0.0000	0.0000	0.6243	0.0000	0.0332
W:nh	0.0000	0.0000	0.0000	0.0000	0.0489	0.2120	0.0652	0.0163	0.0000	0.0000	0.0000	0.6243	0.0332
dead	0.0000	0.0000	0.0000	0.0000	0.0000	0.0000	0.0000	0.0000	0.0000	0.0000	0.0000	0.0000	1.0000

50-54歳	S:hS	S:hO	S:nh	M:hS	M:hC	M:hN	M:hO	M:nh	W:hS	W:hP	W:hO	W:nh	dead
S:hS	0.9261	0.0000	0.0000	0.0000	0.0225	0.0197	0.0000	0.0028	0.0001	0.0000	0.0000	0.0000	0.0289
S:hO	0.0000	0.9261	0.0000	0.0000	0.0000	0.0000	0.0449	0.0000	0.0000	0.0000	0.0001	0.0000	0.0289
S:nh	0.1828	0.0180	0.7253	0.0000	0.0157	0.0217	0.0014	0.0060	0.0000	0.0000	0.0000	0.0001	0.0289
M:hS	0.0000	0.0000	0.0000	0.9621	0.0000	0.0000	0.0000	0.0000	0.0274	0.0000	0.0000	0.0000	0.0105
M:hC	0.0000	0.0000	0.0000	0.0000	0.8915	0.0444	0.0262	0.0000	0.0274	0.0000	0.0000	0.0000	0.0105
M:hN	0.0000	0.0000	0.0000	0.0018	0.1605	0.7585	0.0412	0.0000	0.0228	0.0046	0.0000	0.0000	0.0105
M:hO	0.0000	0.0000	0.0000	0.0000	0.0535	0.0791	0.8296	0.0000	0.0190	0.0000	0.0081	0.0002	0.0105
M:nh	0.0000	0.0000	0.0000	0.0000	0.1621	0.1621	0.1621	0.4758	0.0000	0.0000	0.0000	0.0274	0.0105
W:hS	0.0000	0.0000	0.0000	0.0000	0.1155	0.0866	0.0192	0.0000	0.7309	0.0000	0.0000	0.0000	0.0478
W:hP	0.0000	0.0000	0.0000	0.0000	0.2213	0.0000	0.0000	0.0000	0.0000	0.7309	0.0000	0.0000	0.0478
W:hO	0.0000	0.0000	0.0000	0.0000	0.2213	0.0000	0.0000	0.0000	0.0000	0.0000	0.7309	0.0000	0.0478
W:nh	0.0000	0.0000	0.0000	0.0000	0.0316	0.1370	0.0422	0.0105	0.0000	0.0000	0.0000	0.7309	0.0478
dead	0.0000	0.0000	0.0000	0.0000	0.0000	0.0000	0.0000	0.0000	0.0000	0.0000	0.0000	0.0000	1.0000

55-59歳	S:hS	S:hO	S:nh	M:hS	M:hC	M:hN	M:hO	M:nh	W:hS	W:hP	W:hO	W:nh	dead
S:hS	0.9110	0.0000	0.0000	0.0000	0.0211	0.0185	0.0000	0.0026	0.0001	0.0000	0.0000	0.0000	0.0469
S:hO	0.0000	0.9110	0.0000	0.0000	0.0000	0.0000	0.0421	0.0000	0.0000	0.0000	0.0001	0.0000	0.0469
S:nh	0.2104	0.0291	0.6715	0.0000	0.0148	0.0204	0.0014	0.0056	0.0000	0.0000	0.0000	0.0001	0.0469
M:hS	0.0000	0.0000	0.0000	0.9560	0.0000	0.0000	0.0000	0.0000	0.0269	0.0000	0.0000	0.0000	0.0171
M:hC	0.0000	0.0000	0.0000	0.0000	0.9197	0.0102	0.0261	0.0000	0.0269	0.0000	0.0000	0.0000	0.0171
M:hN	0.0000	0.0000	0.0000	0.0000	0.2486	0.6852	0.0222	0.0000	0.0229	0.0040	0.0000	0.0000	0.0171
M:hO	0.0000	0.0000	0.0000	0.0000	0.0637	0.1389	0.7533	0.0000	0.0219	0.0000	0.0051	0.0000	0.0171
M:nh	0.0000	0.0000	0.0000	0.0000	0.0988	0.0988	0.0988	0.6594	0.0000	0.0000	0.0000	0.0269	0.0171
W:hS	0.0000	0.0000	0.0000	0.0000	0.0820	0.0615	0.0137	0.0000	0.7782	0.0000	0.0000	0.0000	0.0647
W:hP	0.0000	0.0000	0.0000	0.0000	0.1572	0.0000	0.0000	0.0000	0.0000	0.7782	0.0000	0.0000	0.0647
W:hO	0.0000	0.0000	0.0000	0.0000	0.1572	0.0000	0.0000	0.0000	0.0000	0.0000	0.7782	0.0000	0.0647
W:nh	0.0000	0.0000	0.0000	0.0000	0.0225	0.0973	0.0299	0.0075	0.0000	0.0000	0.0000	0.7782	0.0647
dead	0.0000	0.0000	0.0000	0.0000	0.0000	0.0000	0.0000	0.0000	0.0000	0.0000	0.0000	0.0000	1.0000

60-64歳	S:hS	S:hO	S:nh	M:hS	M:hC	M:hN	M:hO	M:nh	W:hS	W:hP	W:hO	W:nh	dead
S:hS	0.8817	0.0000	0.0000	0.0000	0.0222	0.0195	0.0000	0.0027	0.0000	0.0000	0.0000	0.0000	0.0739
S:hO	0.0000	0.8817	0.0000	0.0000	0.0000	0.0000	0.0444	0.0000	0.0000	0.0000	0.0000	0.0000	0.0739
S:nh	0.2112	0.0368	0.6336	0.0000	0.0155	0.0215	0.0014	0.0059	0.0000	0.0000	0.0000	0.0000	0.0739
M:hS	0.0000	0.0000	0.0000	0.9469	0.0000	0.0000	0.0000	0.0000	0.0241	0.0000	0.0000	0.0000	0.0290
M:hC	0.0000	0.0000	0.0000	0.0000	0.8651	0.0560	0.0258	0.0000	0.0241	0.0000	0.0000	0.0000	0.0290
M:hN	0.0000	0.0000	0.0000	0.0000	0.2836	0.6406	0.0227	0.0000	0.0187	0.0054	0.0000	0.0000	0.0290
M:hO	0.0000	0.0000	0.0000	0.0000	0.1769	0.1263	0.6438	0.0000	0.0202	0.0000	0.0039	0.0000	0.0290
M:nh	0.0000	0.0000	0.0000	0.0000	0.0766	0.0766	0.0766	0.7170	0.0000	0.0000	0.0000	0.0241	0.0290
W:hS	0.0000	0.0000	0.0000	0.0000	0.0534	0.0401	0.0089	0.0000	0.8072	0.0000	0.0000	0.0000	0.0904
W:hP	0.0000	0.0000	0.0000	0.0000	0.1024	0.0000	0.0000	0.0000	0.0000	0.8072	0.0000	0.0000	0.0904
W:hO	0.0000	0.0000	0.0000	0.0000	0.1024	0.0000	0.0000	0.0000	0.0000	0.0000	0.8072	0.0000	0.0904
W:nh	0.0000	0.0000	0.0000	0.0000	0.0146	0.0634	0.0195	0.0049	0.0000	0.0000	0.0000	0.8072	0.0904
dead	0.0000	0.0000	0.0000	0.0000	0.0000	0.0000	0.0000	0.0000	0.0000	0.0000	0.0000	0.0000	1.0000

注）表側(左端)が2030年，表頭(上端)が2035年の配偶関係別世帯内地位をあらわす.

仮定値表 推移確率行列（続き）

2030～2035年：男

65-69歳

	S:hS	S:hO	S:nh	M:hS	M:hC	M:hN	M:hO	M:nh	W:hS	W:hP	W:hO	W:nh	dead
S:hS	0.8383	0.0000	0.0000	0.0000	0.0240	0.0210	0.0000	0.0029	0.0000	0.0000	0.0000	0.0000	0.1137
S:hO	0.0000	0.8383	0.0000	0.0000	0.0000	0.0000	0.0479	0.0000	0.0000	0.0000	0.0000	0.0000	0.1137
S:nh	0.1360	0.0360	0.6664	0.0000	0.0168	0.0232	0.0015	0.0064	0.0000	0.0000	0.0000	0.0000	0.1137
M:hS	0.0000	0.0000	0.0000	0.9267	0.0000	0.0000	0.0000	0.0000	0.0247	0.0000	0.0000	0.0000	0.0485
M:hC	0.0000	0.0000	0.0000	0.0025	0.8597	0.0475	0.0170	0.0000	0.0247	0.0000	0.0000	0.0000	0.0485
M:hN	0.0000	0.0000	0.0000	0.0000	0.2631	0.6613	0.0024	0.0000	0.0127	0.0121	0.0000	0.0000	0.0485
M:hO	0.0000	0.0000	0.0000	0.0000	0.1324	0.1291	0.6568	0.0085	0.0163	0.0000	0.0084	0.0000	0.0485
M:nh	0.0000	0.0000	0.0000	0.0000	0.0542	0.0542	0.0542	0.7641	0.0000	0.0000	0.0000	0.0247	0.0485
W:hS	0.0000	0.0000	0.0000	0.0000	0.0338	0.0254	0.0056	0.0000	0.8071	0.0000	0.0000	0.0000	0.1281
W:hP	0.0000	0.0000	0.0000	0.0000	0.0648	0.0000	0.0000	0.0000	0.0000	0.8071	0.0000	0.0000	0.1281
W:hO	0.0000	0.0000	0.0000	0.0000	0.0648	0.0000	0.0000	0.0000	0.0000	0.0000	0.8071	0.0000	0.1281
W:nh	0.0000	0.0000	0.0000	0.0000	0.0093	0.0401	0.0123	0.0031	0.0000	0.0000	0.0000	0.8071	0.1281
dead	0.0000	0.0000	0.0000	0.0000	0.0000	0.0000	0.0000	0.0000	0.0000	0.0000	0.0000	0.0000	1.0000

70-74歳

	S:hS	S:hO	S:nh	M:hS	M:hC	M:hN	M:hO	M:nh	W:hS	W:hP	W:hO	W:nh	dead
S:hS	0.7923	0.0000	0.0000	0.0000	0.0162	0.0142	0.0000	0.0020	0.0000	0.0000	0.0000	0.0000	0.1753
S:hO	0.0000	0.7923	0.0000	0.0000	0.0000	0.0000	0.0324	0.0000	0.0000	0.0000	0.0000	0.0000	0.1753
S:nh	0.0565	0.0174	0.7184	0.0000	0.0113	0.0157	0.0010	0.0043	0.0000	0.0000	0.0000	0.0000	0.1753
M:hS	0.0000	0.0000	0.0000	0.8863	0.0000	0.0000	0.0000	0.0000	0.0318	0.0000	0.0000	0.0000	0.0818
M:hC	0.0000	0.0000	0.0000	0.0056	0.8215	0.0430	0.0162	0.0000	0.0318	0.0000	0.0000	0.0000	0.0818
M:hN	0.0000	0.0000	0.0000	0.0000	0.1920	0.6854	0.0090	0.0000	0.0069	0.0250	0.0000	0.0000	0.0818
M:hO	0.0000	0.0000	0.0000	0.0000	0.1266	0.0821	0.6626	0.0150	0.0071	0.0000	0.0186	0.0061	0.0818
M:nh	0.0000	0.0000	0.0000	0.0000	0.0518	0.0518	0.0518	0.7308	0.0000	0.0000	0.0000	0.0318	0.0818
W:hS	0.0000	0.0000	0.0000	0.0000	0.0282	0.0212	0.0047	0.0000	0.7675	0.0000	0.0000	0.0000	0.1783
W:hP	0.0000	0.0000	0.0000	0.0000	0.0541	0.0000	0.0000	0.0000	0.0000	0.7675	0.0000	0.0000	0.1783
W:hO	0.0000	0.0000	0.0000	0.0000	0.0541	0.0000	0.0000	0.0000	0.0000	0.0000	0.7675	0.0000	0.1783
W:nh	0.0000	0.0000	0.0000	0.0000	0.0077	0.0335	0.0103	0.0026	0.0000	0.0000	0.0000	0.7675	0.1783
dead	0.0000	0.0000	0.0000	0.0000	0.0000	0.0000	0.0000	0.0000	0.0000	0.0000	0.0000	0.0000	1.0000

75-79歳

	S:hS	S:hO	S:nh	M:hS	M:hC	M:hN	M:hO	M:nh	W:hS	W:hP	W:hO	W:nh	dead
S:hS	0.7318	0.0000	0.0000	0.0000	0.0002	0.0002	0.0000	0.0000	0.0000	0.0000	0.0000	0.0000	0.2677
S:hO	0.0207	0.7111	0.0000	0.0000	0.0000	0.0000	0.0004	0.0000	0.0000	0.0000	0.0000	0.0000	0.2677
S:nh	0.0084	0.0000	0.7234	0.0000	0.0001	0.0002	0.0000	0.0001	0.0000	0.0000	0.0000	0.0000	0.2677
M:hS	0.0000	0.0000	0.0000	0.8027	0.0000	0.0000	0.0000	0.0000	0.0472	0.0000	0.0000	0.0000	0.1501
M:hC	0.0000	0.0000	0.0000	0.0117	0.7409	0.0354	0.0147	0.0000	0.0472	0.0000	0.0000	0.0000	0.1501
M:hN	0.0000	0.0000	0.0000	0.0000	0.1325	0.6618	0.0084	0.0000	0.0012	0.0460	0.0000	0.0000	0.1501
M:hO	0.0000	0.0000	0.0000	0.0000	0.1070	0.0262	0.6493	0.0202	0.0000	0.0000	0.0361	0.0111	0.1501
M:nh	0.0000	0.0000	0.0000	0.0000	0.0469	0.0469	0.0469	0.6619	0.0000	0.0000	0.0000	0.0472	0.1501
W:hS	0.0000	0.0000	0.0000	0.0000	0.0282	0.0211	0.0047	0.0000	0.6639	0.0000	0.0000	0.0230	0.2591
W:hP	0.0000	0.0000	0.0000	0.0000	0.0540	0.0000	0.0000	0.0000	0.0000	0.6869	0.0000	0.0000	0.2591
W:hO	0.0000	0.0000	0.0000	0.0000	0.0540	0.0000	0.0000	0.0000	0.0000	0.0000	0.6869	0.0000	0.2591
W:nh	0.0000	0.0000	0.0000	0.0000	0.0077	0.0334	0.0103	0.0026	0.0000	0.0000	0.0000	0.6869	0.2591
dead	0.0000	0.0000	0.0000	0.0000	0.0000	0.0000	0.0000	0.0000	0.0000	0.0000	0.0000	0.0000	1.0000

80-84歳

	S:hS	S:hO	S:nh	M:hS	M:hC	M:hN	M:hO	M:nh	W:hS	W:hP	W:hO	W:nh	dead
S:hS	0.5951	0.0000	0.0089	0.0000	0.0000	0.0000	0.0000	0.0000	0.0000	0.0000	0.0000	0.0000	0.3961
S:hO	0.0000	0.6039	0.0000	0.0000	0.0000	0.0000	0.0000	0.0000	0.0000	0.0000	0.0000	0.0000	0.3961
S:nh	0.0000	0.0050	0.5989	0.0000	0.0000	0.0000	0.0000	0.0000	0.0000	0.0000	0.0000	0.0000	0.3961
M:hS	0.0000	0.0000	0.0000	0.6672	0.0000	0.0000	0.0000	0.0000	0.0568	0.0000	0.0000	0.0000	0.2760
M:hC	0.0000	0.0000	0.0000	0.0245	0.6056	0.0230	0.0141	0.0029	0.0568	0.0000	0.0000	0.0000	0.2760
M:hN	0.0000	0.0000	0.0000	0.0000	0.1139	0.5533	0.0000	0.0000	0.0000	0.0568	0.0000	0.0000	0.2760
M:hO	0.0000	0.0000	0.0000	0.0000	0.0202	0.0148	0.6322	0.0000	0.0000	0.0000	0.0287	0.0281	0.2760
M:nh	0.0000	0.0000	0.0000	0.0000	0.0390	0.0390	0.0390	0.5502	0.0000	0.0000	0.0000	0.0568	0.2760
W:hS	0.0000	0.0000	0.0000	0.0000	0.0010	0.0007	0.0002	0.0000	0.4239	0.1086	0.0000	0.0808	0.3848
W:hP	0.0000	0.0000	0.0000	0.0000	0.0018	0.0000	0.0000	0.0000	0.0000	0.6133	0.0000	0.0000	0.3848
W:hO	0.0000	0.0000	0.0000	0.0000	0.0018	0.0000	0.0000	0.0000	0.0000	0.0000	0.6133	0.0000	0.3848
W:nh	0.0000	0.0000	0.0000	0.0000	0.0003	0.0011	0.0003	0.0001	0.0000	0.0000	0.0000	0.6133	0.3848
dead	0.0000	0.0000	0.0000	0.0000	0.0000	0.0000	0.0000	0.0000	0.0000	0.0000	0.0000	0.0000	1.0000

85+歳

	S:hS	S:hO	S:nh	M:hS	M:hC	M:hN	M:hO	M:nh	W:hS	W:hP	W:hO	W:nh	dead
S:hS	0.3364	0.0000	0.0000	0.0000	0.0000	0.0000	0.0000	0.0000	0.0000	0.0000	0.0000	0.0000	0.6636
S:hO	0.0000	0.3364	0.0000	0.0000	0.0000	0.0000	0.0000	0.0000	0.0000	0.0000	0.0000	0.0000	0.6636
S:nh	0.0000	0.0050	0.3314	0.0000	0.0000	0.0000	0.0000	0.0000	0.0000	0.0000	0.0000	0.0000	0.6636
M:hS	0.0000	0.0000	0.0000	0.3685	0.0000	0.0000	0.0000	0.0000	0.1014	0.0000	0.0000	0.0000	0.5302
M:hC	0.0000	0.0000	0.0000	0.0000	0.3473	0.0127	0.0085	0.0000	0.1014	0.0000	0.0000	0.0000	0.5302
M:hN	0.0000	0.0000	0.0000	0.0000	0.0606	0.3079	0.0000	0.0000	0.0507	0.0507	0.0000	0.0000	0.5302
M:hO	0.0000	0.0000	0.0000	0.0000	0.0000	0.0035	0.3649	0.0000	0.0000	0.0000	0.1014	0.0000	0.5302
M:nh	0.0000	0.0000	0.0000	0.0000	0.0216	0.0216	0.0216	0.3038	0.0000	0.0000	0.0000	0.1014	0.5302
W:hS	0.0000	0.0000	0.0000	0.0000	0.0000	0.0000	0.0000	0.0000	0.3237	0.0000	0.0000	0.0000	0.6763
W:hP	0.0000	0.0000	0.0000	0.0000	0.0000	0.0000	0.0000	0.0000	0.0000	0.3237	0.0000	0.0000	0.6763
W:hO	0.0000	0.0000	0.0000	0.0000	0.0000	0.0000	0.0000	0.0000	0.0000	0.0000	0.3237	0.0000	0.6763
W:nh	0.0000	0.0000	0.0000	0.0000	0.0000	0.0000	0.0000	0.0000	0.0000	0.0000	0.0000	0.3237	0.6763
dead	0.0000	0.0000	0.0000	0.0000	0.0000	0.0000	0.0000	0.0000	0.0000	0.0000	0.0000	0.0000	1.0000

注) 表側(左端)が2030年，表頭(上端)が2035年の配偶関係別世帯内地位をあらわす.

仮定値表 推移確率行列（続き）

2035～2040年：男

15-19歳	S:hS	S:hO	S:nh	M:hS	M:hC	M:hN	M:hO	M:nh	W:hS	W:hP	W:hO	W:nh	dead
S:hS	0.2532	0.0000	0.7031	0.0000	0.0191	0.0167	0.0000	0.0023	0.0040	0.0000	0.0000	0.0000	0.0016
S:hO	0.0000	0.9562	0.0000	0.0000	0.0000	0.0000	0.0381	0.0000	0.0000	0.0000	0.0040	0.0000	0.0016
S:nh	0.3138	0.0035	0.6389	0.0014	0.0106	0.0176	0.0009	0.0076	0.0012	0.0001	0.0001	0.0026	0.0016
M:hS	0.0000	0.0000	0.0000	0.9545	0.0000	0.0000	0.0000	0.0000	0.0438	0.0000	0.0000	0.0000	0.0018
M:hC	0.0000	0.0000	0.0000	0.0000	0.2121	0.7424	0.0000	0.0000	0.0438	0.0000	0.0000	0.0000	0.0018
M:hN	0.0000	0.0000	0.0000	0.0000	0.0000	0.9545	0.0000	0.0000	0.0219	0.0219	0.0000	0.0000	0.0018
M:hO	0.0000	0.0000	0.0000	0.0000	0.0000	0.0000	0.9545	0.0000	0.0000	0.0000	0.0438	0.0000	0.0018
M:nh	0.0000	0.0000	0.0000	0.0000	0.0000	0.0000	0.0000	0.9545	0.0000	0.0000	0.0000	0.0438	0.0018
W:hS	0.0000	0.0000	0.0000	0.0000	0.3658	0.2743	0.0610	0.0000	0.2937	0.0000	0.0000	0.0000	0.0052
W:hP	0.0000	0.0000	0.0000	0.0000	0.7010	0.0000	0.0000	0.0000	0.0000	0.2937	0.0000	0.0000	0.0052
W:hO	0.0000	0.0000	0.0000	0.0000	0.7010	0.0000	0.0000	0.0000	0.0000	0.0000	0.2937	0.0000	0.0052
W:nh	0.0000	0.0000	0.0000	0.0000	0.1001	0.4340	0.1335	0.0334	0.0000	0.0000	0.0000	0.2937	0.0052
dead	0.0000	0.0000	0.0000	0.0000	0.0000	0.0000	0.0000	0.0000	0.0000	0.0000	0.0000	0.0000	1.0000

20-24歳	S:hS	S:hO	S:nh	M:hS	M:hC	M:hN	M:hO	M:nh	W:hS	W:hP	W:hO	W:nh	dead
S:hS	0.5066	0.0000	0.2869	0.0059	0.1053	0.0789	0.0022	0.0013	0.0105	0.0000	0.0000	0.0000	0.0025
S:hO	0.0000	0.7935	0.0000	0.0000	0.0000	0.0000	0.1935	0.0000	0.0000	0.0000	0.0105	0.0000	0.0025
S:nh	0.2340	0.0012	0.5583	0.0059	0.0793	0.0907	0.0025	0.0152	0.0012	0.0001	0.0005	0.0088	0.0025
M:hS	0.0000	0.0000	0.0000	0.9542	0.0000	0.0000	0.0000	0.0000	0.0438	0.0000	0.0000	0.0000	0.0021
M:hC	0.0000	0.0000	0.0000	0.0000	0.2120	0.7421	0.0000	0.0000	0.0438	0.0000	0.0000	0.0000	0.0021
M:hN	0.0000	0.0000	0.0000	0.0000	0.0000	0.9542	0.0000	0.0000	0.0219	0.0219	0.0000	0.0000	0.0021
M:hO	0.0000	0.0000	0.0000	0.0000	0.0000	0.0000	0.9542	0.0000	0.0000	0.0000	0.0438	0.0000	0.0021
M:nh	0.0000	0.0000	0.0000	0.0000	0.0000	0.0000	0.0000	0.9542	0.0000	0.0000	0.0000	0.0438	0.0021
W:hS	0.0000	0.0000	0.0000	0.0000	0.4245	0.3184	0.0708	0.0000	0.1796	0.0000	0.0000	0.0000	0.0067
W:hP	0.0000	0.0000	0.0000	0.0000	0.8136	0.0000	0.0000	0.0000	0.0000	0.1796	0.0000	0.0000	0.0067
W:hO	0.0000	0.0000	0.0000	0.0000	0.8136	0.0000	0.0000	0.0000	0.0000	0.0000	0.1796	0.0000	0.0067
W:nh	0.0000	0.0000	0.0000	0.0000	0.1162	0.5037	0.1550	0.0387	0.0000	0.0000	0.0000	0.1796	0.0067
dead	0.0000	0.0000	0.0000	0.0000	0.0000	0.0000	0.0000	0.0000	0.0000	0.0000	0.0000	0.0000	1.0000

25-29歳	S:hS	S:hO	S:nh	M:hS	M:hC	M:hN	M:hO	M:nh	W:hS	W:hP	W:hO	W:nh	dead
S:hS	0.5301	0.0000	0.1578	0.0077	0.1502	0.1317	0.0000	0.0108	0.0090	0.0000	0.0000	0.0000	0.0028
S:hO	0.0000	0.6879	0.0000	0.0000	0.0000	0.0000	0.3004	0.0000	0.0000	0.0000	0.0090	0.0000	0.0028
S:nh	0.1287	0.0006	0.5585	0.0077	0.1058	0.1454	0.0091	0.0324	0.0000	0.0000	0.0000	0.0090	0.0028
M:hS	0.0000	0.0000	0.0000	0.9549	0.0000	0.0000	0.0000	0.0000	0.0435	0.0000	0.0000	0.0000	0.0016
M:hC	0.0000	0.0000	0.0000	0.0000	0.2122	0.7427	0.0000	0.0000	0.0435	0.0000	0.0000	0.0000	0.0016
M:hN	0.0000	0.0000	0.0000	0.0000	0.0000	0.9549	0.0000	0.0000	0.0170	0.0083	0.0028	0.0154	0.0016
M:hO	0.0000	0.0000	0.0000	0.0000	0.0000	0.0000	0.9549	0.0000	0.0000	0.0000	0.0435	0.0000	0.0016
M:nh	0.0000	0.0000	0.0000	0.0000	0.0048	0.3225	0.0000	0.6276	0.0000	0.0000	0.0000	0.0435	0.0016
W:hS	0.0000	0.0000	0.0000	0.0000	0.4894	0.3671	0.0816	0.0000	0.0549	0.0000	0.0000	0.0000	0.0070
W:hP	0.0000	0.0000	0.0000	0.0000	0.9381	0.0000	0.0000	0.0000	0.0000	0.0549	0.0000	0.0000	0.0070
W:hO	0.0000	0.0000	0.0000	0.0000	0.9381	0.0000	0.0000	0.0000	0.0000	0.0000	0.0549	0.0000	0.0070
W:nh	0.0000	0.0000	0.0000	0.0000	0.1340	0.5807	0.1787	0.0447	0.0000	0.0000	0.0000	0.0549	0.0070
dead	0.0000	0.0000	0.0000	0.0000	0.0000	0.0000	0.0000	0.0000	0.0000	0.0000	0.0000	0.0000	1.0000

30-34歳	S:hS	S:hO	S:nh	M:hS	M:hC	M:hN	M:hO	M:nh	W:hS	W:hP	W:hO	W:nh	dead
S:hS	0.6098	0.0000	0.1531	0.0095	0.1301	0.0751	0.0000	0.0130	0.0055	0.0000	0.0000	0.0000	0.0040
S:hO	0.0000	0.7629	0.0000	0.0000	0.0000	0.0000	0.2277	0.0000	0.0000	0.0000	0.0055	0.0000	0.0040
S:nh	0.1208	0.0008	0.6413	0.0111	0.0988	0.0815	0.0073	0.0289	0.0000	0.0000	0.0000	0.0055	0.0040
M:hS	0.0000	0.0000	0.0000	0.9541	0.0000	0.0000	0.0000	0.0000	0.0442	0.0000	0.0000	0.0000	0.0017
M:hC	0.0000	0.0000	0.0000	0.0000	0.2413	0.7128	0.0000	0.0000	0.0442	0.0000	0.0000	0.0000	0.0017
M:hN	0.0000	0.0000	0.0000	0.0000	0.0000	0.9445	0.0096	0.0000	0.0192	0.0073	0.0012	0.0165	0.0017
M:hO	0.0000	0.0000	0.0000	0.0000	0.0000	0.1565	0.7975	0.0000	0.0000	0.0000	0.0442	0.0000	0.0017
M:nh	0.0000	0.0000	0.0000	0.0000	0.0757	0.0757	0.0757	0.7269	0.0000	0.0000	0.0000	0.0442	0.0017
W:hS	0.0000	0.0000	0.0000	0.0000	0.4950	0.3712	0.0825	0.0000	0.0424	0.0000	0.0000	0.0000	0.0089
W:hP	0.0000	0.0000	0.0000	0.0000	0.9487	0.0000	0.0000	0.0000	0.0000	0.0424	0.0000	0.0000	0.0089
W:hO	0.0000	0.0000	0.0000	0.0000	0.9487	0.0000	0.0000	0.0000	0.0000	0.0000	0.0424	0.0000	0.0089
W:nh	0.0000	0.0000	0.0000	0.0000	0.1355	0.5873	0.1807	0.0452	0.0000	0.0000	0.0000	0.0424	0.0089
dead	0.0000	0.0000	0.0000	0.0000	0.0000	0.0000	0.0000	0.0000	0.0000	0.0000	0.0000	0.0000	1.0000

35-39歳	S:hS	S:hO	S:nh	M:hS	M:hC	M:hN	M:hO	M:nh	W:hS	W:hP	W:hO	W:nh	dead
S:hS	0.7599	0.0000	0.0946	0.0000	0.0683	0.0599	0.0000	0.0084	0.0024	0.0000	0.0000	0.0000	0.0065
S:hO	0.0000	0.8544	0.0000	0.0000	0.0000	0.0000	0.1366	0.0000	0.0000	0.0000	0.0024	0.0000	0.0065
S:nh	0.0854	0.0019	0.7671	0.0000	0.0479	0.0661	0.0044	0.0183	0.0000	0.0000	0.0000	0.0024	0.0065
M:hS	0.0000	0.0000	0.0000	0.9545	0.0000	0.0000	0.0000	0.0000	0.0432	0.0000	0.0000	0.0000	0.0024
M:hC	0.0000	0.0000	0.0000	0.0000	0.4324	0.5107	0.0114	0.0000	0.0432	0.0000	0.0000	0.0000	0.0024
M:hN	0.0000	0.0000	0.0000	0.0243	0.0332	0.8799	0.0171	0.0000	0.0218	0.0079	0.0005	0.0130	0.0024
M:hO	0.0000	0.0000	0.0000	0.0000	0.0000	0.1527	0.8017	0.0000	0.0000	0.0000	0.0432	0.0000	0.0024
M:nh	0.0000	0.0000	0.0000	0.0000	0.0579	0.0579	0.0579	0.7808	0.0000	0.0000	0.0000	0.0432	0.0024
W:hS	0.0000	0.0000	0.0000	0.0000	0.4080	0.3060	0.0680	0.0000	0.2049	0.0000	0.0000	0.0000	0.0130
W:hP	0.0000	0.0000	0.0000	0.0000	0.7821	0.0000	0.0000	0.0000	0.0000	0.2049	0.0000	0.0000	0.0130
W:hO	0.0000	0.0000	0.0000	0.0000	0.7821	0.0000	0.0000	0.0000	0.0000	0.0000	0.2049	0.0000	0.0130
W:nh	0.0000	0.0000	0.0000	0.0000	0.1117	0.4841	0.1490	0.0372	0.0000	0.0000	0.0000	0.2049	0.0130
dead	0.0000	0.0000	0.0000	0.0000	0.0000	0.0000	0.0000	0.0000	0.0000	0.0000	0.0000	0.0000	1.0000

注）表側（左端）が2035年，表頭（上端）が2040年の配偶関係別世帯内地位をあらわす．

仮定値表 推移確率行列（続き）

2035～2040年：男

40-44歳	S:hS	S:h0	S:nh	M:hS	M:hC	M:hN	M:h0	M:nh	W:hS	W:hP	W:h0	W:nh	dead
S:hS	0.8248	0.0000	0.0883	0.0000	0.0378	0.0331	0.0000	0.0046	0.0007	0.0000	0.0000	0.0000	0.0107
S:h0	0.0000	0.9131	0.0000	0.0000	0.0000	0.0000	0.0755	0.0000	0.0000	0.0000	0.0007	0.0000	0.0107
S:nh	0.0966	0.0046	0.8119	0.0000	0.0265	0.0365	0.0024	0.0101	0.0000	0.0000	0.0000	0.0007	0.0107
M:hS	0.0000	0.0000	0.0000	0.9597	0.0000	0.0000	0.0000	0.0000	0.0366	0.0000	0.0000	0.0000	0.0037
M:hC	0.0000	0.0000	0.0000	0.0000	0.7050	0.2433	0.0114	0.0000	0.0366	0.0000	0.0000	0.0000	0.0037
M:hN	0.0000	0.0000	0.0000	0.0297	0.0282	0.8752	0.0266	0.0000	0.0211	0.0072	0.0000	0.0083	0.0037
M:h0	0.0000	0.0000	0.0000	0.0000	0.0533	0.0979	0.8085	0.0000	0.0000	0.0000	0.0340	0.0026	0.0037
M:nh	0.0000	0.0000	0.0000	0.0000	0.0615	0.0615	0.0615	0.7753	0.0000	0.0000	0.0000	0.0366	0.0037
W:hS	0.0000	0.0000	0.0000	0.0000	0.2492	0.1869	0.0415	0.0000	0.5015	0.0000	0.0000	0.0000	0.0208
W:hP	0.0000	0.0000	0.0000	0.0000	0.4777	0.0000	0.0000	0.0000	0.0000	0.5015	0.0000	0.0000	0.0208
W:h0	0.0000	0.0000	0.0000	0.0000	0.4777	0.0000	0.0000	0.0000	0.0000	0.0000	0.5015	0.0000	0.0208
W:nh	0.0000	0.0000	0.0000	0.0000	0.0682	0.2957	0.0910	0.0227	0.0000	0.0000	0.0000	0.5015	0.0208
dead	0.0000	0.0000	0.0000	0.0000	0.0000	0.0000	0.0000	0.0000	0.0000	0.0000	0.0000	0.0000	1.0000

45-49歳	S:hS	S:h0	S:nh	M:hS	M:hC	M:hN	M:h0	M:nh	W:hS	W:hP	W:h0	W:nh	dead
S:hS	0.8620	0.0000	0.0647	0.0000	0.0280	0.0245	0.0000	0.0034	0.0003	0.0000	0.0000	0.0000	0.0171
S:h0	0.0000	0.9267	0.0000	0.0000	0.0000	0.0000	0.0560	0.0000	0.0000	0.0000	0.0003	0.0000	0.0171
S:nh	0.1117	0.0098	0.8051	0.0000	0.0196	0.0271	0.0018	0.0075	0.0000	0.0000	0.0000	0.0003	0.0171
M:hS	0.0000	0.0000	0.0000	0.9619	0.0000	0.0000	0.0000	0.0000	0.0320	0.0000	0.0000	0.0000	0.0061
M:hC	0.0000	0.0000	0.0000	0.0000	0.9075	0.0429	0.0115	0.0000	0.0320	0.0000	0.0000	0.0000	0.0061
M:hN	0.0000	0.0000	0.0000	0.0219	0.0588	0.8446	0.0366	0.0000	0.0244	0.0058	0.0000	0.0018	0.0061
M:h0	0.0000	0.0000	0.0000	0.0000	0.0534	0.0355	0.8730	0.0000	0.0000	0.0000	0.0185	0.0135	0.0061
M:nh	0.0000	0.0000	0.0000	0.0000	0.1187	0.1187	0.1187	0.6057	0.0000	0.0000	0.0000	0.0320	0.0061
W:hS	0.0000	0.0000	0.0000	0.0000	0.1961	0.1470	0.0327	0.0000	0.5924	0.0000	0.0000	0.0000	0.0318
W:hP	0.0000	0.0000	0.0000	0.0000	0.3758	0.0000	0.0000	0.0000	0.0000	0.5924	0.0000	0.0000	0.0318
W:h0	0.0000	0.0000	0.0000	0.0000	0.3758	0.0000	0.0000	0.0000	0.0000	0.0000	0.5924	0.0000	0.0318
W:nh	0.0000	0.0000	0.0000	0.0000	0.0537	0.2326	0.0716	0.0179	0.0000	0.0000	0.0000	0.5924	0.0318
dead	0.0000	0.0000	0.0000	0.0000	0.0000	0.0000	0.0000	0.0000	0.0000	0.0000	0.0000	0.0000	1.0000

50-54歳	S:hS	S:h0	S:nh	M:hS	M:hC	M:hN	M:h0	M:nh	W:hS	W:hP	W:h0	W:nh	dead
S:hS	0.9281	0.0000	0.0000	0.0000	0.0221	0.0194	0.0000	0.0027	0.0001	0.0000	0.0000	0.0000	0.0276
S:h0	0.0000	0.9281	0.0000	0.0000	0.0000	0.0000	0.0442	0.0000	0.0000	0.0000	0.0001	0.0000	0.0276
S:nh	0.1832	0.0180	0.7269	0.0000	0.0155	0.0214	0.0014	0.0059	0.0000	0.0000	0.0000	0.0001	0.0276
M:hS	0.0000	0.0000	0.0000	0.9629	0.0000	0.0000	0.0000	0.0000	0.0271	0.0000	0.0000	0.0000	0.0100
M:hC	0.0000	0.0000	0.0000	0.0000	0.8922	0.0444	0.0263	0.0000	0.0271	0.0000	0.0000	0.0000	0.0100
M:hN	0.0000	0.0000	0.0000	0.0018	0.1607	0.7591	0.0413	0.0000	0.0226	0.0045	0.0000	0.0000	0.0100
M:h0	0.0000	0.0000	0.0000	0.0000	0.0535	0.0792	0.8302	0.0000	0.0188	0.0000	0.0080	0.0002	0.0100
M:nh	0.0000	0.0000	0.0000	0.0000	0.1622	0.1622	0.1622	0.4762	0.0000	0.0000	0.0000	0.0271	0.0100
W:hS	0.0000	0.0000	0.0000	0.0000	0.1267	0.0950	0.0211	0.0000	0.7115	0.0000	0.0000	0.0000	0.0456
W:hP	0.0000	0.0000	0.0000	0.0000	0.2428	0.0000	0.0000	0.0000	0.0000	0.7115	0.0000	0.0000	0.0456
W:h0	0.0000	0.0000	0.0000	0.0000	0.2428	0.0000	0.0000	0.0000	0.0000	0.0000	0.7115	0.0000	0.0456
W:nh	0.0000	0.0000	0.0000	0.0000	0.0347	0.1503	0.0463	0.0116	0.0000	0.0000	0.0000	0.7115	0.0456
dead	0.0000	0.0000	0.0000	0.0000	0.0000	0.0000	0.0000	0.0000	0.0000	0.0000	0.0000	0.0000	1.0000

55-59歳	S:hS	S:h0	S:nh	M:hS	M:hC	M:hN	M:h0	M:nh	W:hS	W:hP	W:h0	W:nh	dead
S:hS	0.9134	0.0000	0.0000	0.0000	0.0207	0.0182	0.0000	0.0026	0.0001	0.0000	0.0000	0.0000	0.0451
S:h0	0.0000	0.9134	0.0000	0.0000	0.0000	0.0000	0.0415	0.0000	0.0000	0.0000	0.0001	0.0000	0.0451
S:nh	0.2110	0.0291	0.6733	0.0000	0.0145	0.0201	0.0013	0.0055	0.0000	0.0000	0.0000	0.0001	0.0451
M:hS	0.0000	0.0000	0.0000	0.9570	0.0000	0.0000	0.0000	0.0000	0.0265	0.0000	0.0000	0.0000	0.0165
M:hC	0.0000	0.0000	0.0000	0.0000	0.9207	0.0102	0.0261	0.0000	0.0265	0.0000	0.0000	0.0000	0.0165
M:hN	0.0000	0.0000	0.0000	0.0000	0.2489	0.6859	0.0222	0.0000	0.0226	0.0039	0.0000	0.0000	0.0165
M:h0	0.0000	0.0000	0.0000	0.0000	0.0638	0.1391	0.7542	0.0000	0.0215	0.0000	0.0050	0.0000	0.0165
M:nh	0.0000	0.0000	0.0000	0.0000	0.0990	0.0990	0.0990	0.6602	0.0000	0.0000	0.0000	0.0265	0.0165
W:hS	0.0000	0.0000	0.0000	0.0000	0.0899	0.0674	0.0150	0.0000	0.7654	0.0000	0.0000	0.0000	0.0622
W:hP	0.0000	0.0000	0.0000	0.0000	0.1724	0.0000	0.0000	0.0000	0.0000	0.7654	0.0000	0.0000	0.0622
W:h0	0.0000	0.0000	0.0000	0.0000	0.1724	0.0000	0.0000	0.0000	0.0000	0.0000	0.7654	0.0000	0.0622
W:nh	0.0000	0.0000	0.0000	0.0000	0.0246	0.1067	0.0328	0.0082	0.0000	0.0000	0.0000	0.7654	0.0622
dead	0.0000	0.0000	0.0000	0.0000	0.0000	0.0000	0.0000	0.0000	0.0000	0.0000	0.0000	0.0000	1.0000

60-64歳	S:hS	S:h0	S:nh	M:hS	M:hC	M:hN	M:h0	M:nh	W:hS	W:hP	W:h0	W:nh	dead
S:hS	0.8849	0.0000	0.0000	0.0000	0.0218	0.0191	0.0000	0.0027	0.0000	0.0000	0.0000	0.0000	0.0714
S:h0	0.0000	0.8849	0.0000	0.0000	0.0000	0.0000	0.0437	0.0000	0.0000	0.0000	0.0000	0.0000	0.0714
S:nh	0.2120	0.0370	0.6359	0.0000	0.0153	0.0211	0.0014	0.0058	0.0000	0.0000	0.0000	0.0000	0.0714
M:hS	0.0000	0.0000	0.0000	0.9486	0.0000	0.0000	0.0000	0.0000	0.0234	0.0000	0.0000	0.0000	0.0280
M:hC	0.0000	0.0000	0.0000	0.0000	0.8667	0.0561	0.0259	0.0000	0.0234	0.0000	0.0000	0.0000	0.0280
M:hN	0.0000	0.0000	0.0000	0.0000	0.2841	0.6418	0.0227	0.0000	0.0182	0.0052	0.0000	0.0000	0.0280
M:h0	0.0000	0.0000	0.0000	0.0000	0.1772	0.1265	0.6449	0.0000	0.0196	0.0000	0.0038	0.0000	0.0280
M:nh	0.0000	0.0000	0.0000	0.0000	0.0768	0.0768	0.0768	0.7183	0.0000	0.0000	0.0000	0.0234	0.0280
W:hS	0.0000	0.0000	0.0000	0.0000	0.0586	0.0439	0.0098	0.0000	0.8004	0.0000	0.0000	0.0000	0.0873
W:hP	0.0000	0.0000	0.0000	0.0000	0.1123	0.0000	0.0000	0.0000	0.0000	0.8004	0.0000	0.0000	0.0873
W:h0	0.0000	0.0000	0.0000	0.0000	0.1123	0.0000	0.0000	0.0000	0.0000	0.0000	0.8004	0.0000	0.0873
W:nh	0.0000	0.0000	0.0000	0.0000	0.0160	0.0695	0.0214	0.0053	0.0000	0.0000	0.0000	0.8004	0.0873
dead	0.0000	0.0000	0.0000	0.0000	0.0000	0.0000	0.0000	0.0000	0.0000	0.0000	0.0000	0.0000	1.0000

注）表側(左端)が2035年，表頭(上端)が2040年の配偶関係別世帯内地位をあらわす．

仮定値表 推移確率行列（続き）

2035～2040年：男

65-69歳	S:hS	S:hO	S:nh	M:hS	M:hC	M:hN	M:hO	M:nh	W:hS	W:hP	W:hO	W:nh	dead
S:hS	0.8450	0.0000	0.0000	0.0000	0.0236	0.0207	0.0000	0.0029	0.0000	0.0000	0.0000	0.0000	0.1078
S:hO	0.0000	0.8450	0.0000	0.0000	0.0000	0.0000	0.0472	0.0000	0.0000	0.0000	0.0000	0.0000	0.1078
S:nh	0.1371	0.0363	0.6716	0.0000	0.0165	0.0228	0.0015	0.0063	0.0000	0.0000	0.0000	0.0000	0.1078
M:hS	0.0000	0.0000	0.0000	0.9302	0.0000	0.0000	0.0000	0.0000	0.0238	0.0000	0.0000	0.0000	0.0460
M:hC	0.0000	0.0000	0.0000	0.0025	0.8630	0.0477	0.0170	0.0000	0.0238	0.0000	0.0000	0.0000	0.0460
M:hN	0.0000	0.0000	0.0000	0.0000	0.2641	0.6638	0.0024	0.0000	0.0122	0.0116	0.0000	0.0000	0.0460
M:hO	0.0000	0.0000	0.0000	0.0000	0.1329	0.1295	0.6592	0.0085	0.0157	0.0000	0.0081	0.0000	0.0460
M:nh	0.0000	0.0000	0.0000	0.0000	0.0544	0.0544	0.0544	0.7670	0.0000	0.0000	0.0000	0.0238	0.0460
W:hS	0.0000	0.0000	0.0000	0.0000	0.0371	0.0278	0.0062	0.0000	0.8075	0.0000	0.0000	0.0000	0.1214
W:hP	0.0000	0.0000	0.0000	0.0000	0.0711	0.0000	0.0000	0.0000	0.0000	0.8075	0.0000	0.0000	0.1214
W:hO	0.0000	0.0000	0.0000	0.0000	0.0711	0.0000	0.0000	0.0000	0.0000	0.0000	0.8075	0.0000	0.1214
W:nh	0.0000	0.0000	0.0000	0.0000	0.0102	0.0440	0.0135	0.0034	0.0000	0.0000	0.0000	0.8075	0.1214
dead	0.0000	0.0000	0.0000	0.0000	0.0000	0.0000	0.0000	0.0000	0.0000	0.0000	0.0000	0.0000	1.0000

70-74歳	S:hS	S:hO	S:nh	M:hS	M:hC	M:hN	M:hO	M:nh	W:hS	W:hP	W:hO	W:nh	dead
S:hS	0.8020	0.0000	0.0000	0.0000	0.0159	0.0140	0.0000	0.0020	0.0000	0.0000	0.0000	0.0000	0.1661
S:hO	0.0000	0.8020	0.0000	0.0000	0.0000	0.0000	0.0319	0.0000	0.0000	0.0000	0.0000	0.0000	0.1661
S:nh	0.0572	0.0176	0.7272	0.0000	0.0112	0.0154	0.0010	0.0043	0.0000	0.0000	0.0000	0.0000	0.1661
M:hS	0.0000	0.0000	0.0000	0.8920	0.0000	0.0000	0.0000	0.0000	0.0304	0.0000	0.0000	0.0000	0.0775
M:hC	0.0000	0.0000	0.0000	0.0056	0.8268	0.0432	0.0163	0.0000	0.0304	0.0000	0.0000	0.0000	0.0775
M:hN	0.0000	0.0000	0.0000	0.0000	0.1932	0.6898	0.0090	0.0000	0.0066	0.0238	0.0000	0.0000	0.0775
M:hO	0.0000	0.0000	0.0000	0.0000	0.1274	0.0826	0.6668	0.0151	0.0068	0.0000	0.0178	0.0058	0.0775
M:nh	0.0000	0.0000	0.0000	0.0000	0.0522	0.0522	0.0522	0.7355	0.0000	0.0000	0.0000	0.0304	0.0775
W:hS	0.0000	0.0000	0.0000	0.0000	0.0310	0.0232	0.0052	0.0000	0.7716	0.0000	0.0000	0.0000	0.1690
W:hP	0.0000	0.0000	0.0000	0.0000	0.0594	0.0000	0.0000	0.0000	0.0000	0.7716	0.0000	0.0000	0.1690
W:hO	0.0000	0.0000	0.0000	0.0000	0.0594	0.0000	0.0000	0.0000	0.0000	0.0000	0.7716	0.0000	0.1690
W:nh	0.0000	0.0000	0.0000	0.0000	0.0085	0.0368	0.0113	0.0028	0.0000	0.0000	0.0000	0.7716	0.1690
dead	0.0000	0.0000	0.0000	0.0000	0.0000	0.0000	0.0000	0.0000	0.0000	0.0000	0.0000	0.0000	1.0000

75-79歳	S:hS	S:hO	S:nh	M:hS	M:hC	M:hN	M:hO	M:nh	W:hS	W:hP	W:hO	W:nh	dead
S:hS	0.7445	0.0000	0.0000	0.0000	0.0002	0.0002	0.0000	0.0000	0.0000	0.0000	0.0000	0.0000	0.2550
S:hO	0.0211	0.7234	0.0000	0.0000	0.0000	0.0000	0.0004	0.0000	0.0000	0.0000	0.0000	0.0000	0.2550
S:nh	0.0086	0.0000	0.7359	0.0000	0.0001	0.0002	0.0000	0.0001	0.0000	0.0000	0.0000	0.0000	0.2550
M:hS	0.0000	0.0000	0.0000	0.8123	0.0000	0.0000	0.0000	0.0000	0.0447	0.0000	0.0000	0.0000	0.1430
M:hC	0.0000	0.0000	0.0000	0.0118	0.7497	0.0358	0.0149	0.0000	0.0447	0.0000	0.0000	0.0000	0.1430
M:hN	0.0000	0.0000	0.0000	0.0000	0.1341	0.6696	0.0085	0.0000	0.0011	0.0436	0.0000	0.0000	0.1430
M:hO	0.0000	0.0000	0.0000	0.0000	0.1083	0.0265	0.6570	0.0204	0.0000	0.0000	0.0342	0.0105	0.1430
M:nh	0.0000	0.0000	0.0000	0.0000	0.0475	0.0475	0.0475	0.6697	0.0000	0.0000	0.0000	0.0447	0.1430
W:hS	0.0000	0.0000	0.0000	0.0000	0.0309	0.0232	0.0052	0.0000	0.6707	0.0000	0.0000	0.0233	0.2468
W:hP	0.0000	0.0000	0.0000	0.0000	0.0593	0.0000	0.0000	0.0000	0.0000	0.6940	0.0000	0.0000	0.2468
W:hO	0.0000	0.0000	0.0000	0.0000	0.0593	0.0000	0.0000	0.0000	0.0000	0.0000	0.6940	0.0000	0.2468
W:nh	0.0000	0.0000	0.0000	0.0000	0.0085	0.0367	0.0113	0.0028	0.0000	0.0000	0.0000	0.6940	0.2468
dead	0.0000	0.0000	0.0000	0.0000	0.0000	0.0000	0.0000	0.0000	0.0000	0.0000	0.0000	0.0000	1.0000

80-84歳	S:hS	S:hO	S:nh	M:hS	M:hC	M:hN	M:hO	M:nh	W:hS	W:hP	W:hO	W:nh	dead
S:hS	0.6120	0.0000	0.0091	0.0000	0.0000	0.0000	0.0000	0.0000	0.0000	0.0000	0.0000	0.0000	0.3789
S:hO	0.0000	0.6211	0.0000	0.0000	0.0000	0.0000	0.0000	0.0000	0.0000	0.0000	0.0000	0.0000	0.3789
S:nh	0.0000	0.0051	0.6159	0.0000	0.0000	0.0000	0.0000	0.0000	0.0000	0.0000	0.0000	0.0000	0.3789
M:hS	0.0000	0.0000	0.0000	0.6823	0.0000	0.0000	0.0000	0.0000	0.0537	0.0000	0.0000	0.0000	0.2640
M:hC	0.0000	0.0000	0.0000	0.0251	0.6193	0.0235	0.0145	0.0000	0.0537	0.0000	0.0000	0.0000	0.2640
M:hN	0.0000	0.0000	0.0000	0.0000	0.1165	0.5658	0.0000	0.0000	0.0000	0.0537	0.0000	0.0000	0.2640
M:hO	0.0000	0.0000	0.0000	0.0000	0.0207	0.0152	0.6465	0.0000	0.0000	0.0000	0.0272	0.0265	0.2640
M:nh	0.0000	0.0000	0.0000	0.0000	0.0399	0.0399	0.0399	0.5626	0.0000	0.0000	0.0000	0.0537	0.2640
W:hS	0.0000	0.0000	0.0000	0.0000	0.0010	0.0008	0.0002	0.0000	0.4353	0.1116	0.0000	0.0830	0.3681
W:hP	0.0000	0.0000	0.0000	0.0000	0.0020	0.0000	0.0000	0.0000	0.0000	0.6298	0.0000	0.0000	0.3681
W:hO	0.0000	0.0000	0.0000	0.0000	0.0020	0.0000	0.0000	0.0000	0.0000	0.0000	0.6298	0.0000	0.3681
W:nh	0.0000	0.0000	0.0000	0.0000	0.0003	0.0012	0.0004	0.0001	0.0000	0.0000	0.0000	0.6298	0.3681
dead	0.0000	0.0000	0.0000	0.0000	0.0000	0.0000	0.0000	0.0000	0.0000	0.0000	0.0000	0.0000	1.0000

85+歳	S:hS	S:hO	S:nh	M:hS	M:hC	M:hN	M:hO	M:nh	W:hS	W:hP	W:hO	W:nh	dead
S:hS	0.3473	0.0000	0.0000	0.0000	0.0000	0.0000	0.0000	0.0000	0.0000	0.0000	0.0000	0.0000	0.6527
S:hO	0.0000	0.3473	0.0000	0.0000	0.0000	0.0000	0.0000	0.0000	0.0000	0.0000	0.0000	0.0000	0.6527
S:nh	0.0000	0.0051	0.3421	0.0000	0.0000	0.0000	0.0000	0.0000	0.0000	0.0000	0.0000	0.0000	0.6527
M:hS	0.0000	0.0000	0.0000	0.3790	0.0000	0.0000	0.0000	0.0000	0.0996	0.0000	0.0000	0.0000	0.5214
M:hC	0.0000	0.0000	0.0000	0.0000	0.3572	0.0131	0.0087	0.0000	0.0996	0.0000	0.0000	0.0000	0.5214
M:hN	0.0000	0.0000	0.0000	0.0000	0.0623	0.3167	0.0000	0.0000	0.0498	0.0498	0.0000	0.0000	0.5214
M:hO	0.0000	0.0000	0.0000	0.0000	0.0000	0.0036	0.3753	0.0000	0.0000	0.0000	0.0996	0.0000	0.5214
M:nh	0.0000	0.0000	0.0000	0.0000	0.0222	0.0222	0.0222	0.3125	0.0000	0.0000	0.0000	0.0996	0.5214
W:hS	0.0000	0.0000	0.0000	0.0000	0.0000	0.0000	0.0000	0.0000	0.3348	0.0000	0.0000	0.0000	0.6652
W:hP	0.0000	0.0000	0.0000	0.0000	0.0000	0.0000	0.0000	0.0000	0.0000	0.3348	0.0000	0.0000	0.6652
W:hO	0.0000	0.0000	0.0000	0.0000	0.0000	0.0000	0.0000	0.0000	0.0000	0.0000	0.3348	0.0000	0.6652
W:nh	0.0000	0.0000	0.0000	0.0000	0.0000	0.0000	0.0000	0.0000	0.0000	0.0000	0.0000	0.3348	0.6652
dead	0.0000	0.0000	0.0000	0.0000	0.0000	0.0000	0.0000	0.0000	0.0000	0.0000	0.0000	0.0000	1.0000

注）表側(左端)が2035年，表頭(上端)が2040年の配偶関係別世帯内地位をあらわす.

仮定値表 推移確率行列（続き）

2015～2020年：女

15-19歳	S:hS	S:h0	S:nh	M:hS	M:hP	M:sp	M:nh	W:hS	W:hP	W:h0	W:nh	dead
S:hS	0.1046	0.0000	0.8073	0.0000	0.0000	0.0766	0.0055	0.0051	0.0000	0.0000	0.0000	0.0008
S:h0	0.0000	0.9119	0.0000	0.0000	0.0000	0.0821	0.0000	0.0000	0.0000	0.0051	0.0000	0.0008
S:nh	0.2416	0.0052	0.6651	0.0014	0.0016	0.0637	0.0155	0.0000	0.0022	0.0002	0.0027	0.0008
M:hS	0.0000	0.0000	0.0000	0.6202	0.0000	0.0000	0.0000	0.3788	0.0000	0.0000	0.0000	0.0011
M:hP	0.0000	0.0000	0.0000	0.0000	0.6202	0.0000	0.0000	0.0000	0.3788	0.0000	0.0000	0.0011
M:sp	0.0000	0.0000	0.0000	0.0000	0.0000	0.6202	0.0000	0.0631	0.2525	0.0000	0.0631	0.0011
M:nh	0.0000	0.0000	0.0000	0.0000	0.0000	0.2255	0.3947	0.0000	0.0000	0.0000	0.3788	0.0011
W:hS	0.0000	0.0000	0.0000	0.0000	0.0000	0.4326	0.0000	0.0000	0.0000	0.0000	0.5635	0.0040
W:hP	0.0000	0.0000	0.0000	0.0000	0.0000	0.4326	0.0000	0.0000	0.5635	0.0000	0.0000	0.0040
W:h0	0.0000	0.0000	0.0000	0.0000	0.0000	0.4326	0.0000	0.0563	0.0563	0.3944	0.0563	0.0040
W:nh	0.0000	0.0000	0.0000	0.0000	0.0000	0.4326	0.0000	0.0000	0.0000	0.0000	0.5635	0.0040
dead	0.0000	0.0000	0.0000	0.0000	0.0000	0.0000	0.0000	0.0000	0.0000	0.0000	0.0000	1.0000

20-24歳	S:hS	S:h0	S:nh	M:hS	M:hP	M:sp	M:nh	W:hS	W:hP	W:h0	W:nh	dead
S:hS	0.2244	0.0000	0.4645	0.0000	0.0000	0.2765	0.0200	0.0048	0.0087	0.0000	0.0000	0.0012
S:h0	0.0000	0.6888	0.0000	0.0000	0.0000	0.2965	0.0000	0.0000	0.0000	0.0135	0.0000	0.0012
S:nh	0.2163	0.0006	0.4719	0.0082	0.0055	0.2546	0.0282	0.0000	0.0055	0.0008	0.0072	0.0012
M:hS	0.0000	0.0000	0.0000	0.7552	0.0000	0.0000	0.0000	0.2439	0.0000	0.0000	0.0000	0.0009
M:hP	0.0000	0.0000	0.0000	0.0000	0.7552	0.0000	0.0000	0.0000	0.2439	0.0000	0.0000	0.0009
M:sp	0.0000	0.0000	0.0000	0.0000	0.0000	0.7552	0.0000	0.0407	0.1626	0.0000	0.0407	0.0009
M:nh	0.0000	0.0000	0.0000	0.0000	0.0000	0.2746	0.4806	0.0000	0.0000	0.0000	0.2439	0.0009
W:hS	0.0000	0.0000	0.0000	0.0000	0.0000	0.4953	0.0000	0.0000	0.0000	0.0000	0.5014	0.0032
W:hP	0.0000	0.0000	0.0000	0.0000	0.0000	0.4953	0.0000	0.0000	0.5014	0.0000	0.0000	0.0032
W:h0	0.0000	0.0000	0.0000	0.0000	0.0000	0.4953	0.0000	0.0501	0.0501	0.3510	0.0501	0.0032
W:nh	0.0000	0.0000	0.0000	0.0000	0.0000	0.4953	0.0000	0.0000	0.0000	0.0000	0.5014	0.0032
dead	0.0000	0.0000	0.0000	0.0000	0.0000	0.0000	0.0000	0.0000	0.0000	0.0000	0.0000	1.0000

25-29歳	S:hS	S:h0	S:nh	M:hS	M:hP	M:sp	M:nh	W:hS	W:hP	W:h0	W:nh	dead
S:hS	0.3118	0.0000	0.2486	0.0000	0.0000	0.3923	0.0283	0.0089	0.0084	0.0000	0.0000	0.0017
S:h0	0.0783	0.4820	0.0000	0.0000	0.0000	0.4206	0.0000	0.0000	0.0000	0.0173	0.0000	0.0017
S:nh	0.1421	0.0000	0.4182	0.0045	0.0156	0.3547	0.0458	0.0000	0.0058	0.0027	0.0089	0.0017
M:hS	0.0000	0.0000	0.0000	0.8899	0.0000	0.0000	0.0000	0.1091	0.0000	0.0000	0.0000	0.0010
M:hP	0.0000	0.0000	0.0000	0.0000	0.8899	0.0000	0.0000	0.0000	0.1091	0.0000	0.0000	0.0010
M:sp	0.0000	0.0000	0.0000	0.0000	0.0000	0.8899	0.0000	0.0182	0.0728	0.0000	0.0182	0.0010
M:nh	0.0000	0.0000	0.0000	0.0000	0.0000	0.3236	0.5663	0.0000	0.0000	0.0000	0.1091	0.0010
W:hS	0.0000	0.0000	0.0000	0.0000	0.0000	0.4937	0.0000	0.0000	0.0000	0.0000	0.5024	0.0039
W:hP	0.0000	0.0000	0.0000	0.0000	0.0000	0.4937	0.0000	0.0000	0.5024	0.0000	0.0000	0.0039
W:h0	0.0000	0.0000	0.0000	0.0000	0.0000	0.4937	0.0000	0.0502	0.0502	0.3517	0.0502	0.0039
W:nh	0.0000	0.0000	0.0000	0.0000	0.0000	0.4937	0.0000	0.0000	0.0000	0.0000	0.5024	0.0039
dead	0.0000	0.0000	0.0000	0.0000	0.0000	0.0000	0.0000	0.0000	0.0000	0.0000	0.0000	1.0000

30-34歳	S:hS	S:h0	S:nh	M:hS	M:hP	M:sp	M:nh	W:hS	W:hP	W:h0	W:nh	dead
S:hS	0.4885	0.0000	0.2007	0.0000	0.0000	0.2776	0.0200	0.0104	0.0000	0.0000	0.0000	0.0028
S:h0	0.0646	0.6246	0.0000	0.0000	0.0000	0.2976	0.0000	0.0000	0.0000	0.0104	0.0000	0.0028
S:nh	0.1291	0.0000	0.5601	0.0000	0.0000	0.2607	0.0369	0.0000	0.0000	0.0000	0.0104	0.0028
M:hS	0.0000	0.0000	0.0000	0.8686	0.0000	0.0505	0.0000	0.0796	0.0000	0.0000	0.0000	0.0013
M:hP	0.0000	0.0000	0.0000	0.0000	0.9191	0.0000	0.0000	0.0000	0.0796	0.0000	0.0000	0.0013
M:sp	0.0000	0.0000	0.0000	0.0000	0.0155	0.8991	0.0045	0.0098	0.0540	0.0054	0.0104	0.0013
M:nh	0.0000	0.0000	0.0000	0.0000	0.0000	0.2419	0.6772	0.0000	0.0000	0.0000	0.0796	0.0013
W:hS	0.0000	0.0000	0.0000	0.0000	0.0000	0.3808	0.0000	0.6146	0.0000	0.0000	0.0000	0.0046
W:hP	0.0000	0.0000	0.0000	0.0000	0.0000	0.3808	0.0000	0.0000	0.6146	0.0000	0.0000	0.0046
W:h0	0.0000	0.0000	0.0000	0.0000	0.0000	0.3808	0.0000	0.0615	0.0615	0.4302	0.0615	0.0046
W:nh	0.0000	0.0000	0.0000	0.0000	0.0000	0.3808	0.0000	0.0000	0.0000	0.0000	0.6146	0.0046
dead	0.0000	0.0000	0.0000	0.0000	0.0000	0.0000	0.0000	0.0000	0.0000	0.0000	0.0000	1.0000

35-39歳	S:hS	S:h0	S:nh	M:hS	M:hP	M:sp	M:nh	W:hS	W:hP	W:h0	W:nh	dead
S:hS	0.6612	0.0000	0.1554	0.0000	0.0000	0.1623	0.0117	0.0047	0.0000	0.0000	0.0000	0.0048
S:h0	0.0000	0.8166	0.0000	0.0000	0.0000	0.1740	0.0000	0.0000	0.0000	0.0047	0.0000	0.0048
S:nh	0.1053	0.0011	0.7102	0.0000	0.0000	0.1524	0.0216	0.0000	0.0000	0.0000	0.0047	0.0048
M:hS	0.0000	0.0000	0.0000	0.9281	0.0000	0.0000	0.0000	0.0699	0.0000	0.0000	0.0000	0.0020
M:hP	0.0000	0.0000	0.0000	0.0000	0.9281	0.0000	0.0000	0.0000	0.0699	0.0000	0.0000	0.0020
M:sp	0.0000	0.0000	0.0000	0.0015	0.0161	0.9090	0.0016	0.0233	0.0393	0.0000	0.0073	0.0020
M:nh	0.0000	0.0000	0.0000	0.0000	0.0000	0.1661	0.7621	0.0000	0.0000	0.0000	0.0699	0.0020
W:hS	0.0000	0.0000	0.0000	0.0000	0.0000	0.2564	0.0000	0.3826	0.0000	0.3549	0.0000	0.0061
W:hP	0.0000	0.0000	0.0000	0.0000	0.0000	0.2564	0.0000	0.0000	0.7375	0.0000	0.0000	0.0061
W:h0	0.0000	0.0000	0.0000	0.0000	0.0000	0.2564	0.0000	0.0738	0.0738	0.5163	0.0738	0.0061
W:nh	0.0000	0.0000	0.0000	0.0000	0.0000	0.2564	0.0000	0.0000	0.0000	0.0000	0.7375	0.0061
dead	0.0000	0.0000	0.0000	0.0000	0.0000	0.0000	0.0000	0.0000	0.0000	0.0000	0.0000	1.0000

注）表側(左端)が2015年，表頭(上端)が2020年の配偶関係別世帯内地位をあらわす.

仮定値表 推移確率行列（続き）

2015～2020年：女

40-44歳	S:hS	S:hO	S:nh	M:hS	M:hP	M:sp	M:nh	W:hS	W:hP	W:hO	W:nh	dead
S:hS	0.8190	0.0000	0.0932	0.0000	0.0000	0.0739	0.0053	0.0012	0.0000	0.0000	0.0000	0.0074
S:hO	0.0000	0.9122	0.0000	0.0000	0.0000	0.0792	0.0000	0.0000	0.0000	0.0012	0.0000	0.0074
S:nh	0.0714	0.0036	0.8372	0.0000	0.0000	0.0694	0.0098	0.0000	0.0000	0.0000	0.0012	0.0074
M:hS	0.0000	0.0000	0.0000	0.9310	0.0000	0.0000	0.0000	0.0658	0.0000	0.0000	0.0000	0.0032
M:hP	0.0000	0.0000	0.0000	0.0000	0.9310	0.0000	0.0000	0.0000	0.0658	0.0000	0.0000	0.0032
M:sp	0.0000	0.0000	0.0000	0.0045	0.0131	0.9119	0.0016	0.0306	0.0209	0.0102	0.0041	0.0032
M:nh	0.0000	0.0000	0.0000	0.0000	0.0000	0.1854	0.7457	0.0000	0.0000	0.0000	0.0658	0.0032
W:hS	0.0000	0.0000	0.0000	0.0000	0.0000	0.1660	0.0000	0.6876	0.1375	0.0000	0.0000	0.0089
W:hP	0.0000	0.0000	0.0000	0.0000	0.0000	0.1660	0.0000	0.0375	0.7876	0.0000	0.0000	0.0089
W:hO	0.0000	0.0000	0.0000	0.0000	0.0000	0.1660	0.0000	0.0825	0.0825	0.5776	0.0825	0.0089
W:nh	0.0000	0.0000	0.0000	0.0000	0.0000	0.1660	0.0000	0.0000	0.0000	0.0000	0.8251	0.0089
dead	0.0000	0.0000	0.0000	0.0000	0.0000	0.0000	0.0000	0.0000	0.0000	0.0000	0.0000	1.0000

45-49歳	S:hS	S:hO	S:nh	M:hS	M:hP	M:sp	M:nh	W:hS	W:hP	W:hO	W:nh	dead
S:hS	0.8585	0.0000	0.0856	0.0000	0.0000	0.0414	0.0030	0.0003	0.0000	0.0000	0.0000	0.0112
S:hO	0.0000	0.9441	0.0000	0.0000	0.0000	0.0444	0.0000	0.0000	0.0000	0.0003	0.0000	0.0112
S:nh	0.0796	0.0076	0.8569	0.0000	0.0000	0.0389	0.0055	0.0000	0.0000	0.0000	0.0003	0.0112
M:hS	0.0000	0.0000	0.0000	0.9555	0.0000	0.0000	0.0000	0.0393	0.0000	0.0000	0.0000	0.0052
M:hP	0.0000	0.0000	0.0000	0.0000	0.9243	0.0312	0.0000	0.0000	0.0393	0.0000	0.0000	0.0052
M:sp	0.0000	0.0000	0.0000	0.0079	0.0000	0.9429	0.0046	0.0156	0.0199	0.0037	0.0000	0.0052
M:nh	0.0000	0.0000	0.0000	0.0000	0.0000	0.2751	0.6804	0.0000	0.0000	0.0000	0.0393	0.0052
W:hS	0.0000	0.0000	0.0000	0.0000	0.0000	0.0878	0.0000	0.8997	0.0000	0.0000	0.0000	0.0125
W:hP	0.0000	0.0000	0.0000	0.0000	0.0000	0.0878	0.0000	0.1446	0.7390	0.0161	0.0000	0.0125
W:hO	0.0000	0.0000	0.0000	0.0000	0.0000	0.0878	0.0000	0.0900	0.0900	0.7198	0.0000	0.0125
W:nh	0.0000	0.0000	0.0000	0.0000	0.0000	0.0878	0.0000	0.0000	0.0000	0.0000	0.8997	0.0125
dead	0.0000	0.0000	0.0000	0.0000	0.0000	0.0000	0.0000	0.0000	0.0000	0.0000	0.0000	1.0000

50-54歳	S:hS	S:hO	S:nh	M:hS	M:hP	M:sp	M:nh	W:hS	W:hP	W:hO	W:nh	dead
S:hS	0.9089	0.0000	0.0440	0.0000	0.0000	0.0274	0.0020	0.0001	0.0000	0.0000	0.0000	0.0176
S:hO	0.0000	0.9529	0.0000	0.0000	0.0000	0.0294	0.0000	0.0000	0.0000	0.0001	0.0000	0.0176
S:nh	0.1030	0.0127	0.8372	0.0000	0.0000	0.0258	0.0036	0.0000	0.0000	0.0000	0.0001	0.0176
M:hS	0.0000	0.0000	0.0000	0.9564	0.0000	0.0000	0.0000	0.0354	0.0000	0.0000	0.0000	0.0081
M:hP	0.0000	0.0000	0.0000	0.1097	0.6807	0.1660	0.0000	0.0000	0.0354	0.0000	0.0000	0.0081
M:sp	0.0000	0.0000	0.0000	0.0000	0.0000	0.9549	0.0016	0.0120	0.0218	0.0016	0.0000	0.0081
M:nh	0.0000	0.0000	0.0000	0.0000	0.0000	0.3069	0.6496	0.0000	0.0000	0.0000	0.0354	0.0081
W:hS	0.0000	0.0000	0.0000	0.0000	0.0000	0.0541	0.0000	0.8857	0.0030	0.0404	0.0000	0.0168
W:hP	0.0000	0.0000	0.0000	0.0000	0.0000	0.0541	0.0000	0.2601	0.6318	0.0372	0.0000	0.0168
W:hO	0.0000	0.0000	0.0000	0.0000	0.0000	0.0541	0.0000	0.0929	0.1858	0.6504	0.0000	0.0168
W:nh	0.0000	0.0000	0.0000	0.0000	0.0000	0.0541	0.0000	0.0000	0.0000	0.0000	0.9291	0.0168
dead	0.0000	0.0000	0.0000	0.0000	0.0000	0.0000	0.0000	0.0000	0.0000	0.0000	0.0000	1.0000

55-59歳	S:hS	S:hO	S:nh	M:hS	M:hP	M:sp	M:nh	W:hS	W:hP	W:hO	W:nh	dead
S:hS	0.9435	0.0000	0.0000	0.0000	0.0000	0.0277	0.0020	0.0001	0.0000	0.0000	0.0000	0.0268
S:hO	0.0000	0.9435	0.0000	0.0000	0.0000	0.0297	0.0000	0.0000	0.0000	0.0001	0.0000	0.0268
S:nh	0.1792	0.0202	0.7442	0.0000	0.0000	0.0260	0.0037	0.0000	0.0000	0.0000	0.0001	0.0268
M:hS	0.0000	0.0000	0.0000	0.9008	0.0000	0.0441	0.0000	0.0434	0.0000	0.0000	0.0000	0.0117
M:hP	0.0000	0.0000	0.0000	0.0000	0.6142	0.3307	0.0000	0.0000	0.0434	0.0000	0.0000	0.0117
M:sp	0.0000	0.0000	0.0000	0.0000	0.0000	0.9433	0.0016	0.0158	0.0256	0.0020	0.0000	0.0117
M:nh	0.0000	0.0000	0.0000	0.0000	0.0000	0.2884	0.6565	0.0000	0.0000	0.0000	0.0434	0.0117
W:hS	0.0000	0.0000	0.0000	0.0000	0.0000	0.0324	0.0000	0.8812	0.0419	0.0211	0.0000	0.0233
W:hP	0.0000	0.0000	0.0000	0.0000	0.0000	0.0324	0.0000	0.3088	0.6043	0.0311	0.0000	0.0233
W:hO	0.0000	0.0000	0.0000	0.0000	0.0000	0.0324	0.0000	0.1888	0.0944	0.6594	0.0016	0.0233
W:nh	0.0000	0.0000	0.0000	0.0000	0.0000	0.0324	0.0000	0.0000	0.0000	0.0000	0.9442	0.0233
dead	0.0000	0.0000	0.0000	0.0000	0.0000	0.0000	0.0000	0.0000	0.0000	0.0000	0.0000	1.0000

60-64歳	S:hS	S:hO	S:nh	M:hS	M:hP	M:sp	M:nh	W:hS	W:hP	W:hO	W:nh	dead
S:hS	0.9325	0.0000	0.0017	0.0000	0.0000	0.0243	0.0018	0.0001	0.0000	0.0000	0.0000	0.0397
S:hO	0.0000	0.9342	0.0000	0.0000	0.0000	0.0260	0.0000	0.0000	0.0000	0.0001	0.0000	0.0397
S:nh	0.1420	0.0244	0.7678	0.0000	0.0000	0.0228	0.0032	0.0000	0.0000	0.0000	0.0001	0.0397
M:hS	0.0000	0.0000	0.0000	0.9230	0.0000	0.0000	0.0000	0.0594	0.0000	0.0000	0.0000	0.0175
M:hP	0.0000	0.0000	0.0000	0.0229	0.8256	0.0746	0.0000	0.0000	0.0594	0.0000	0.0000	0.0175
M:sp	0.0000	0.0000	0.0000	0.0000	0.0000	0.9174	0.0056	0.0356	0.0221	0.0017	0.0000	0.0175
M:nh	0.0000	0.0000	0.0000	0.0000	0.0000	0.2308	0.6923	0.0000	0.0000	0.0000	0.0594	0.0175
W:hS	0.0000	0.0000	0.0000	0.0000	0.0000	0.0193	0.0000	0.8535	0.0667	0.0071	0.0197	0.0337
W:hP	0.0000	0.0000	0.0000	0.0000	0.0000	0.0193	0.0000	0.2585	0.6505	0.0279	0.0101	0.0337
W:hO	0.0000	0.0000	0.0000	0.0000	0.0000	0.0193	0.0000	0.0879	0.1015	0.7371	0.0205	0.0337
W:nh	0.0000	0.0000	0.0000	0.0000	0.0000	0.0193	0.0000	0.0000	0.0000	0.0000	0.9470	0.0337
dead	0.0000	0.0000	0.0000	0.0000	0.0000	0.0000	0.0000	0.0000	0.0000	0.0000	0.0000	1.0000

注）表側(左端)が2015年，表頭(上端)が2020年の配偶関係別世帯内地位をあらわす．

仮定値表 推移確率行列（続き）

2015～2020年：女

65-69歳	S:hS	S:h0	S:nh	M:hS	M:hP	M:sp	M:nh	W:hS	W:hP	W:h0	W:nh	dead
S:hS	0.9159	0.0000	0.0129	0.0000	0.0000	0.0132	0.0010	0.0001	0.0000	0.0000	0.0000	0.0569
S:h0	0.0000	0.9289	0.0000	0.0000	0.0000	0.0142	0.0000	0.0000	0.0000	0.0001	0.0000	0.0569
S:nh	0.1300	0.0189	0.7800	0.0000	0.0000	0.0124	0.0018	0.0000	0.0000	0.0000	0.0001	0.0569
M:hS	0.0000	0.0000	0.0000	0.8790	0.0000	0.0000	0.0000	0.0943	0.0000	0.0000	0.0000	0.0267
M:hP	0.0000	0.0000	0.0000	0.0000	0.8790	0.0000	0.0000	0.0000	0.0943	0.0000	0.0000	0.0267
M:sp	0.0000	0.0000	0.0000	0.0016	0.0017	0.8633	0.0124	0.0587	0.0282	0.0043	0.0031	0.0267
M:nh	0.0000	0.0000	0.0000	0.0000	0.0000	0.2198	0.6593	0.0000	0.0000	0.0000	0.0943	0.0267
W:hS	0.0000	0.0000	0.0000	0.0000	0.0000	0.0144	0.0000	0.8210	0.0877	0.0185	0.0096	0.0488
W:hP	0.0000	0.0000	0.0000	0.0000	0.0000	0.0144	0.0000	0.2258	0.6689	0.0278	0.0143	0.0488
W:h0	0.0000	0.0000	0.0000	0.0000	0.0000	0.0144	0.0000	0.0930	0.2316	0.5702	0.0420	0.0488
W:nh	0.0000	0.0000	0.0000	0.0000	0.0000	0.0144	0.0000	0.0000	0.0000	0.0000	0.9368	0.0488
dead	0.0000	0.0000	0.0000	0.0000	0.0000	0.0000	0.0000	0.0000	0.0000	0.0000	0.0000	1.0000

70-74歳	S:hS	S:h0	S:nh	M:hS	M:hP	M:sp	M:nh	W:hS	W:hP	W:h0	W:nh	dead
S:hS	0.9113	0.0000	0.0000	0.0000	0.0000	0.0008	0.0001	0.0001	0.0000	0.0000	0.0000	0.0878
S:h0	0.0000	0.9113	0.0000	0.0000	0.0000	0.0008	0.0000	0.0000	0.0000	0.0001	0.0000	0.0878
S:nh	0.0178	0.0099	0.8836	0.0000	0.0000	0.0007	0.0001	0.0000	0.0000	0.0000	0.0001	0.0878
M:hS	0.0000	0.0000	0.0000	0.7988	0.0000	0.0000	0.0000	0.1568	0.0000	0.0000	0.0000	0.0444
M:hP	0.0000	0.0000	0.0000	0.0000	0.7988	0.0000	0.0000	0.0000	0.1568	0.0000	0.0000	0.0444
M:sp	0.0000	0.0000	0.0000	0.0039	0.0033	0.7750	0.0166	0.1018	0.0423	0.0066	0.0061	0.0444
M:nh	0.0000	0.0000	0.0000	0.0000	0.0000	0.1498	0.6490	0.0000	0.0000	0.0000	0.1568	0.0444
W:hS	0.0000	0.0000	0.0000	0.0000	0.0000	0.0101	0.0000	0.8238	0.0525	0.0157	0.0216	0.0762
W:hP	0.0000	0.0000	0.0000	0.0000	0.0000	0.0101	0.0000	0.1198	0.7258	0.0355	0.0326	0.0762
W:h0	0.0000	0.0000	0.0000	0.0000	0.0000	0.0101	0.0000	0.0910	0.2387	0.5162	0.0678	0.0762
W:nh	0.0000	0.0000	0.0000	0.0000	0.0000	0.0101	0.0000	0.0000	0.0000	0.0000	0.9137	0.0762
dead	0.0000	0.0000	0.0000	0.0000	0.0000	0.0000	0.0000	0.0000	0.0000	0.0000	0.0000	1.0000

75-79歳	S:hS	S:h0	S:nh	M:hS	M:hP	M:sp	M:nh	W:hS	W:hP	W:h0	W:nh	dead
S:hS	0.8425	0.0000	0.0029	0.0000	0.0000	0.0003	0.0000	0.0001	0.0000	0.0000	0.0000	0.1541
S:h0	0.0000	0.8455	0.0000	0.0000	0.0000	0.0004	0.0000	0.0000	0.0000	0.0001	0.0000	0.1541
S:nh	0.0000	0.0055	0.8399	0.0000	0.0000	0.0003	0.0000	0.0000	0.0000	0.0000	0.0001	0.1541
M:hS	0.0000	0.0000	0.0000	0.6685	0.0000	0.0000	0.0000	0.2496	0.0000	0.0000	0.0000	0.0819
M:hP	0.0000	0.0000	0.0000	0.0000	0.6685	0.0000	0.0000	0.0000	0.2496	0.0000	0.0000	0.0819
M:sp	0.0000	0.0000	0.0000	0.0064	0.0048	0.6416	0.0157	0.1349	0.0716	0.0086	0.0345	0.0819
M:nh	0.0000	0.0000	0.0000	0.0000	0.0000	0.0418	0.6267	0.0000	0.0000	0.0000	0.2496	0.0819
W:hS	0.0000	0.0000	0.0000	0.0000	0.0000	0.0046	0.0000	0.8099	0.0289	0.0096	0.0193	0.1276
W:hP	0.0000	0.0000	0.0000	0.0000	0.0000	0.0046	0.0000	0.0964	0.7327	0.0193	0.0193	0.1276
W:h0	0.0000	0.0000	0.0000	0.0000	0.0000	0.0046	0.0000	0.0868	0.0868	0.6074	0.0868	0.1276
W:nh	0.0000	0.0000	0.0000	0.0000	0.0000	0.0046	0.0000	0.0000	0.0000	0.0000	0.8677	0.1276
dead	0.0000	0.0000	0.0000	0.0000	0.0000	0.0000	0.0000	0.0000	0.0000	0.0000	0.0000	1.0000

80-84歳	S:hS	S:h0	S:nh	M:hS	M:hP	M:sp	M:nh	W:hS	W:hP	W:h0	W:nh	dead
S:hS	0.7190	0.0000	0.0050	0.0000	0.0000	0.0000	0.0000	0.0000	0.0000	0.0000	0.0000	0.2760
S:h0	0.0000	0.7200	0.0039	0.0000	0.0000	0.0000	0.0000	0.0000	0.0000	0.0000	0.0000	0.2760
S:nh	0.0000	0.0000	0.7240	0.0000	0.0000	0.0000	0.0000	0.0000	0.0000	0.0000	0.0000	0.2760
M:hS	0.0000	0.0000	0.0000	0.5024	0.0000	0.0000	0.0000	0.3387	0.0000	0.0000	0.0000	0.1590
M:hP	0.0000	0.0000	0.0000	0.0000	0.5024	0.0000	0.0000	0.0000	0.3387	0.0000	0.0000	0.1590
M:sp	0.0000	0.0000	0.0000	0.0091	0.0078	0.4590	0.0264	0.2689	0.0543	0.0154	0.0000	0.1590
M:nh	0.0000	0.0000	0.0000	0.0000	0.0000	0.0314	0.4710	0.0000	0.0000	0.0000	0.3387	0.1590
W:hS	0.0000	0.0000	0.0000	0.0000	0.0000	0.0001	0.0000	0.6301	0.1320	0.0101	0.0073	0.2205
W:hP	0.0000	0.0000	0.0000	0.0000	0.0000	0.0001	0.0000	0.0000	0.7794	0.0000	0.0000	0.2205
W:h0	0.0000	0.0000	0.0000	0.0000	0.0000	0.0001	0.0000	0.0483	0.0966	0.6346	0.0000	0.2205
W:nh	0.0000	0.0000	0.0000	0.0000	0.0000	0.0001	0.0000	0.0000	0.0000	0.0000	0.7794	0.2205
dead	0.0000	0.0000	0.0000	0.0000	0.0000	0.0000	0.0000	0.0000	0.0000	0.0000	0.0000	1.0000

85+歳	S:hS	S:h0	S:nh	M:hS	M:hP	M:sp	M:nh	W:hS	W:hP	W:h0	W:nh	dead
S:hS	0.4119	0.0000	0.0000	0.0000	0.0000	0.0000	0.0000	0.0000	0.0000	0.0000	0.0000	0.5881
S:h0	0.0000	0.4079	0.0040	0.0000	0.0000	0.0000	0.0000	0.0000	0.0000	0.0000	0.0000	0.5881
S:nh	0.0000	0.0000	0.4119	0.0000	0.0000	0.0000	0.0000	0.0000	0.0000	0.0000	0.0000	0.5881
M:hS	0.0000	0.0000	0.0000	0.2373	0.0000	0.0000	0.0000	0.4067	0.0000	0.0000	0.0000	0.3560
M:hP	0.0000	0.0000	0.0000	0.0000	0.2373	0.0000	0.0000	0.0000	0.4067	0.0000	0.0000	0.3560
M:sp	0.0000	0.0000	0.0000	0.0000	0.0000	0.2347	0.0026	0.3327	0.0555	0.0185	0.0000	0.3560
M:nh	0.0000	0.0000	0.0000	0.0000	0.0000	0.0148	0.2225	0.0000	0.0000	0.0000	0.4067	0.3560
W:hS	0.0000	0.0000	0.0000	0.0000	0.0000	0.0000	0.0000	0.3690	0.0982	0.0000	0.0059	0.5269
W:hP	0.0000	0.0000	0.0000	0.0000	0.0000	0.0000	0.0000	0.0000	0.4731	0.0000	0.0000	0.5269
W:h0	0.0000	0.0000	0.0000	0.0000	0.0000	0.0000	0.0000	0.0309	0.0618	0.3804	0.0000	0.5269
W:nh	0.0000	0.0000	0.0000	0.0000	0.0000	0.0000	0.0000	0.0000	0.0000	0.0000	0.4731	0.5269
dead	0.0000	0.0000	0.0000	0.0000	0.0000	0.0000	0.0000	0.0000	0.0000	0.0000	0.0000	1.0000

注）表側(左端)が2015年，表頭(上端)が2020年の配偶関係別世帯内地位をあらわす.

仮定値表 推移確率行列（続き）

2020～2025年：女

15-19歳	S:hS	S:h0	S:nh	M:hS	M:hP	M:sp	M:nh	W:hS	W:hP	W:h0	W:nh	dead
S:hS	0.1046	0.0000	0.8073	0.0000	0.0000	0.0766	0.0055	0.0051	0.0000	0.0000	0.0000	0.0008
S:h0	0.0000	0.9119	0.0000	0.0000	0.0000	0.0821	0.0000	0.0000	0.0000	0.0051	0.0000	0.0008
S:nh	0.2416	0.0052	0.6651	0.0014	0.0016	0.0637	0.0155	0.0000	0.0022	0.0002	0.0027	0.0008
M:hS	0.0000	0.0000	0.0000	0.6202	0.0000	0.0000	0.0000	0.3788	0.0000	0.0000	0.0000	0.0011
M:hP	0.0000	0.0000	0.0000	0.0000	0.6202	0.0000	0.0000	0.0000	0.3788	0.0000	0.0000	0.0011
M:sp	0.0000	0.0000	0.0000	0.0000	0.0000	0.6202	0.0000	0.0631	0.2525	0.0000	0.0631	0.0011
M:nh	0.0000	0.0000	0.0000	0.0000	0.0000	0.2255	0.3947	0.0000	0.0000	0.0000	0.3788	0.0011
W:hS	0.0000	0.0000	0.0000	0.0000	0.0000	0.4326	0.0000	0.0000	0.0000	0.0000	0.5635	0.0040
W:hP	0.0000	0.0000	0.0000	0.0000	0.0000	0.4326	0.0000	0.0000	0.5635	0.0000	0.0000	0.0040
W:h0	0.0000	0.0000	0.0000	0.0000	0.0000	0.4326	0.0000	0.0563	0.0563	0.3944	0.0563	0.0040
W:nh	0.0000	0.0000	0.0000	0.0000	0.0000	0.4326	0.0000	0.0000	0.0000	0.0000	0.5635	0.0040
dead	0.0000	0.0000	0.0000	0.0000	0.0000	0.0000	0.0000	0.0000	0.0000	0.0000	0.0000	1.0000

20-24歳	S:hS	S:h0	S:nh	M:hS	M:hP	M:sp	M:nh	W:hS	W:hP	W:h0	W:nh	dead
S:hS	0.2244	0.0000	0.4645	0.0000	0.0000	0.2765	0.0200	0.0048	0.0087	0.0000	0.0000	0.0012
S:h0	0.0000	0.6888	0.0000	0.0000	0.0000	0.2965	0.0000	0.0000	0.0000	0.0135	0.0000	0.0012
S:nh	0.2163	0.0006	0.4719	0.0082	0.0055	0.2546	0.0282	0.0000	0.0055	0.0008	0.0072	0.0012
M:hS	0.0000	0.0000	0.0000	0.7552	0.0000	0.0000	0.0000	0.2439	0.0000	0.0000	0.0000	0.0009
M:hP	0.0000	0.0000	0.0000	0.0000	0.7552	0.0000	0.0000	0.0000	0.2439	0.0000	0.0000	0.0009
M:sp	0.0000	0.0000	0.0000	0.0000	0.0000	0.7552	0.0000	0.0407	0.1626	0.0000	0.0407	0.0009
M:nh	0.0000	0.0000	0.0000	0.0000	0.0000	0.2746	0.4806	0.0000	0.0000	0.0000	0.2439	0.0009
W:hS	0.0000	0.0000	0.0000	0.0000	0.0000	0.4953	0.0000	0.0000	0.0000	0.0000	0.5014	0.0032
W:hP	0.0000	0.0000	0.0000	0.0000	0.0000	0.4953	0.0000	0.0000	0.5014	0.0000	0.0000	0.0032
W:h0	0.0000	0.0000	0.0000	0.0000	0.0000	0.4953	0.0000	0.0501	0.0501	0.3510	0.0501	0.0032
W:nh	0.0000	0.0000	0.0000	0.0000	0.0000	0.4953	0.0000	0.0000	0.0000	0.0000	0.5014	0.0032
dead	0.0000	0.0000	0.0000	0.0000	0.0000	0.0000	0.0000	0.0000	0.0000	0.0000	0.0000	1.0000

25-29歳	S:hS	S:h0	S:nh	M:hS	M:hP	M:sp	M:nh	W:hS	W:hP	W:h0	W:nh	dead
S:hS	0.3118	0.0000	0.2486	0.0000	0.0000	0.3923	0.0283	0.0089	0.0084	0.0000	0.0000	0.0017
S:h0	0.0783	0.4820	0.0000	0.0000	0.0000	0.4206	0.0000	0.0000	0.0000	0.0173	0.0000	0.0017
S:nh	0.1421	0.0000	0.4182	0.0045	0.0156	0.3547	0.0458	0.0000	0.0058	0.0027	0.0089	0.0017
M:hS	0.0000	0.0000	0.0000	0.8899	0.0000	0.0000	0.0000	0.1091	0.0000	0.0000	0.0000	0.0010
M:hP	0.0000	0.0000	0.0000	0.0000	0.8899	0.0000	0.0000	0.0000	0.1091	0.0000	0.0000	0.0010
M:sp	0.0000	0.0000	0.0000	0.0000	0.0000	0.8899	0.0000	0.0182	0.0728	0.0000	0.0182	0.0010
M:nh	0.0000	0.0000	0.0000	0.0000	0.0000	0.3236	0.5663	0.0000	0.0000	0.0000	0.1091	0.0010
W:hS	0.0000	0.0000	0.0000	0.0000	0.0000	0.4937	0.0000	0.0000	0.0000	0.0000	0.5024	0.0039
W:hP	0.0000	0.0000	0.0000	0.0000	0.0000	0.4937	0.0000	0.0000	0.5024	0.0000	0.0000	0.0039
W:h0	0.0000	0.0000	0.0000	0.0000	0.0000	0.4937	0.0000	0.0502	0.0502	0.3517	0.0502	0.0039
W:nh	0.0000	0.0000	0.0000	0.0000	0.0000	0.4937	0.0000	0.0000	0.0000	0.0000	0.5024	0.0039
dead	0.0000	0.0000	0.0000	0.0000	0.0000	0.0000	0.0000	0.0000	0.0000	0.0000	0.0000	1.0000

30-34歳	S:hS	S:h0	S:nh	M:hS	M:hP	M:sp	M:nh	W:hS	W:hP	W:h0	W:nh	dead
S:hS	0.4885	0.0000	0.2007	0.0000	0.0000	0.2776	0.0200	0.0104	0.0000	0.0000	0.0000	0.0028
S:h0	0.0646	0.6246	0.0000	0.0000	0.0000	0.2976	0.0000	0.0000	0.0000	0.0104	0.0000	0.0028
S:nh	0.1291	0.0000	0.5601	0.0000	0.0000	0.2607	0.0369	0.0000	0.0000	0.0000	0.0104	0.0028
M:hS	0.0000	0.0000	0.0000	0.8686	0.0000	0.0505	0.0000	0.0796	0.0000	0.0000	0.0000	0.0013
M:hP	0.0000	0.0000	0.0000	0.0000	0.9191	0.0000	0.0000	0.0000	0.0796	0.0000	0.0000	0.0013
M:sp	0.0000	0.0000	0.0000	0.0000	0.0155	0.8991	0.0045	0.0098	0.0540	0.0054	0.0104	0.0013
M:nh	0.0000	0.0000	0.0000	0.0000	0.0000	0.2419	0.6772	0.0000	0.0000	0.0000	0.0796	0.0013
W:hS	0.0000	0.0000	0.0000	0.0000	0.0000	0.3808	0.0000	0.6146	0.0000	0.0000	0.0000	0.0046
W:hP	0.0000	0.0000	0.0000	0.0000	0.0000	0.3808	0.0000	0.0000	0.6146	0.0000	0.0000	0.0046
W:h0	0.0000	0.0000	0.0000	0.0000	0.0000	0.3808	0.0000	0.0615	0.0615	0.4302	0.0615	0.0046
W:nh	0.0000	0.0000	0.0000	0.0000	0.0000	0.3808	0.0000	0.0000	0.0000	0.0000	0.6146	0.0046
dead	0.0000	0.0000	0.0000	0.0000	0.0000	0.0000	0.0000	0.0000	0.0000	0.0000	0.0000	1.0000

35-39歳	S:hS	S:h0	S:nh	M:hS	M:hP	M:sp	M:nh	W:hS	W:hP	W:h0	W:nh	dead
S:hS	0.6612	0.0000	0.1554	0.0000	0.0000	0.1623	0.0117	0.0047	0.0000	0.0000	0.0000	0.0048
S:h0	0.0000	0.8166	0.0000	0.0000	0.0000	0.1740	0.0000	0.0000	0.0000	0.0047	0.0000	0.0048
S:nh	0.1053	0.0011	0.7102	0.0000	0.0000	0.1524	0.0216	0.0000	0.0000	0.0000	0.0047	0.0048
M:hS	0.0000	0.0000	0.0000	0.9281	0.0000	0.0000	0.0000	0.0699	0.0000	0.0000	0.0000	0.0020
M:hP	0.0000	0.0000	0.0000	0.0000	0.9281	0.0000	0.0000	0.0000	0.0699	0.0000	0.0000	0.0020
M:sp	0.0000	0.0000	0.0000	0.0015	0.0161	0.9090	0.0016	0.0233	0.0393	0.0000	0.0073	0.0020
M:nh	0.0000	0.0000	0.0000	0.0000	0.0000	0.1661	0.7621	0.0000	0.0000	0.0000	0.0699	0.0020
W:hS	0.0000	0.0000	0.0000	0.0000	0.0000	0.2564	0.0000	0.3826	0.0000	0.3549	0.0000	0.0061
W:hP	0.0000	0.0000	0.0000	0.0000	0.0000	0.2564	0.0000	0.0000	0.7375	0.0000	0.0000	0.0061
W:h0	0.0000	0.0000	0.0000	0.0000	0.0000	0.2564	0.0000	0.0738	0.0738	0.5163	0.0738	0.0061
W:nh	0.0000	0.0000	0.0000	0.0000	0.0000	0.2564	0.0000	0.0000	0.0000	0.0000	0.7375	0.0061
dead	0.0000	0.0000	0.0000	0.0000	0.0000	0.0000	0.0000	0.0000	0.0000	0.0000	0.0000	1.0000

注）表側（左端）が2020年，表頭（上端）が2025年の配偶関係別世帯内地位をあらわす.

仮定値表 推移確率行列（続き）

2020～2025年：女

40-44歳	S:hS	S:h0	S:nh	M:hS	M:hP	M:sp	M:nh	W:hS	W:hP	W:h0	W:nh	dead
S:hS	0.8190	0.0000	0.0932	0.0000	0.0000	0.0739	0.0053	0.0012	0.0000	0.0000	0.0000	0.0074
S:h0	0.0000	0.9122	0.0000	0.0000	0.0000	0.0792	0.0000	0.0000	0.0000	0.0012	0.0000	0.0074
S:nh	0.0714	0.0036	0.8372	0.0000	0.0000	0.0694	0.0098	0.0000	0.0000	0.0000	0.0012	0.0074
M:hS	0.0000	0.0000	0.0000	0.9310	0.0000	0.0000	0.0000	0.0658	0.0000	0.0000	0.0000	0.0032
M:hP	0.0000	0.0000	0.0000	0.0000	0.9310	0.0000	0.0000	0.0000	0.0658	0.0000	0.0000	0.0032
M:sp	0.0000	0.0000	0.0000	0.0045	0.0131	0.9119	0.0016	0.0306	0.0209	0.0102	0.0041	0.0032
M:nh	0.0000	0.0000	0.0000	0.0000	0.0000	0.1854	0.7457	0.0000	0.0000	0.0000	0.0658	0.0032
W:hS	0.0000	0.0000	0.0000	0.0000	0.0000	0.1660	0.0000	0.6876	0.1375	0.0000	0.0000	0.0089
W:hP	0.0000	0.0000	0.0000	0.0000	0.0000	0.1660	0.0000	0.0375	0.7876	0.0000	0.0000	0.0089
W:h0	0.0000	0.0000	0.0000	0.0000	0.0000	0.1660	0.0000	0.0825	0.0825	0.5776	0.0825	0.0089
W:nh	0.0000	0.0000	0.0000	0.0000	0.0000	0.1660	0.0000	0.0000	0.0000	0.0000	0.8251	0.0089
dead	0.0000	0.0000	0.0000	0.0000	0.0000	0.0000	0.0000	0.0000	0.0000	0.0000	0.0000	1.0000
45-49歳	S:hS	S:h0	S:nh	M:hS	M:hP	M:sp	M:nh	W:hS	W:hP	W:h0	W:nh	dead
S:hS	0.8585	0.0000	0.0856	0.0000	0.0000	0.0414	0.0030	0.0003	0.0000	0.0000	0.0000	0.0112
S:h0	0.0000	0.9441	0.0000	0.0000	0.0000	0.0444	0.0000	0.0000	0.0000	0.0003	0.0000	0.0112
S:nh	0.0796	0.0076	0.8569	0.0000	0.0000	0.0389	0.0055	0.0000	0.0000	0.0000	0.0003	0.0112
M:hS	0.0000	0.0000	0.0000	0.9555	0.0000	0.0000	0.0000	0.0393	0.0000	0.0000	0.0000	0.0052
M:hP	0.0000	0.0000	0.0000	0.0000	0.9243	0.0312	0.0000	0.0000	0.0393	0.0000	0.0000	0.0052
M:sp	0.0000	0.0000	0.0000	0.0079	0.0000	0.9429	0.0046	0.0156	0.0199	0.0037	0.0000	0.0052
M:nh	0.0000	0.0000	0.0000	0.0000	0.0000	0.2751	0.6804	0.0000	0.0000	0.0000	0.0393	0.0052
W:hS	0.0000	0.0000	0.0000	0.0000	0.0000	0.0878	0.0000	0.8997	0.0000	0.0000	0.0000	0.0125
W:hP	0.0000	0.0000	0.0000	0.0000	0.0000	0.0878	0.0000	0.1446	0.7390	0.0161	0.0000	0.0125
W:h0	0.0000	0.0000	0.0000	0.0000	0.0000	0.0878	0.0000	0.0900	0.0900	0.7198	0.0000	0.0125
W:nh	0.0000	0.0000	0.0000	0.0000	0.0000	0.0878	0.0000	0.0000	0.0000	0.0000	0.8997	0.0125
dead	0.0000	0.0000	0.0000	0.0000	0.0000	0.0000	0.0000	0.0000	0.0000	0.0000	0.0000	1.0000
50-54歳	S:hS	S:h0	S:nh	M:hS	M:hP	M:sp	M:nh	W:hS	W:hP	W:h0	W:nh	dead
S:hS	0.9089	0.0000	0.0440	0.0000	0.0000	0.0274	0.0020	0.0001	0.0000	0.0000	0.0000	0.0176
S:h0	0.0000	0.9529	0.0000	0.0000	0.0000	0.0294	0.0000	0.0000	0.0000	0.0001	0.0000	0.0176
S:nh	0.1030	0.0127	0.8372	0.0000	0.0000	0.0258	0.0036	0.0000	0.0000	0.0000	0.0001	0.0176
M:hS	0.0000	0.0000	0.0000	0.9564	0.0000	0.0000	0.0000	0.0354	0.0000	0.0000	0.0000	0.0081
M:hP	0.0000	0.0000	0.0000	0.1097	0.6807	0.1660	0.0000	0.0000	0.0354	0.0000	0.0000	0.0081
M:sp	0.0000	0.0000	0.0000	0.0000	0.0000	0.9549	0.0016	0.0120	0.0218	0.0016	0.0000	0.0081
M:nh	0.0000	0.0000	0.0000	0.0000	0.0000	0.3069	0.6496	0.0000	0.0000	0.0000	0.0354	0.0081
W:hS	0.0000	0.0000	0.0000	0.0000	0.0000	0.0541	0.0000	0.8857	0.0030	0.0404	0.0000	0.0168
W:hP	0.0000	0.0000	0.0000	0.0000	0.0000	0.0541	0.0000	0.2601	0.6318	0.0372	0.0000	0.0168
W:h0	0.0000	0.0000	0.0000	0.0000	0.0000	0.0541	0.0000	0.0929	0.1858	0.6504	0.0000	0.0168
W:nh	0.0000	0.0000	0.0000	0.0000	0.0000	0.0541	0.0000	0.0000	0.0000	0.0000	0.9291	0.0168
dead	0.0000	0.0000	0.0000	0.0000	0.0000	0.0000	0.0000	0.0000	0.0000	0.0000	0.0000	1.0000
55-59歳	S:hS	S:h0	S:nh	M:hS	M:hP	M:sp	M:nh	W:hS	W:hP	W:h0	W:nh	dead
S:hS	0.9435	0.0000	0.0000	0.0000	0.0000	0.0277	0.0020	0.0001	0.0000	0.0000	0.0000	0.0268
S:h0	0.0000	0.9435	0.0000	0.0000	0.0000	0.0297	0.0000	0.0000	0.0000	0.0001	0.0000	0.0268
S:nh	0.1792	0.0202	0.7442	0.0000	0.0000	0.0260	0.0037	0.0000	0.0000	0.0000	0.0001	0.0268
M:hS	0.0000	0.0000	0.0000	0.9008	0.0000	0.0441	0.0000	0.0434	0.0000	0.0000	0.0000	0.0117
M:hP	0.0000	0.0000	0.0000	0.0000	0.6142	0.3307	0.0000	0.0000	0.0434	0.0000	0.0000	0.0117
M:sp	0.0000	0.0000	0.0000	0.0000	0.0000	0.9433	0.0016	0.0158	0.0256	0.0020	0.0000	0.0117
M:nh	0.0000	0.0000	0.0000	0.0000	0.0000	0.2884	0.6565	0.0000	0.0000	0.0000	0.0434	0.0117
W:hS	0.0000	0.0000	0.0000	0.0000	0.0000	0.0324	0.0000	0.8812	0.0419	0.0211	0.0000	0.0233
W:hP	0.0000	0.0000	0.0000	0.0000	0.0000	0.0324	0.0000	0.3088	0.6043	0.0311	0.0000	0.0233
W:h0	0.0000	0.0000	0.0000	0.0000	0.0000	0.0324	0.0000	0.1888	0.0944	0.6594	0.0016	0.0233
W:nh	0.0000	0.0000	0.0000	0.0000	0.0000	0.0324	0.0000	0.0000	0.0000	0.0000	0.9442	0.0233
dead	0.0000	0.0000	0.0000	0.0000	0.0000	0.0000	0.0000	0.0000	0.0000	0.0000	0.0000	1.0000
60-64歳	S:hS	S:h0	S:nh	M:hS	M:hP	M:sp	M:nh	W:hS	W:hP	W:h0	W:nh	dead
S:hS	0.9325	0.0000	0.0017	0.0000	0.0000	0.0243	0.0018	0.0001	0.0000	0.0000	0.0000	0.0397
S:h0	0.0000	0.9342	0.0000	0.0000	0.0000	0.0260	0.0000	0.0000	0.0000	0.0001	0.0000	0.0397
S:nh	0.1420	0.0244	0.7678	0.0000	0.0000	0.0228	0.0032	0.0000	0.0000	0.0000	0.0001	0.0397
M:hS	0.0000	0.0000	0.0000	0.9230	0.0000	0.0000	0.0000	0.0594	0.0000	0.0000	0.0000	0.0175
M:hP	0.0000	0.0000	0.0000	0.0229	0.8256	0.0746	0.0000	0.0000	0.0594	0.0000	0.0000	0.0175
M:sp	0.0000	0.0000	0.0000	0.0000	0.0000	0.9174	0.0056	0.0356	0.0221	0.0017	0.0000	0.0175
M:nh	0.0000	0.0000	0.0000	0.0000	0.0000	0.2308	0.6923	0.0000	0.0000	0.0000	0.0594	0.0175
W:hS	0.0000	0.0000	0.0000	0.0000	0.0000	0.0193	0.0000	0.8535	0.0667	0.0071	0.0197	0.0337
W:hP	0.0000	0.0000	0.0000	0.0000	0.0000	0.0193	0.0000	0.2585	0.6505	0.0279	0.0101	0.0337
W:h0	0.0000	0.0000	0.0000	0.0000	0.0000	0.0193	0.0000	0.0879	0.1015	0.7371	0.0205	0.0337
W:nh	0.0000	0.0000	0.0000	0.0000	0.0000	0.0193	0.0000	0.0000	0.0000	0.0000	0.9470	0.0337
dead	0.0000	0.0000	0.0000	0.0000	0.0000	0.0000	0.0000	0.0000	0.0000	0.0000	0.0000	1.0000

注）表側(左端)が2020年，表頭(上端)が2025年の配偶関係別世帯内地位をあらわす.

仮定値表 推移確率行列（続き）

2020～2025年：女

65-69歳	S:hS	S:hO	S:nh	M:hS	M:hP	M:sp	M:nh	W:hS	W:hP	W:hO	W:nh	dead
S:hS	0.9159	0.0000	0.0129	0.0000	0.0000	0.0132	0.0010	0.0001	0.0000	0.0000	0.0000	0.0569
S:hO	0.0000	0.9289	0.0000	0.0000	0.0000	0.0142	0.0000	0.0000	0.0000	0.0001	0.0000	0.0569
S:nh	0.1300	0.0189	0.7800	0.0000	0.0000	0.0124	0.0018	0.0000	0.0000	0.0000	0.0001	0.0569
M:hS	0.0000	0.0000	0.0000	0.8790	0.0000	0.0000	0.0000	0.0943	0.0000	0.0000	0.0000	0.0267
M:hP	0.0000	0.0000	0.0000	0.0000	0.8790	0.0000	0.0000	0.0000	0.0943	0.0000	0.0000	0.0267
M:sp	0.0000	0.0000	0.0000	0.0016	0.0017	0.8633	0.0124	0.0587	0.0282	0.0043	0.0031	0.0267
M:nh	0.0000	0.0000	0.0000	0.0000	0.0000	0.2198	0.6593	0.0000	0.0000	0.0000	0.0943	0.0267
W:hS	0.0000	0.0000	0.0000	0.0000	0.0000	0.0144	0.0000	0.8210	0.0877	0.0185	0.0096	0.0488
W:hP	0.0000	0.0000	0.0000	0.0000	0.0000	0.0144	0.0000	0.2258	0.6689	0.0278	0.0143	0.0488
W:hO	0.0000	0.0000	0.0000	0.0000	0.0000	0.0144	0.0000	0.0930	0.2316	0.5702	0.0420	0.0488
W:nh	0.0000	0.0000	0.0000	0.0000	0.0000	0.0144	0.0000	0.0000	0.0000	0.0000	0.9368	0.0488
dead	0.0000	0.0000	0.0000	0.0000	0.0000	0.0000	0.0000	0.0000	0.0000	0.0000	0.0000	1.0000

70-74歳	S:hS	S:hO	S:nh	M:hS	M:hP	M:sp	M:nh	W:hS	W:hP	W:hO	W:nh	dead
S:hS	0.9113	0.0000	0.0000	0.0000	0.0000	0.0008	0.0001	0.0001	0.0000	0.0000	0.0000	0.0878
S:hO	0.0000	0.9113	0.0000	0.0000	0.0000	0.0008	0.0000	0.0000	0.0000	0.0001	0.0000	0.0878
S:nh	0.0178	0.0099	0.8836	0.0000	0.0000	0.0007	0.0001	0.0000	0.0000	0.0000	0.0001	0.0878
M:hS	0.0000	0.0000	0.0000	0.7988	0.0000	0.0000	0.0000	0.1568	0.0000	0.0000	0.0000	0.0444
M:hP	0.0000	0.0000	0.0000	0.0000	0.7988	0.0000	0.0000	0.0000	0.1568	0.0000	0.0000	0.0444
M:sp	0.0000	0.0000	0.0000	0.0039	0.0033	0.7750	0.0166	0.1018	0.0423	0.0066	0.0061	0.0444
M:nh	0.0000	0.0000	0.0000	0.0000	0.0000	0.1498	0.6490	0.0000	0.0000	0.0000	0.1568	0.0444
W:hS	0.0000	0.0000	0.0000	0.0000	0.0000	0.0101	0.0000	0.8238	0.0525	0.0157	0.0216	0.0762
W:hP	0.0000	0.0000	0.0000	0.0000	0.0000	0.0101	0.0000	0.1198	0.7258	0.0355	0.0326	0.0762
W:hO	0.0000	0.0000	0.0000	0.0000	0.0000	0.0101	0.0000	0.0910	0.2387	0.5162	0.0678	0.0762
W:nh	0.0000	0.0000	0.0000	0.0000	0.0000	0.0101	0.0000	0.0000	0.0000	0.0000	0.9137	0.0762
dead	0.0000	0.0000	0.0000	0.0000	0.0000	0.0000	0.0000	0.0000	0.0000	0.0000	0.0000	1.0000

75-79歳	S:hS	S:hO	S:nh	M:hS	M:hP	M:sp	M:nh	W:hS	W:hP	W:hO	W:nh	dead
S:hS	0.8425	0.0000	0.0029	0.0000	0.0000	0.0003	0.0000	0.0001	0.0000	0.0000	0.0000	0.1541
S:hO	0.0000	0.8455	0.0000	0.0000	0.0000	0.0004	0.0000	0.0000	0.0000	0.0001	0.0000	0.1541
S:nh	0.0000	0.0055	0.8399	0.0000	0.0000	0.0003	0.0000	0.0000	0.0000	0.0000	0.0001	0.1541
M:hS	0.0000	0.0000	0.0000	0.6685	0.0000	0.0000	0.0000	0.2496	0.0000	0.0000	0.0000	0.0819
M:hP	0.0000	0.0000	0.0000	0.0000	0.6685	0.0000	0.0000	0.0000	0.2496	0.0000	0.0000	0.0819
M:sp	0.0000	0.0000	0.0000	0.0064	0.0048	0.6416	0.0157	0.1349	0.0716	0.0086	0.0345	0.0819
M:nh	0.0000	0.0000	0.0000	0.0000	0.0000	0.0418	0.6267	0.0000	0.0000	0.0000	0.2496	0.0819
W:hS	0.0000	0.0000	0.0000	0.0000	0.0000	0.0046	0.0000	0.8099	0.0289	0.0096	0.0193	0.1276
W:hP	0.0000	0.0000	0.0000	0.0000	0.0000	0.0046	0.0000	0.0964	0.7327	0.0193	0.0193	0.1276
W:hO	0.0000	0.0000	0.0000	0.0000	0.0000	0.0046	0.0000	0.0868	0.0868	0.6074	0.0868	0.1276
W:nh	0.0000	0.0000	0.0000	0.0000	0.0000	0.0046	0.0000	0.0000	0.0000	0.0000	0.8677	0.1276
dead	0.0000	0.0000	0.0000	0.0000	0.0000	0.0000	0.0000	0.0000	0.0000	0.0000	0.0000	1.0000

80-84歳	S:hS	S:hO	S:nh	M:hS	M:hP	M:sp	M:nh	W:hS	W:hP	W:hO	W:nh	dead
S:hS	0.7190	0.0000	0.0050	0.0000	0.0000	0.0000	0.0000	0.0000	0.0000	0.0000	0.0000	0.2760
S:hO	0.0000	0.7200	0.0039	0.0000	0.0000	0.0000	0.0000	0.0000	0.0000	0.0000	0.0000	0.2760
S:nh	0.0000	0.0000	0.7240	0.0000	0.0000	0.0000	0.0000	0.0000	0.0000	0.0000	0.0000	0.2760
M:hS	0.0000	0.0000	0.0000	0.5024	0.0000	0.0000	0.0000	0.3387	0.0000	0.0000	0.0000	0.1590
M:hP	0.0000	0.0000	0.0000	0.0000	0.5024	0.0000	0.0000	0.0000	0.3387	0.0000	0.0000	0.1590
M:sp	0.0000	0.0000	0.0000	0.0091	0.0078	0.4590	0.0264	0.2689	0.0543	0.0154	0.0000	0.1590
M:nh	0.0000	0.0000	0.0000	0.0000	0.0000	0.0314	0.4710	0.0000	0.0000	0.0000	0.3387	0.1590
W:hS	0.0000	0.0000	0.0000	0.0000	0.0000	0.0001	0.0000	0.6301	0.1320	0.0101	0.0073	0.2205
W:hP	0.0000	0.0000	0.0000	0.0000	0.0000	0.0001	0.0000	0.0000	0.7794	0.0000	0.0000	0.2205
W:hO	0.0000	0.0000	0.0000	0.0000	0.0000	0.0001	0.0000	0.0483	0.0966	0.6346	0.0000	0.2205
W:nh	0.0000	0.0000	0.0000	0.0000	0.0000	0.0001	0.0000	0.0000	0.0000	0.0000	0.7794	0.2205
dead	0.0000	0.0000	0.0000	0.0000	0.0000	0.0000	0.0000	0.0000	0.0000	0.0000	0.0000	1.0000

85+歳	S:hS	S:hO	S:nh	M:hS	M:hP	M:sp	M:nh	W:hS	W:hP	W:hO	W:nh	dead
S:hS	0.4119	0.0000	0.0000	0.0000	0.0000	0.0000	0.0000	0.0000	0.0000	0.0000	0.0000	0.5881
S:hO	0.0000	0.4079	0.0040	0.0000	0.0000	0.0000	0.0000	0.0000	0.0000	0.0000	0.0000	0.5881
S:nh	0.0000	0.0000	0.4119	0.0000	0.0000	0.0000	0.0000	0.0000	0.0000	0.0000	0.0000	0.5881
M:hS	0.0000	0.0000	0.0000	0.2373	0.0000	0.0000	0.0000	0.4067	0.0000	0.0000	0.0000	0.3560
M:hP	0.0000	0.0000	0.0000	0.0000	0.2373	0.0000	0.0000	0.0000	0.4067	0.0000	0.0000	0.3560
M:sp	0.0000	0.0000	0.0000	0.0000	0.0000	0.2347	0.0026	0.3327	0.0555	0.0185	0.0000	0.3560
M:nh	0.0000	0.0000	0.0000	0.0000	0.0000	0.0148	0.2225	0.0000	0.0000	0.0000	0.4067	0.3560
W:hS	0.0000	0.0000	0.0000	0.0000	0.0000	0.0000	0.0000	0.3690	0.0982	0.0000	0.0059	0.5269
W:hP	0.0000	0.0000	0.0000	0.0000	0.0000	0.0000	0.0000	0.0000	0.4731	0.0000	0.0000	0.5269
W:hO	0.0000	0.0000	0.0000	0.0000	0.0000	0.0000	0.0000	0.0309	0.0618	0.3804	0.0000	0.5269
W:nh	0.0000	0.0000	0.0000	0.0000	0.0000	0.0000	0.0000	0.0000	0.0000	0.0000	0.4731	0.5269
dead	0.0000	0.0000	0.0000	0.0000	0.0000	0.0000	0.0000	0.0000	0.0000	0.0000	0.0000	1.0000

注）表側(左端)が2020年，表頭(上端)が2025年の配偶関係別世帯内地位をあらわす．

仮定値表 推移確率行列（続き）

2025～2030年：女

15-19歳	S:hS	S:h0	S:nh	M:hS	M:hP	M:sp	M:nh	W:hS	W:hP	W:h0	W:nh	dead
S:hS	0.1046	0.0000	0.8073	0.0000	0.0000	0.0766	0.0055	0.0051	0.0000	0.0000	0.0000	0.0008
S:h0	0.0000	0.9119	0.0000	0.0000	0.0000	0.0821	0.0000	0.0000	0.0000	0.0051	0.0000	0.0008
S:nh	0.2416	0.0052	0.6651	0.0014	0.0016	0.0637	0.0155	0.0000	0.0022	0.0002	0.0027	0.0008
M:hS	0.0000	0.0000	0.0000	0.6202	0.0000	0.0000	0.0000	0.3788	0.0000	0.0000	0.0000	0.0011
M:hP	0.0000	0.0000	0.0000	0.0000	0.6202	0.0000	0.0000	0.0000	0.3788	0.0000	0.0000	0.0011
M:sp	0.0000	0.0000	0.0000	0.0000	0.0000	0.6202	0.0000	0.0631	0.2525	0.0000	0.0631	0.0011
M:nh	0.0000	0.0000	0.0000	0.0000	0.0000	0.2255	0.3947	0.0000	0.0000	0.0000	0.3788	0.0011
W:hS	0.0000	0.0000	0.0000	0.0000	0.0000	0.4326	0.0000	0.0000	0.0000	0.0000	0.5635	0.0040
W:hP	0.0000	0.0000	0.0000	0.0000	0.0000	0.4326	0.0000	0.0000	0.5635	0.0000	0.0000	0.0040
W:h0	0.0000	0.0000	0.0000	0.0000	0.0000	0.4326	0.0000	0.0563	0.0563	0.3944	0.0563	0.0040
W:nh	0.0000	0.0000	0.0000	0.0000	0.0000	0.4326	0.0000	0.0000	0.0000	0.0000	0.5635	0.0040
dead	0.0000	0.0000	0.0000	0.0000	0.0000	0.0000	0.0000	0.0000	0.0000	0.0000	0.0000	1.0000

20-24歳	S:hS	S:h0	S:nh	M:hS	M:hP	M:sp	M:nh	W:hS	W:hP	W:h0	W:nh	dead
S:hS	0.2244	0.0000	0.4645	0.0000	0.0000	0.2765	0.0200	0.0048	0.0087	0.0000	0.0000	0.0012
S:h0	0.0000	0.6888	0.0000	0.0000	0.0000	0.2965	0.0000	0.0000	0.0000	0.0135	0.0000	0.0012
S:nh	0.2163	0.0006	0.4719	0.0082	0.0055	0.2546	0.0282	0.0000	0.0055	0.0008	0.0072	0.0012
M:hS	0.0000	0.0000	0.0000	0.7552	0.0000	0.0000	0.0000	0.2439	0.0000	0.0000	0.0000	0.0009
M:hP	0.0000	0.0000	0.0000	0.0000	0.7552	0.0000	0.0000	0.0000	0.2439	0.0000	0.0000	0.0009
M:sp	0.0000	0.0000	0.0000	0.0000	0.0000	0.7552	0.0000	0.0407	0.1626	0.0000	0.0407	0.0009
M:nh	0.0000	0.0000	0.0000	0.0000	0.0000	0.2746	0.4806	0.0000	0.0000	0.0000	0.2439	0.0009
W:hS	0.0000	0.0000	0.0000	0.0000	0.0000	0.4953	0.0000	0.0000	0.0000	0.0000	0.5014	0.0032
W:hP	0.0000	0.0000	0.0000	0.0000	0.0000	0.4953	0.0000	0.0000	0.5014	0.0000	0.0000	0.0032
W:h0	0.0000	0.0000	0.0000	0.0000	0.0000	0.4953	0.0000	0.0501	0.0501	0.3510	0.0501	0.0032
W:nh	0.0000	0.0000	0.0000	0.0000	0.0000	0.4953	0.0000	0.0000	0.0000	0.0000	0.5014	0.0032
dead	0.0000	0.0000	0.0000	0.0000	0.0000	0.0000	0.0000	0.0000	0.0000	0.0000	0.0000	1.0000

25-29歳	S:hS	S:h0	S:nh	M:hS	M:hP	M:sp	M:nh	W:hS	W:hP	W:h0	W:nh	dead
S:hS	0.3118	0.0000	0.2486	0.0000	0.0000	0.3923	0.0283	0.0089	0.0084	0.0000	0.0000	0.0017
S:h0	0.0783	0.4820	0.0000	0.0000	0.0000	0.4206	0.0000	0.0000	0.0000	0.0173	0.0000	0.0017
S:nh	0.1421	0.0000	0.4182	0.0045	0.0156	0.3547	0.0458	0.0000	0.0058	0.0027	0.0089	0.0017
M:hS	0.0000	0.0000	0.0000	0.8899	0.0000	0.0000	0.0000	0.1091	0.0000	0.0000	0.0000	0.0010
M:hP	0.0000	0.0000	0.0000	0.0000	0.8899	0.0000	0.0000	0.0000	0.1091	0.0000	0.0000	0.0010
M:sp	0.0000	0.0000	0.0000	0.0000	0.0000	0.8899	0.0000	0.0182	0.0728	0.0000	0.0182	0.0010
M:nh	0.0000	0.0000	0.0000	0.0000	0.0000	0.3236	0.5663	0.0000	0.0000	0.0000	0.1091	0.0010
W:hS	0.0000	0.0000	0.0000	0.0000	0.0000	0.4937	0.0000	0.0000	0.0000	0.0000	0.5024	0.0039
W:hP	0.0000	0.0000	0.0000	0.0000	0.0000	0.4937	0.0000	0.0000	0.5024	0.0000	0.0000	0.0039
W:h0	0.0000	0.0000	0.0000	0.0000	0.0000	0.4937	0.0000	0.0502	0.0502	0.3517	0.0502	0.0039
W:nh	0.0000	0.0000	0.0000	0.0000	0.0000	0.4937	0.0000	0.0000	0.0000	0.0000	0.5024	0.0039
dead	0.0000	0.0000	0.0000	0.0000	0.0000	0.0000	0.0000	0.0000	0.0000	0.0000	0.0000	1.0000

30-34歳	S:hS	S:h0	S:nh	M:hS	M:hP	M:sp	M:nh	W:hS	W:hP	W:h0	W:nh	dead
S:hS	0.4885	0.0000	0.2007	0.0000	0.0000	0.2776	0.0200	0.0104	0.0000	0.0000	0.0000	0.0028
S:h0	0.0646	0.6246	0.0000	0.0000	0.0000	0.2976	0.0000	0.0000	0.0000	0.0104	0.0000	0.0028
S:nh	0.1291	0.0000	0.5601	0.0000	0.0000	0.2607	0.0369	0.0000	0.0000	0.0000	0.0104	0.0028
M:hS	0.0000	0.0000	0.0000	0.8686	0.0000	0.0505	0.0000	0.0796	0.0000	0.0000	0.0000	0.0013
M:hP	0.0000	0.0000	0.0000	0.0000	0.9191	0.0000	0.0000	0.0000	0.0796	0.0000	0.0000	0.0013
M:sp	0.0000	0.0000	0.0000	0.0000	0.0155	0.8991	0.0045	0.0098	0.0540	0.0054	0.0104	0.0013
M:nh	0.0000	0.0000	0.0000	0.0000	0.0000	0.2419	0.6772	0.0000	0.0000	0.0000	0.0796	0.0013
W:hS	0.0000	0.0000	0.0000	0.0000	0.0000	0.3808	0.0000	0.6146	0.0000	0.0000	0.0000	0.0046
W:hP	0.0000	0.0000	0.0000	0.0000	0.0000	0.3808	0.0000	0.0000	0.6146	0.0000	0.0000	0.0046
W:h0	0.0000	0.0000	0.0000	0.0000	0.0000	0.3808	0.0000	0.0615	0.0615	0.4302	0.0615	0.0046
W:nh	0.0000	0.0000	0.0000	0.0000	0.0000	0.3808	0.0000	0.0000	0.0000	0.0000	0.6146	0.0046
dead	0.0000	0.0000	0.0000	0.0000	0.0000	0.0000	0.0000	0.0000	0.0000	0.0000	0.0000	1.0000

35-39歳	S:hS	S:h0	S:nh	M:hS	M:hP	M:sp	M:nh	W:hS	W:hP	W:h0	W:nh	dead
S:hS	0.6612	0.0000	0.1554	0.0000	0.0000	0.1623	0.0117	0.0047	0.0000	0.0000	0.0000	0.0048
S:h0	0.0000	0.8166	0.0000	0.0000	0.0000	0.1740	0.0000	0.0000	0.0000	0.0047	0.0000	0.0048
S:nh	0.1053	0.0011	0.7102	0.0000	0.0000	0.1524	0.0216	0.0000	0.0000	0.0000	0.0047	0.0048
M:hS	0.0000	0.0000	0.0000	0.9281	0.0000	0.0000	0.0000	0.0699	0.0000	0.0000	0.0000	0.0020
M:hP	0.0000	0.0000	0.0000	0.0000	0.9281	0.0000	0.0000	0.0000	0.0699	0.0000	0.0000	0.0020
M:sp	0.0000	0.0000	0.0000	0.0015	0.0161	0.9090	0.0016	0.0233	0.0393	0.0000	0.0073	0.0020
M:nh	0.0000	0.0000	0.0000	0.0000	0.0000	0.1661	0.7621	0.0000	0.0000	0.0000	0.0699	0.0020
W:hS	0.0000	0.0000	0.0000	0.0000	0.0000	0.2564	0.0000	0.3826	0.0000	0.3549	0.0000	0.0061
W:hP	0.0000	0.0000	0.0000	0.0000	0.0000	0.2564	0.0000	0.0000	0.7375	0.0000	0.0000	0.0061
W:h0	0.0000	0.0000	0.0000	0.0000	0.0000	0.2564	0.0000	0.0738	0.0738	0.5163	0.0738	0.0061
W:nh	0.0000	0.0000	0.0000	0.0000	0.0000	0.2564	0.0000	0.0000	0.0000	0.0000	0.7375	0.0061
dead	0.0000	0.0000	0.0000	0.0000	0.0000	0.0000	0.0000	0.0000	0.0000	0.0000	0.0000	1.0000

注）表側(左端)が2025年，表頭(上端)が2030年の配偶関係別世帯内地位をあらわす．

仮定値表 推移確率行列（続き）

2025～2030年：女

40-44歳	S:hS	S:hO	S:nh	M:hS	M:hP	M:sp	M:nh	W:hS	W:hP	W:hO	W:nh	dead
S:hS	0.8190	0.0000	0.0932	0.0000	0.0000	0.0739	0.0053	0.0012	0.0000	0.0000	0.0000	0.0074
S:hO	0.0000	0.9122	0.0000	0.0000	0.0000	0.0792	0.0000	0.0000	0.0000	0.0012	0.0000	0.0074
S:nh	0.0714	0.0036	0.8372	0.0000	0.0000	0.0694	0.0098	0.0000	0.0000	0.0000	0.0012	0.0074
M:hS	0.0000	0.0000	0.0000	0.9310	0.0000	0.0000	0.0000	0.0658	0.0000	0.0000	0.0000	0.0032
M:hP	0.0000	0.0000	0.0000	0.0000	0.9310	0.0000	0.0000	0.0000	0.0658	0.0000	0.0000	0.0032
M:sp	0.0000	0.0000	0.0000	0.0045	0.0131	0.9119	0.0016	0.0306	0.0209	0.0102	0.0041	0.0032
M:nh	0.0000	0.0000	0.0000	0.0000	0.0000	0.1854	0.7457	0.0000	0.0000	0.0000	0.0658	0.0032
W:hS	0.0000	0.0000	0.0000	0.0000	0.0000	0.1660	0.0000	0.6876	0.1375	0.0000	0.0000	0.0089
W:hP	0.0000	0.0000	0.0000	0.0000	0.0000	0.1660	0.0000	0.0375	0.7876	0.0000	0.0000	0.0089
W:hO	0.0000	0.0000	0.0000	0.0000	0.0000	0.1660	0.0000	0.0825	0.0825	0.5776	0.0825	0.0089
W:nh	0.0000	0.0000	0.0000	0.0000	0.0000	0.1660	0.0000	0.0000	0.0000	0.0000	0.8251	0.0089
dead	0.0000	0.0000	0.0000	0.0000	0.0000	0.0000	0.0000	0.0000	0.0000	0.0000	0.0000	1.0000

45-49歳	S:hS	S:hO	S:nh	M:hS	M:hP	M:sp	M:nh	W:hS	W:hP	W:hO	W:nh	dead
S:hS	0.8585	0.0000	0.0856	0.0000	0.0000	0.0414	0.0030	0.0003	0.0000	0.0000	0.0000	0.0112
S:hO	0.0000	0.9441	0.0000	0.0000	0.0000	0.0444	0.0000	0.0000	0.0000	0.0003	0.0000	0.0112
S:nh	0.0796	0.0076	0.8569	0.0000	0.0000	0.0389	0.0055	0.0000	0.0000	0.0000	0.0003	0.0112
M:hS	0.0000	0.0000	0.0000	0.9555	0.0000	0.0000	0.0000	0.0393	0.0000	0.0000	0.0000	0.0052
M:hP	0.0000	0.0000	0.0000	0.0000	0.9243	0.0312	0.0000	0.0000	0.0393	0.0000	0.0000	0.0052
M:sp	0.0000	0.0000	0.0000	0.0079	0.0000	0.9429	0.0046	0.0156	0.0199	0.0037	0.0000	0.0052
M:nh	0.0000	0.0000	0.0000	0.0000	0.0000	0.2751	0.6804	0.0000	0.0000	0.0000	0.0393	0.0052
W:hS	0.0000	0.0000	0.0000	0.0000	0.0000	0.0878	0.0000	0.8997	0.0000	0.0000	0.0000	0.0125
W:hP	0.0000	0.0000	0.0000	0.0000	0.0000	0.0878	0.0000	0.1446	0.7390	0.0161	0.0000	0.0125
W:hO	0.0000	0.0000	0.0000	0.0000	0.0000	0.0878	0.0000	0.0900	0.0900	0.7198	0.0000	0.0125
W:nh	0.0000	0.0000	0.0000	0.0000	0.0000	0.0878	0.0000	0.0000	0.0000	0.0000	0.8997	0.0125
dead	0.0000	0.0000	0.0000	0.0000	0.0000	0.0000	0.0000	0.0000	0.0000	0.0000	0.0000	1.0000

50-54歳	S:hS	S:hO	S:nh	M:hS	M:hP	M:sp	M:nh	W:hS	W:hP	W:hO	W:nh	dead
S:hS	0.9089	0.0000	0.0440	0.0000	0.0000	0.0274	0.0020	0.0001	0.0000	0.0000	0.0000	0.0176
S:hO	0.0000	0.9529	0.0000	0.0000	0.0000	0.0294	0.0000	0.0000	0.0000	0.0001	0.0000	0.0176
S:nh	0.1030	0.0127	0.8372	0.0000	0.0000	0.0258	0.0036	0.0000	0.0000	0.0000	0.0001	0.0176
M:hS	0.0000	0.0000	0.0000	0.9564	0.0000	0.0000	0.0000	0.0354	0.0000	0.0000	0.0000	0.0081
M:hP	0.0000	0.0000	0.0000	0.1097	0.6807	0.1660	0.0000	0.0000	0.0354	0.0000	0.0000	0.0081
M:sp	0.0000	0.0000	0.0000	0.0000	0.0000	0.9549	0.0016	0.0120	0.0218	0.0016	0.0000	0.0081
M:nh	0.0000	0.0000	0.0000	0.0000	0.0000	0.3069	0.6496	0.0000	0.0000	0.0000	0.0354	0.0081
W:hS	0.0000	0.0000	0.0000	0.0000	0.0000	0.0541	0.0000	0.8857	0.0030	0.0404	0.0000	0.0168
W:hP	0.0000	0.0000	0.0000	0.0000	0.0000	0.0541	0.0000	0.2601	0.6318	0.0372	0.0000	0.0168
W:hO	0.0000	0.0000	0.0000	0.0000	0.0000	0.0541	0.0000	0.0929	0.1858	0.6504	0.0000	0.0168
W:nh	0.0000	0.0000	0.0000	0.0000	0.0000	0.0541	0.0000	0.0000	0.0000	0.0000	0.9291	0.0168
dead	0.0000	0.0000	0.0000	0.0000	0.0000	0.0000	0.0000	0.0000	0.0000	0.0000	0.0000	1.0000

55-59歳	S:hS	S:hO	S:nh	M:hS	M:hP	M:sp	M:nh	W:hS	W:hP	W:hO	W:nh	dead
S:hS	0.9435	0.0000	0.0000	0.0000	0.0000	0.0277	0.0020	0.0001	0.0000	0.0000	0.0000	0.0268
S:hO	0.0000	0.9435	0.0000	0.0000	0.0000	0.0297	0.0000	0.0000	0.0000	0.0001	0.0000	0.0268
S:nh	0.1792	0.0202	0.7442	0.0000	0.0000	0.0260	0.0037	0.0000	0.0000	0.0000	0.0001	0.0268
M:hS	0.0000	0.0000	0.0000	0.9008	0.0000	0.0441	0.0000	0.0434	0.0000	0.0000	0.0000	0.0117
M:hP	0.0000	0.0000	0.0000	0.0000	0.6142	0.3307	0.0000	0.0000	0.0434	0.0000	0.0000	0.0117
M:sp	0.0000	0.0000	0.0000	0.0000	0.0000	0.9433	0.0016	0.0158	0.0256	0.0020	0.0000	0.0117
M:nh	0.0000	0.0000	0.0000	0.0000	0.0000	0.2884	0.6565	0.0000	0.0000	0.0000	0.0434	0.0117
W:hS	0.0000	0.0000	0.0000	0.0000	0.0000	0.0324	0.0000	0.8812	0.0419	0.0211	0.0000	0.0233
W:hP	0.0000	0.0000	0.0000	0.0000	0.0000	0.0324	0.0000	0.3088	0.6043	0.0311	0.0000	0.0233
W:hO	0.0000	0.0000	0.0000	0.0000	0.0000	0.0324	0.0000	0.1888	0.0944	0.6594	0.0016	0.0233
W:nh	0.0000	0.0000	0.0000	0.0000	0.0000	0.0324	0.0000	0.0000	0.0000	0.0000	0.9442	0.0233
dead	0.0000	0.0000	0.0000	0.0000	0.0000	0.0000	0.0000	0.0000	0.0000	0.0000	0.0000	1.0000

60-64歳	S:hS	S:hO	S:nh	M:hS	M:hP	M:sp	M:nh	W:hS	W:hP	W:hO	W:nh	dead
S:hS	0.9325	0.0000	0.0017	0.0000	0.0000	0.0243	0.0018	0.0001	0.0000	0.0000	0.0000	0.0397
S:hO	0.0000	0.9342	0.0000	0.0000	0.0000	0.0260	0.0000	0.0000	0.0000	0.0001	0.0000	0.0397
S:nh	0.1420	0.0244	0.7678	0.0000	0.0000	0.0228	0.0032	0.0000	0.0000	0.0000	0.0001	0.0397
M:hS	0.0000	0.0000	0.0000	0.9230	0.0000	0.0000	0.0000	0.0594	0.0000	0.0000	0.0000	0.0175
M:hP	0.0000	0.0000	0.0000	0.0229	0.8256	0.0746	0.0000	0.0000	0.0594	0.0000	0.0000	0.0175
M:sp	0.0000	0.0000	0.0000	0.0000	0.0000	0.9174	0.0056	0.0356	0.0221	0.0017	0.0000	0.0175
M:nh	0.0000	0.0000	0.0000	0.0000	0.0000	0.2308	0.6923	0.0000	0.0000	0.0000	0.0594	0.0175
W:hS	0.0000	0.0000	0.0000	0.0000	0.0000	0.0193	0.0000	0.8535	0.0667	0.0071	0.0197	0.0337
W:hP	0.0000	0.0000	0.0000	0.0000	0.0000	0.0193	0.0000	0.2585	0.6505	0.0279	0.0101	0.0337
W:hO	0.0000	0.0000	0.0000	0.0000	0.0000	0.0193	0.0000	0.0879	0.1015	0.7371	0.0205	0.0337
W:nh	0.0000	0.0000	0.0000	0.0000	0.0000	0.0193	0.0000	0.0000	0.0000	0.0000	0.9470	0.0337
dead	0.0000	0.0000	0.0000	0.0000	0.0000	0.0000	0.0000	0.0000	0.0000	0.0000	0.0000	1.0000

注）表側(左端)が2025年，表頭(上端)が2030年の配偶関係別世帯内地位をあらわす．

仮定値表 推移確率行列（続き）

2025～2030年：女

65-69歳	S:hS	S:h0	S:nh	M:hS	M:hP	M:sp	M:nh	W:hS	W:hP	W:h0	W:nh	dead
S:hS	0.9159	0.0000	0.0129	0.0000	0.0000	0.0132	0.0010	0.0001	0.0000	0.0000	0.0000	0.0569
S:h0	0.0000	0.9289	0.0000	0.0000	0.0000	0.0142	0.0000	0.0000	0.0000	0.0001	0.0000	0.0569
S:nh	0.1300	0.0189	0.7800	0.0000	0.0000	0.0124	0.0018	0.0000	0.0000	0.0000	0.0001	0.0569
M:hS	0.0000	0.0000	0.0000	0.8790	0.0000	0.0000	0.0000	0.0943	0.0000	0.0000	0.0000	0.0267
M:hP	0.0000	0.0000	0.0000	0.0000	0.8790	0.0000	0.0000	0.0000	0.0943	0.0000	0.0000	0.0267
M:sp	0.0000	0.0000	0.0000	0.0016	0.0017	0.8633	0.0124	0.0587	0.0282	0.0043	0.0031	0.0267
M:nh	0.0000	0.0000	0.0000	0.0000	0.0000	0.2198	0.6593	0.0000	0.0000	0.0000	0.0943	0.0267
W:hS	0.0000	0.0000	0.0000	0.0000	0.0000	0.0144	0.0000	0.8210	0.0877	0.0185	0.0096	0.0488
W:hP	0.0000	0.0000	0.0000	0.0000	0.0000	0.0144	0.0000	0.2258	0.6689	0.0278	0.0143	0.0488
W:h0	0.0000	0.0000	0.0000	0.0000	0.0000	0.0144	0.0000	0.0930	0.2316	0.5702	0.0420	0.0488
W:nh	0.0000	0.0000	0.0000	0.0000	0.0000	0.0144	0.0000	0.0000	0.0000	0.0000	0.9368	0.0488
dead	0.0000	0.0000	0.0000	0.0000	0.0000	0.0000	0.0000	0.0000	0.0000	0.0000	0.0000	1.0000

70-74歳	S:hS	S:h0	S:nh	M:hS	M:hP	M:sp	M:nh	W:hS	W:hP	W:h0	W:nh	dead
S:hS	0.9113	0.0000	0.0000	0.0000	0.0000	0.0008	0.0001	0.0001	0.0000	0.0000	0.0000	0.0878
S:h0	0.0000	0.9113	0.0000	0.0000	0.0000	0.0008	0.0000	0.0000	0.0000	0.0001	0.0000	0.0878
S:nh	0.0178	0.0099	0.8836	0.0000	0.0000	0.0007	0.0001	0.0000	0.0000	0.0000	0.0001	0.0878
M:hS	0.0000	0.0000	0.0000	0.7988	0.0000	0.0000	0.0000	0.1568	0.0000	0.0000	0.0000	0.0444
M:hP	0.0000	0.0000	0.0000	0.0000	0.7988	0.0000	0.0000	0.0000	0.1568	0.0000	0.0000	0.0444
M:sp	0.0000	0.0000	0.0000	0.0039	0.0033	0.7750	0.0166	0.1018	0.0423	0.0066	0.0061	0.0444
M:nh	0.0000	0.0000	0.0000	0.0000	0.0000	0.1498	0.6490	0.0000	0.0000	0.0000	0.1568	0.0444
W:hS	0.0000	0.0000	0.0000	0.0000	0.0000	0.0101	0.0000	0.8238	0.0525	0.0157	0.0216	0.0762
W:hP	0.0000	0.0000	0.0000	0.0000	0.0000	0.0101	0.0000	0.1198	0.7258	0.0355	0.0326	0.0762
W:h0	0.0000	0.0000	0.0000	0.0000	0.0000	0.0101	0.0000	0.0910	0.2387	0.5162	0.0678	0.0762
W:nh	0.0000	0.0000	0.0000	0.0000	0.0000	0.0101	0.0000	0.0000	0.0000	0.0000	0.9137	0.0762
dead	0.0000	0.0000	0.0000	0.0000	0.0000	0.0000	0.0000	0.0000	0.0000	0.0000	0.0000	1.0000

75-79歳	S:hS	S:h0	S:nh	M:hS	M:hP	M:sp	M:nh	W:hS	W:hP	W:h0	W:nh	dead
S:hS	0.8425	0.0000	0.0029	0.0000	0.0000	0.0003	0.0000	0.0001	0.0000	0.0000	0.0000	0.1541
S:h0	0.0000	0.8455	0.0000	0.0000	0.0000	0.0004	0.0000	0.0000	0.0000	0.0001	0.0000	0.1541
S:nh	0.0000	0.0055	0.8399	0.0000	0.0000	0.0003	0.0000	0.0000	0.0000	0.0000	0.0001	0.1541
M:hS	0.0000	0.0000	0.0000	0.6685	0.0000	0.0000	0.0000	0.2496	0.0000	0.0000	0.0000	0.0819
M:hP	0.0000	0.0000	0.0000	0.0000	0.6685	0.0000	0.0000	0.0000	0.2496	0.0000	0.0000	0.0819
M:sp	0.0000	0.0000	0.0000	0.0064	0.0048	0.6416	0.0157	0.1349	0.0716	0.0086	0.0345	0.0819
M:nh	0.0000	0.0000	0.0000	0.0000	0.0000	0.0418	0.6267	0.0000	0.0000	0.0000	0.2496	0.0819
W:hS	0.0000	0.0000	0.0000	0.0000	0.0000	0.0046	0.0000	0.8099	0.0289	0.0096	0.0193	0.1276
W:hP	0.0000	0.0000	0.0000	0.0000	0.0000	0.0046	0.0000	0.0964	0.7327	0.0193	0.0193	0.1276
W:h0	0.0000	0.0000	0.0000	0.0000	0.0000	0.0046	0.0000	0.0868	0.0868	0.6074	0.0868	0.1276
W:nh	0.0000	0.0000	0.0000	0.0000	0.0000	0.0046	0.0000	0.0000	0.0000	0.0000	0.8677	0.1276
dead	0.0000	0.0000	0.0000	0.0000	0.0000	0.0000	0.0000	0.0000	0.0000	0.0000	0.0000	1.0000

80-84歳	S:hS	S:h0	S:nh	M:hS	M:hP	M:sp	M:nh	W:hS	W:hP	W:h0	W:nh	dead
S:hS	0.7190	0.0000	0.0050	0.0000	0.0000	0.0000	0.0000	0.0000	0.0000	0.0000	0.0000	0.2760
S:h0	0.0000	0.7200	0.0039	0.0000	0.0000	0.0000	0.0000	0.0000	0.0000	0.0000	0.0000	0.2760
S:nh	0.0000	0.0000	0.7240	0.0000	0.0000	0.0000	0.0000	0.0000	0.0000	0.0000	0.0000	0.2760
M:hS	0.0000	0.0000	0.0000	0.5024	0.0000	0.0000	0.0000	0.3387	0.0000	0.0000	0.0000	0.1590
M:hP	0.0000	0.0000	0.0000	0.0000	0.5024	0.0000	0.0000	0.0000	0.3387	0.0000	0.0000	0.1590
M:sp	0.0000	0.0000	0.0000	0.0091	0.0078	0.4590	0.0264	0.2689	0.0543	0.0154	0.0000	0.1590
M:nh	0.0000	0.0000	0.0000	0.0000	0.0000	0.0314	0.4710	0.0000	0.0000	0.0000	0.3387	0.1590
W:hS	0.0000	0.0000	0.0000	0.0000	0.0000	0.0001	0.0000	0.6301	0.1320	0.0101	0.0073	0.2205
W:hP	0.0000	0.0000	0.0000	0.0000	0.0000	0.0001	0.0000	0.0000	0.7794	0.0000	0.0000	0.2205
W:h0	0.0000	0.0000	0.0000	0.0000	0.0000	0.0001	0.0000	0.0483	0.0966	0.6346	0.0000	0.2205
W:nh	0.0000	0.0000	0.0000	0.0000	0.0000	0.0001	0.0000	0.0000	0.0000	0.0000	0.7794	0.2205
dead	0.0000	0.0000	0.0000	0.0000	0.0000	0.0000	0.0000	0.0000	0.0000	0.0000	0.0000	1.0000

85+歳	S:hS	S:h0	S:nh	M:hS	M:hP	M:sp	M:nh	W:hS	W:hP	W:h0	W:nh	dead
S:hS	0.4119	0.0000	0.0000	0.0000	0.0000	0.0000	0.0000	0.0000	0.0000	0.0000	0.0000	0.5881
S:h0	0.0000	0.4079	0.0040	0.0000	0.0000	0.0000	0.0000	0.0000	0.0000	0.0000	0.0000	0.5881
S:nh	0.0000	0.0000	0.4119	0.0000	0.0000	0.0000	0.0000	0.0000	0.0000	0.0000	0.0000	0.5881
M:hS	0.0000	0.0000	0.0000	0.2373	0.0000	0.0000	0.0000	0.4067	0.0000	0.0000	0.0000	0.3560
M:hP	0.0000	0.0000	0.0000	0.0000	0.2373	0.0000	0.0000	0.0000	0.4067	0.0000	0.0000	0.3560
M:sp	0.0000	0.0000	0.0000	0.0000	0.0000	0.2347	0.0026	0.3327	0.0555	0.0185	0.0000	0.3560
M:nh	0.0000	0.0000	0.0000	0.0000	0.0000	0.0148	0.2225	0.0000	0.0000	0.0000	0.4067	0.3560
W:hS	0.0000	0.0000	0.0000	0.0000	0.0000	0.0000	0.0000	0.3690	0.0982	0.0000	0.0059	0.5269
W:hP	0.0000	0.0000	0.0000	0.0000	0.0000	0.0000	0.0000	0.0000	0.4731	0.0000	0.0000	0.5269
W:h0	0.0000	0.0000	0.0000	0.0000	0.0000	0.0000	0.0000	0.0309	0.0618	0.3804	0.0000	0.5269
W:nh	0.0000	0.0000	0.0000	0.0000	0.0000	0.0000	0.0000	0.0000	0.0000	0.0000	0.4731	0.5269
dead	0.0000	0.0000	0.0000	0.0000	0.0000	0.0000	0.0000	0.0000	0.0000	0.0000	0.0000	1.0000

注）表側（左端）が2025年，表頭（上端）が2030年の配偶関係別世帯内地位をあらわす.

仮定値表 推移確率行列（続き）

2030～2035年：女

15-19歳	S:hS	S:hO	S:nh	M:hS	M:hP	M:sp	M:nh	W:hS	W:hP	W:hO	W:nh	dead
S:hS	0.1046	0.0000	0.8073	0.0000	0.0000	0.0766	0.0055	0.0051	0.0000	0.0000	0.0000	0.0008
S:hO	0.0000	0.9119	0.0000	0.0000	0.0000	0.0821	0.0000	0.0000	0.0000	0.0051	0.0000	0.0008
S:nh	0.2416	0.0052	0.6651	0.0014	0.0016	0.0637	0.0155	0.0000	0.0022	0.0002	0.0027	0.0008
M:hS	0.0000	0.0000	0.0000	0.6202	0.0000	0.0000	0.0000	0.3788	0.0000	0.0000	0.0000	0.0011
M:hP	0.0000	0.0000	0.0000	0.0000	0.6202	0.0000	0.0000	0.0000	0.3788	0.0000	0.0000	0.0011
M:sp	0.0000	0.0000	0.0000	0.0000	0.0000	0.6202	0.0000	0.0631	0.2525	0.0000	0.0631	0.0011
M:nh	0.0000	0.0000	0.0000	0.0000	0.0000	0.2255	0.3947	0.0000	0.0000	0.0000	0.3788	0.0011
W:hS	0.0000	0.0000	0.0000	0.0000	0.0000	0.4326	0.0000	0.0000	0.0000	0.0000	0.5635	0.0040
W:hP	0.0000	0.0000	0.0000	0.0000	0.0000	0.4326	0.0000	0.0000	0.5635	0.0000	0.0000	0.0040
W:hO	0.0000	0.0000	0.0000	0.0000	0.0000	0.4326	0.0000	0.0563	0.0563	0.3944	0.0563	0.0040
W:nh	0.0000	0.0000	0.0000	0.0000	0.0000	0.4326	0.0000	0.0000	0.0000	0.0000	0.5635	0.0040
dead	0.0000	0.0000	0.0000	0.0000	0.0000	0.0000	0.0000	0.0000	0.0000	0.0000	0.0000	1.0000

20-24歳	S:hS	S:hO	S:nh	M:hS	M:hP	M:sp	M:nh	W:hS	W:hP	W:hO	W:nh	dead
S:hS	0.2244	0.0000	0.4645	0.0000	0.0000	0.2765	0.0200	0.0048	0.0087	0.0000	0.0000	0.0012
S:hO	0.0000	0.6888	0.0000	0.0000	0.0000	0.2965	0.0000	0.0000	0.0000	0.0135	0.0000	0.0012
S:nh	0.2163	0.0006	0.4719	0.0082	0.0055	0.2546	0.0282	0.0000	0.0055	0.0008	0.0072	0.0012
M:hS	0.0000	0.0000	0.0000	0.7552	0.0000	0.0000	0.0000	0.2439	0.0000	0.0000	0.0000	0.0009
M:hP	0.0000	0.0000	0.0000	0.0000	0.7552	0.0000	0.0000	0.0000	0.2439	0.0000	0.0000	0.0009
M:sp	0.0000	0.0000	0.0000	0.0000	0.0000	0.7552	0.0000	0.0407	0.1626	0.0000	0.0407	0.0009
M:nh	0.0000	0.0000	0.0000	0.0000	0.0000	0.2746	0.4806	0.0000	0.0000	0.0000	0.2439	0.0009
W:hS	0.0000	0.0000	0.0000	0.0000	0.0000	0.4953	0.0000	0.0000	0.0000	0.0000	0.5014	0.0032
W:hP	0.0000	0.0000	0.0000	0.0000	0.0000	0.4953	0.0000	0.0000	0.5014	0.0000	0.0000	0.0032
W:hO	0.0000	0.0000	0.0000	0.0000	0.0000	0.4953	0.0000	0.0501	0.0501	0.3510	0.0501	0.0032
W:nh	0.0000	0.0000	0.0000	0.0000	0.0000	0.4953	0.0000	0.0000	0.0000	0.0000	0.5014	0.0032
dead	0.0000	0.0000	0.0000	0.0000	0.0000	0.0000	0.0000	0.0000	0.0000	0.0000	0.0000	1.0000

25-29歳	S:hS	S:hO	S:nh	M:hS	M:hP	M:sp	M:nh	W:hS	W:hP	W:hO	W:nh	dead
S:hS	0.3118	0.0000	0.2486	0.0000	0.0000	0.3923	0.0283	0.0089	0.0084	0.0000	0.0000	0.0017
S:hO	0.0783	0.4820	0.0000	0.0000	0.0000	0.4206	0.0000	0.0000	0.0000	0.0173	0.0000	0.0017
S:nh	0.1421	0.0000	0.4182	0.0045	0.0156	0.3547	0.0458	0.0000	0.0058	0.0027	0.0089	0.0017
M:hS	0.0000	0.0000	0.0000	0.8899	0.0000	0.0000	0.0000	0.1091	0.0000	0.0000	0.0000	0.0010
M:hP	0.0000	0.0000	0.0000	0.0000	0.8899	0.0000	0.0000	0.0000	0.1091	0.0000	0.0000	0.0010
M:sp	0.0000	0.0000	0.0000	0.0000	0.0000	0.8899	0.0000	0.0182	0.0728	0.0000	0.0182	0.0010
M:nh	0.0000	0.0000	0.0000	0.0000	0.0000	0.3236	0.5663	0.0000	0.0000	0.0000	0.1091	0.0010
W:hS	0.0000	0.0000	0.0000	0.0000	0.0000	0.4937	0.0000	0.0000	0.0000	0.0000	0.5024	0.0039
W:hP	0.0000	0.0000	0.0000	0.0000	0.0000	0.4937	0.0000	0.0000	0.5024	0.0000	0.0000	0.0039
W:hO	0.0000	0.0000	0.0000	0.0000	0.0000	0.4937	0.0000	0.0502	0.0502	0.3517	0.0502	0.0039
W:nh	0.0000	0.0000	0.0000	0.0000	0.0000	0.4937	0.0000	0.0000	0.0000	0.0000	0.5024	0.0039
dead	0.0000	0.0000	0.0000	0.0000	0.0000	0.0000	0.0000	0.0000	0.0000	0.0000	0.0000	1.0000

30-34歳	S:hS	S:hO	S:nh	M:hS	M:hP	M:sp	M:nh	W:hS	W:hP	W:hO	W:nh	dead
S:hS	0.4885	0.0000	0.2007	0.0000	0.0000	0.2776	0.0200	0.0104	0.0000	0.0000	0.0000	0.0028
S:hO	0.0646	0.6246	0.0000	0.0000	0.0000	0.2976	0.0000	0.0000	0.0000	0.0104	0.0000	0.0028
S:nh	0.1291	0.0000	0.5601	0.0000	0.0000	0.2607	0.0369	0.0000	0.0000	0.0000	0.0104	0.0028
M:hS	0.0000	0.0000	0.0000	0.8686	0.0000	0.0505	0.0000	0.0796	0.0000	0.0000	0.0000	0.0013
M:hP	0.0000	0.0000	0.0000	0.0000	0.9191	0.0000	0.0000	0.0000	0.0796	0.0000	0.0000	0.0013
M:sp	0.0000	0.0000	0.0000	0.0000	0.0155	0.8991	0.0045	0.0098	0.0540	0.0054	0.0104	0.0013
M:nh	0.0000	0.0000	0.0000	0.0000	0.0000	0.2419	0.6772	0.0000	0.0000	0.0000	0.0796	0.0013
W:hS	0.0000	0.0000	0.0000	0.0000	0.0000	0.3808	0.0000	0.6146	0.0000	0.0000	0.0000	0.0046
W:hP	0.0000	0.0000	0.0000	0.0000	0.0000	0.3808	0.0000	0.0000	0.6146	0.0000	0.0000	0.0046
W:hO	0.0000	0.0000	0.0000	0.0000	0.0000	0.3808	0.0000	0.0615	0.0615	0.4302	0.0615	0.0046
W:nh	0.0000	0.0000	0.0000	0.0000	0.0000	0.3808	0.0000	0.0000	0.0000	0.0000	0.6146	0.0046
dead	0.0000	0.0000	0.0000	0.0000	0.0000	0.0000	0.0000	0.0000	0.0000	0.0000	0.0000	1.0000

35-39歳	S:hS	S:hO	S:nh	M:hS	M:hP	M:sp	M:nh	W:hS	W:hP	W:hO	W:nh	dead
S:hS	0.6612	0.0000	0.1554	0.0000	0.0000	0.1623	0.0117	0.0047	0.0000	0.0000	0.0000	0.0048
S:hO	0.0000	0.8166	0.0000	0.0000	0.0000	0.1740	0.0000	0.0000	0.0000	0.0047	0.0000	0.0048
S:nh	0.1053	0.0011	0.7102	0.0000	0.0000	0.1524	0.0216	0.0000	0.0000	0.0000	0.0047	0.0048
M:hS	0.0000	0.0000	0.0000	0.9281	0.0000	0.0000	0.0000	0.0699	0.0000	0.0000	0.0000	0.0020
M:hP	0.0000	0.0000	0.0000	0.0000	0.9281	0.0000	0.0000	0.0000	0.0699	0.0000	0.0000	0.0020
M:sp	0.0000	0.0000	0.0000	0.0015	0.0161	0.9090	0.0016	0.0233	0.0393	0.0000	0.0073	0.0020
M:nh	0.0000	0.0000	0.0000	0.0000	0.0000	0.1661	0.7621	0.0000	0.0000	0.0000	0.0699	0.0020
W:hS	0.0000	0.0000	0.0000	0.0000	0.0000	0.2564	0.0000	0.3826	0.0000	0.3549	0.0000	0.0061
W:hP	0.0000	0.0000	0.0000	0.0000	0.0000	0.2564	0.0000	0.0000	0.7375	0.0000	0.0000	0.0061
W:hO	0.0000	0.0000	0.0000	0.0000	0.0000	0.2564	0.0000	0.0738	0.0738	0.5163	0.0738	0.0061
W:nh	0.0000	0.0000	0.0000	0.0000	0.0000	0.2564	0.0000	0.0000	0.0000	0.0000	0.7375	0.0061
dead	0.0000	0.0000	0.0000	0.0000	0.0000	0.0000	0.0000	0.0000	0.0000	0.0000	0.0000	1.0000

注）表側（左端）が2030年，表頭（上端）が2035年の配偶関係別世帯内地位をあらわす．

仮定値表 推移確率行列（続き）

2030～2035年：女

40-44歳	S:hS	S:h0	S:nh	M:hS	M:hP	M:sp	M:nh	W:hS	W:hP	W:h0	W:nh	dead
S:hS	0.8190	0.0000	0.0932	0.0000	0.0000	0.0739	0.0053	0.0012	0.0000	0.0000	0.0000	0.0074
S:h0	0.0000	0.9122	0.0000	0.0000	0.0000	0.0792	0.0000	0.0000	0.0000	0.0012	0.0000	0.0074
S:nh	0.0714	0.0036	0.8372	0.0000	0.0000	0.0694	0.0098	0.0000	0.0000	0.0000	0.0012	0.0074
M:hS	0.0000	0.0000	0.0000	0.9310	0.0000	0.0000	0.0000	0.0658	0.0000	0.0000	0.0000	0.0032
M:hP	0.0000	0.0000	0.0000	0.0000	0.9310	0.0000	0.0000	0.0000	0.0658	0.0000	0.0000	0.0032
M:sp	0.0000	0.0000	0.0000	0.0045	0.0131	0.9119	0.0016	0.0306	0.0209	0.0102	0.0041	0.0032
M:nh	0.0000	0.0000	0.0000	0.0000	0.0000	0.1854	0.7457	0.0000	0.0000	0.0000	0.0658	0.0032
W:hS	0.0000	0.0000	0.0000	0.0000	0.0000	0.1660	0.0000	0.6876	0.1375	0.0000	0.0000	0.0089
W:hP	0.0000	0.0000	0.0000	0.0000	0.0000	0.1660	0.0000	0.0375	0.7876	0.0000	0.0000	0.0089
W:h0	0.0000	0.0000	0.0000	0.0000	0.0000	0.1660	0.0000	0.0825	0.0825	0.5776	0.0825	0.0089
W:nh	0.0000	0.0000	0.0000	0.0000	0.0000	0.1660	0.0000	0.0000	0.0000	0.0000	0.8251	0.0089
dead	0.0000	0.0000	0.0000	0.0000	0.0000	0.0000	0.0000	0.0000	0.0000	0.0000	0.0000	1.0000

45-49歳	S:hS	S:h0	S:nh	M:hS	M:hP	M:sp	M:nh	W:hS	W:hP	W:h0	W:nh	dead
S:hS	0.8585	0.0000	0.0856	0.0000	0.0000	0.0414	0.0030	0.0003	0.0000	0.0000	0.0000	0.0112
S:h0	0.0000	0.9441	0.0000	0.0000	0.0000	0.0444	0.0000	0.0000	0.0000	0.0003	0.0000	0.0112
S:nh	0.0796	0.0076	0.8569	0.0000	0.0000	0.0389	0.0055	0.0000	0.0000	0.0000	0.0003	0.0112
M:hS	0.0000	0.0000	0.0000	0.9555	0.0000	0.0000	0.0000	0.0393	0.0000	0.0000	0.0000	0.0052
M:hP	0.0000	0.0000	0.0000	0.0000	0.9243	0.0312	0.0000	0.0000	0.0393	0.0000	0.0000	0.0052
M:sp	0.0000	0.0000	0.0000	0.0079	0.0000	0.9429	0.0046	0.0156	0.0199	0.0037	0.0000	0.0052
M:nh	0.0000	0.0000	0.0000	0.0000	0.0000	0.2751	0.6804	0.0000	0.0000	0.0000	0.0393	0.0052
W:hS	0.0000	0.0000	0.0000	0.0000	0.0000	0.0878	0.0000	0.8997	0.0000	0.0000	0.0000	0.0125
W:hP	0.0000	0.0000	0.0000	0.0000	0.0000	0.0878	0.0000	0.1446	0.7390	0.0161	0.0000	0.0125
W:h0	0.0000	0.0000	0.0000	0.0000	0.0000	0.0878	0.0000	0.0900	0.0900	0.7198	0.0000	0.0125
W:nh	0.0000	0.0000	0.0000	0.0000	0.0000	0.0878	0.0000	0.0000	0.0000	0.0000	0.8997	0.0125
dead	0.0000	0.0000	0.0000	0.0000	0.0000	0.0000	0.0000	0.0000	0.0000	0.0000	0.0000	1.0000

50-54歳	S:hS	S:h0	S:nh	M:hS	M:hP	M:sp	M:nh	W:hS	W:hP	W:h0	W:nh	dead
S:hS	0.9089	0.0000	0.0440	0.0000	0.0000	0.0274	0.0020	0.0001	0.0000	0.0000	0.0000	0.0176
S:h0	0.0000	0.9529	0.0000	0.0000	0.0000	0.0294	0.0000	0.0000	0.0000	0.0001	0.0000	0.0176
S:nh	0.1030	0.0127	0.8372	0.0000	0.0000	0.0258	0.0036	0.0000	0.0000	0.0000	0.0001	0.0176
M:hS	0.0000	0.0000	0.0000	0.9564	0.0000	0.0000	0.0000	0.0354	0.0000	0.0000	0.0000	0.0081
M:hP	0.0000	0.0000	0.0000	0.1097	0.6807	0.1660	0.0000	0.0000	0.0354	0.0000	0.0000	0.0081
M:sp	0.0000	0.0000	0.0000	0.0000	0.0000	0.9549	0.0016	0.0120	0.0218	0.0016	0.0000	0.0081
M:nh	0.0000	0.0000	0.0000	0.0000	0.0000	0.3069	0.6496	0.0000	0.0000	0.0000	0.0354	0.0081
W:hS	0.0000	0.0000	0.0000	0.0000	0.0000	0.0541	0.0000	0.8857	0.0030	0.0404	0.0000	0.0168
W:hP	0.0000	0.0000	0.0000	0.0000	0.0000	0.0541	0.0000	0.2601	0.6318	0.0372	0.0000	0.0168
W:h0	0.0000	0.0000	0.0000	0.0000	0.0000	0.0541	0.0000	0.0929	0.1858	0.6504	0.0000	0.0168
W:nh	0.0000	0.0000	0.0000	0.0000	0.0000	0.0541	0.0000	0.0000	0.0000	0.0000	0.9291	0.0168
dead	0.0000	0.0000	0.0000	0.0000	0.0000	0.0000	0.0000	0.0000	0.0000	0.0000	0.0000	1.0000

55-59歳	S:hS	S:h0	S:nh	M:hS	M:hP	M:sp	M:nh	W:hS	W:hP	W:h0	W:nh	dead
S:hS	0.9435	0.0000	0.0000	0.0000	0.0000	0.0277	0.0020	0.0001	0.0000	0.0000	0.0000	0.0268
S:h0	0.0000	0.9435	0.0000	0.0000	0.0000	0.0297	0.0000	0.0000	0.0000	0.0001	0.0000	0.0268
S:nh	0.1792	0.0202	0.7442	0.0000	0.0000	0.0260	0.0037	0.0000	0.0000	0.0000	0.0001	0.0268
M:hS	0.0000	0.0000	0.0000	0.9008	0.0000	0.0441	0.0000	0.0434	0.0000	0.0000	0.0000	0.0117
M:hP	0.0000	0.0000	0.0000	0.0000	0.6142	0.3307	0.0000	0.0000	0.0434	0.0000	0.0000	0.0117
M:sp	0.0000	0.0000	0.0000	0.0000	0.0000	0.9433	0.0016	0.0158	0.0256	0.0020	0.0000	0.0117
M:nh	0.0000	0.0000	0.0000	0.0000	0.0000	0.2884	0.6565	0.0000	0.0000	0.0000	0.0434	0.0117
W:hS	0.0000	0.0000	0.0000	0.0000	0.0000	0.0324	0.0000	0.8812	0.0419	0.0211	0.0000	0.0233
W:hP	0.0000	0.0000	0.0000	0.0000	0.0000	0.0324	0.0000	0.3088	0.6043	0.0311	0.0000	0.0233
W:h0	0.0000	0.0000	0.0000	0.0000	0.0000	0.0324	0.0000	0.1888	0.0944	0.6594	0.0016	0.0233
W:nh	0.0000	0.0000	0.0000	0.0000	0.0000	0.0324	0.0000	0.0000	0.0000	0.0000	0.9442	0.0233
dead	0.0000	0.0000	0.0000	0.0000	0.0000	0.0000	0.0000	0.0000	0.0000	0.0000	0.0000	1.0000

60-64歳	S:hS	S:h0	S:nh	M:hS	M:hP	M:sp	M:nh	W:hS	W:hP	W:h0	W:nh	dead
S:hS	0.9325	0.0000	0.0017	0.0000	0.0000	0.0243	0.0018	0.0001	0.0000	0.0000	0.0000	0.0397
S:h0	0.0000	0.9342	0.0000	0.0000	0.0000	0.0260	0.0000	0.0000	0.0000	0.0001	0.0000	0.0397
S:nh	0.1420	0.0244	0.7678	0.0000	0.0000	0.0228	0.0032	0.0000	0.0000	0.0000	0.0001	0.0397
M:hS	0.0000	0.0000	0.0000	0.9230	0.0000	0.0000	0.0000	0.0594	0.0000	0.0000	0.0000	0.0175
M:hP	0.0000	0.0000	0.0000	0.0229	0.8256	0.0746	0.0000	0.0000	0.0594	0.0000	0.0000	0.0175
M:sp	0.0000	0.0000	0.0000	0.0000	0.0000	0.9174	0.0056	0.0356	0.0221	0.0017	0.0000	0.0175
M:nh	0.0000	0.0000	0.0000	0.0000	0.0000	0.2308	0.6923	0.0000	0.0000	0.0000	0.0594	0.0175
W:hS	0.0000	0.0000	0.0000	0.0000	0.0000	0.0193	0.0000	0.8535	0.0667	0.0071	0.0197	0.0337
W:hP	0.0000	0.0000	0.0000	0.0000	0.0000	0.0193	0.0000	0.2585	0.6505	0.0279	0.0101	0.0337
W:h0	0.0000	0.0000	0.0000	0.0000	0.0000	0.0193	0.0000	0.0879	0.1015	0.7371	0.0205	0.0337
W:nh	0.0000	0.0000	0.0000	0.0000	0.0000	0.0193	0.0000	0.0000	0.0000	0.0000	0.9470	0.0337
dead	0.0000	0.0000	0.0000	0.0000	0.0000	0.0000	0.0000	0.0000	0.0000	0.0000	0.0000	1.0000

注）表側（左端）が2030年，表頭（上端）が2035年の配偶関係別世帯内地位をあらわす．

仮定値表 推移確率行列（続き）

2030～2035年：女

65-69歳	S:hS	S:h0	S:nh	M:hS	M:hP	M:sp	M:nh	W:hS	W:hP	W:h0	W:nh	dead
S:hS	0.9159	0.0000	0.0129	0.0000	0.0000	0.0132	0.0010	0.0001	0.0000	0.0000	0.0000	0.0569
S:h0	0.0000	0.9289	0.0000	0.0000	0.0000	0.0142	0.0000	0.0000	0.0000	0.0001	0.0000	0.0569
S:nh	0.1300	0.0189	0.7800	0.0000	0.0000	0.0124	0.0018	0.0000	0.0000	0.0000	0.0001	0.0569
M:hS	0.0000	0.0000	0.0000	0.8790	0.0000	0.0000	0.0000	0.0943	0.0000	0.0000	0.0000	0.0267
M:hP	0.0000	0.0000	0.0000	0.0000	0.8790	0.0000	0.0000	0.0000	0.0943	0.0000	0.0000	0.0267
M:sp	0.0000	0.0000	0.0000	0.0016	0.0017	0.8633	0.0124	0.0587	0.0282	0.0043	0.0031	0.0267
M:nh	0.0000	0.0000	0.0000	0.0000	0.0000	0.2198	0.6593	0.0000	0.0000	0.0000	0.0943	0.0267
W:hS	0.0000	0.0000	0.0000	0.0000	0.0000	0.0144	0.0000	0.8210	0.0877	0.0185	0.0096	0.0488
W:hP	0.0000	0.0000	0.0000	0.0000	0.0000	0.0144	0.0000	0.2258	0.6689	0.0278	0.0143	0.0488
W:h0	0.0000	0.0000	0.0000	0.0000	0.0000	0.0144	0.0000	0.0930	0.2316	0.5702	0.0420	0.0488
W:nh	0.0000	0.0000	0.0000	0.0000	0.0000	0.0144	0.0000	0.0000	0.0000	0.0000	0.9368	0.0488
dead	0.0000	0.0000	0.0000	0.0000	0.0000	0.0000	0.0000	0.0000	0.0000	0.0000	0.0000	1.0000

70-74歳	S:hS	S:h0	S:nh	M:hS	M:hP	M:sp	M:nh	W:hS	W:hP	W:h0	W:nh	dead
S:hS	0.9113	0.0000	0.0000	0.0000	0.0000	0.0008	0.0001	0.0001	0.0000	0.0000	0.0000	0.0878
S:h0	0.0000	0.9113	0.0000	0.0000	0.0000	0.0008	0.0000	0.0000	0.0000	0.0001	0.0000	0.0878
S:nh	0.0178	0.0099	0.8836	0.0000	0.0000	0.0007	0.0001	0.0000	0.0000	0.0000	0.0001	0.0878
M:hS	0.0000	0.0000	0.0000	0.7988	0.0000	0.0000	0.0000	0.1568	0.0000	0.0000	0.0000	0.0444
M:hP	0.0000	0.0000	0.0000	0.0000	0.7988	0.0000	0.0000	0.0000	0.1568	0.0000	0.0000	0.0444
M:sp	0.0000	0.0000	0.0000	0.0039	0.0033	0.7750	0.0166	0.1018	0.0423	0.0066	0.0061	0.0444
M:nh	0.0000	0.0000	0.0000	0.0000	0.0000	0.1498	0.6490	0.0000	0.0000	0.0000	0.1568	0.0444
W:hS	0.0000	0.0000	0.0000	0.0000	0.0000	0.0101	0.0000	0.8238	0.0525	0.0157	0.0216	0.0762
W:hP	0.0000	0.0000	0.0000	0.0000	0.0000	0.0101	0.0000	0.1198	0.7258	0.0355	0.0326	0.0762
W:h0	0.0000	0.0000	0.0000	0.0000	0.0000	0.0101	0.0000	0.0910	0.2387	0.5162	0.0678	0.0762
W:nh	0.0000	0.0000	0.0000	0.0000	0.0000	0.0101	0.0000	0.0000	0.0000	0.0000	0.9137	0.0762
dead	0.0000	0.0000	0.0000	0.0000	0.0000	0.0000	0.0000	0.0000	0.0000	0.0000	0.0000	1.0000

75-79歳	S:hS	S:h0	S:nh	M:hS	M:hP	M:sp	M:nh	W:hS	W:hP	W:h0	W:nh	dead
S:hS	0.8425	0.0000	0.0029	0.0000	0.0000	0.0003	0.0000	0.0001	0.0000	0.0000	0.0000	0.1541
S:h0	0.0000	0.8455	0.0000	0.0000	0.0000	0.0004	0.0000	0.0000	0.0000	0.0001	0.0000	0.1541
S:nh	0.0000	0.0055	0.8399	0.0000	0.0000	0.0003	0.0000	0.0000	0.0000	0.0000	0.0001	0.1541
M:hS	0.0000	0.0000	0.0000	0.6685	0.0000	0.0000	0.0000	0.2496	0.0000	0.0000	0.0000	0.0819
M:hP	0.0000	0.0000	0.0000	0.0000	0.6685	0.0000	0.0000	0.0000	0.2496	0.0000	0.0000	0.0819
M:sp	0.0000	0.0000	0.0000	0.0064	0.0048	0.6416	0.0157	0.1349	0.0716	0.0086	0.0345	0.0819
M:nh	0.0000	0.0000	0.0000	0.0000	0.0000	0.0418	0.6267	0.0000	0.0000	0.0000	0.2496	0.0819
W:hS	0.0000	0.0000	0.0000	0.0000	0.0000	0.0046	0.0000	0.8099	0.0289	0.0096	0.0193	0.1276
W:hP	0.0000	0.0000	0.0000	0.0000	0.0000	0.0046	0.0000	0.0964	0.7327	0.0193	0.0193	0.1276
W:h0	0.0000	0.0000	0.0000	0.0000	0.0000	0.0046	0.0000	0.0868	0.0868	0.6074	0.0868	0.1276
W:nh	0.0000	0.0000	0.0000	0.0000	0.0000	0.0046	0.0000	0.0000	0.0000	0.0000	0.8677	0.1276
dead	0.0000	0.0000	0.0000	0.0000	0.0000	0.0000	0.0000	0.0000	0.0000	0.0000	0.0000	1.0000

80-84歳	S:hS	S:h0	S:nh	M:hS	M:hP	M:sp	M:nh	W:hS	W:hP	W:h0	W:nh	dead
S:hS	0.7190	0.0000	0.0050	0.0000	0.0000	0.0000	0.0000	0.0000	0.0000	0.0000	0.0000	0.2760
S:h0	0.0000	0.7200	0.0039	0.0000	0.0000	0.0000	0.0000	0.0000	0.0000	0.0000	0.0000	0.2760
S:nh	0.0000	0.0000	0.7240	0.0000	0.0000	0.0000	0.0000	0.0000	0.0000	0.0000	0.0000	0.2760
M:hS	0.0000	0.0000	0.0000	0.5024	0.0000	0.0000	0.0000	0.3387	0.0000	0.0000	0.0000	0.1590
M:hP	0.0000	0.0000	0.0000	0.0000	0.5024	0.0000	0.0000	0.0000	0.3387	0.0000	0.0000	0.1590
M:sp	0.0000	0.0000	0.0000	0.0091	0.0078	0.4590	0.0264	0.2689	0.0543	0.0154	0.0000	0.1590
M:nh	0.0000	0.0000	0.0000	0.0000	0.0000	0.0314	0.4710	0.0000	0.0000	0.0000	0.3387	0.1590
W:hS	0.0000	0.0000	0.0000	0.0000	0.0000	0.0001	0.0000	0.6301	0.1320	0.0101	0.0073	0.2205
W:hP	0.0000	0.0000	0.0000	0.0000	0.0000	0.0001	0.0000	0.0000	0.7794	0.0000	0.0000	0.2205
W:h0	0.0000	0.0000	0.0000	0.0000	0.0000	0.0001	0.0000	0.0483	0.0966	0.6346	0.0000	0.2205
W:nh	0.0000	0.0000	0.0000	0.0000	0.0000	0.0001	0.0000	0.0000	0.0000	0.0000	0.7794	0.2205
dead	0.0000	0.0000	0.0000	0.0000	0.0000	0.0000	0.0000	0.0000	0.0000	0.0000	0.0000	1.0000

85+歳	S:hS	S:h0	S:nh	M:hS	M:hP	M:sp	M:nh	W:hS	W:hP	W:h0	W:nh	dead
S:hS	0.4119	0.0000	0.0000	0.0000	0.0000	0.0000	0.0000	0.0000	0.0000	0.0000	0.0000	0.5881
S:h0	0.0000	0.4079	0.0040	0.0000	0.0000	0.0000	0.0000	0.0000	0.0000	0.0000	0.0000	0.5881
S:nh	0.0000	0.0000	0.4119	0.0000	0.0000	0.0000	0.0000	0.0000	0.0000	0.0000	0.0000	0.5881
M:hS	0.0000	0.0000	0.0000	0.2373	0.0000	0.0000	0.0000	0.4067	0.0000	0.0000	0.0000	0.3560
M:hP	0.0000	0.0000	0.0000	0.0000	0.2373	0.0000	0.0000	0.0000	0.4067	0.0000	0.0000	0.3560
M:sp	0.0000	0.0000	0.0000	0.0000	0.0000	0.2347	0.0026	0.3327	0.0555	0.0185	0.0000	0.3560
M:nh	0.0000	0.0000	0.0000	0.0000	0.0000	0.0148	0.2225	0.0000	0.0000	0.0000	0.4067	0.3560
W:hS	0.0000	0.0000	0.0000	0.0000	0.0000	0.0000	0.0000	0.3690	0.0982	0.0000	0.0059	0.5269
W:hP	0.0000	0.0000	0.0000	0.0000	0.0000	0.0000	0.0000	0.0000	0.4731	0.0000	0.0000	0.5269
W:h0	0.0000	0.0000	0.0000	0.0000	0.0000	0.0000	0.0000	0.0309	0.0618	0.3804	0.0000	0.5269
W:nh	0.0000	0.0000	0.0000	0.0000	0.0000	0.0000	0.0000	0.0000	0.0000	0.0000	0.4731	0.5269
dead	0.0000	0.0000	0.0000	0.0000	0.0000	0.0000	0.0000	0.0000	0.0000	0.0000	0.0000	1.0000

注）表側(左端)が2030年，表頭(上端)が2035年の配偶関係別世帯内地位をあらわす．

仮定値表 推移確率行列（続き）

2035～2040年：女

15-19歳	S:hS	S:hO	S:nh	M:hS	M:hP	M:sp	M:nh	W:hS	W:hP	W:hO	W:nh	dead
S:hS	0.1046	0.0000	0.8073	0.0000	0.0000	0.0766	0.0055	0.0051	0.0000	0.0000	0.0000	0.0008
S:hO	0.0000	0.9119	0.0000	0.0000	0.0000	0.0821	0.0000	0.0000	0.0000	0.0051	0.0000	0.0008
S:nh	0.2416	0.0052	0.6651	0.0014	0.0016	0.0637	0.0155	0.0000	0.0022	0.0002	0.0027	0.0008
M:hS	0.0000	0.0000	0.0000	0.6202	0.0000	0.0000	0.0000	0.3788	0.0000	0.0000	0.0000	0.0011
M:hP	0.0000	0.0000	0.0000	0.0000	0.6202	0.0000	0.0000	0.0000	0.3788	0.0000	0.0000	0.0011
M:sp	0.0000	0.0000	0.0000	0.0000	0.0000	0.6202	0.0000	0.0631	0.2525	0.0000	0.0631	0.0011
M:nh	0.0000	0.0000	0.0000	0.0000	0.0000	0.2255	0.3947	0.0000	0.0000	0.0000	0.3788	0.0011
W:hS	0.0000	0.0000	0.0000	0.0000	0.0000	0.4326	0.0000	0.0000	0.0000	0.0000	0.5635	0.0040
W:hP	0.0000	0.0000	0.0000	0.0000	0.0000	0.4326	0.0000	0.0000	0.5635	0.0000	0.0000	0.0040
W:hO	0.0000	0.0000	0.0000	0.0000	0.0000	0.4326	0.0000	0.0563	0.0563	0.3944	0.0563	0.0040
W:nh	0.0000	0.0000	0.0000	0.0000	0.0000	0.4326	0.0000	0.0000	0.0000	0.0000	0.5635	0.0040
dead	0.0000	0.0000	0.0000	0.0000	0.0000	0.0000	0.0000	0.0000	0.0000	0.0000	0.0000	1.0000
20-24歳	S:hS	S:hO	S:nh	M:hS	M:hP	M:sp	M:nh	W:hS	W:hP	W:hO	W:nh	dead
S:hS	0.2244	0.0000	0.4645	0.0000	0.0000	0.2765	0.0200	0.0048	0.0087	0.0000	0.0000	0.0012
S:hO	0.0000	0.6888	0.0000	0.0000	0.0000	0.2965	0.0000	0.0000	0.0000	0.0135	0.0000	0.0012
S:nh	0.2163	0.0006	0.4719	0.0082	0.0055	0.2546	0.0282	0.0000	0.0055	0.0008	0.0072	0.0012
M:hS	0.0000	0.0000	0.0000	0.7552	0.0000	0.0000	0.0000	0.2439	0.0000	0.0000	0.0000	0.0009
M:hP	0.0000	0.0000	0.0000	0.0000	0.7552	0.0000	0.0000	0.0000	0.2439	0.0000	0.0000	0.0009
M:sp	0.0000	0.0000	0.0000	0.0000	0.0000	0.7552	0.0000	0.0407	0.1626	0.0000	0.0407	0.0009
M:nh	0.0000	0.0000	0.0000	0.0000	0.0000	0.2746	0.4806	0.0000	0.0000	0.0000	0.2439	0.0009
W:hS	0.0000	0.0000	0.0000	0.0000	0.0000	0.4953	0.0000	0.0000	0.0000	0.0000	0.5014	0.0032
W:hP	0.0000	0.0000	0.0000	0.0000	0.0000	0.4953	0.0000	0.0000	0.5014	0.0000	0.0000	0.0032
W:hO	0.0000	0.0000	0.0000	0.0000	0.0000	0.4953	0.0000	0.0501	0.0501	0.3510	0.0501	0.0032
W:nh	0.0000	0.0000	0.0000	0.0000	0.0000	0.4953	0.0000	0.0000	0.0000	0.0000	0.5014	0.0032
dead	0.0000	0.0000	0.0000	0.0000	0.0000	0.0000	0.0000	0.0000	0.0000	0.0000	0.0000	1.0000
25-29歳	S:hS	S:hO	S:nh	M:hS	M:hP	M:sp	M:nh	W:hS	W:hP	W:hO	W:nh	dead
S:hS	0.3118	0.0000	0.2486	0.0000	0.0000	0.3923	0.0283	0.0089	0.0084	0.0000	0.0000	0.0017
S:hO	0.0783	0.4820	0.0000	0.0000	0.0000	0.4206	0.0000	0.0000	0.0000	0.0173	0.0000	0.0017
S:nh	0.1421	0.0000	0.4182	0.0045	0.0156	0.3547	0.0458	0.0000	0.0058	0.0027	0.0089	0.0017
M:hS	0.0000	0.0000	0.0000	0.8899	0.0000	0.0000	0.0000	0.1091	0.0000	0.0000	0.0000	0.0010
M:hP	0.0000	0.0000	0.0000	0.0000	0.8899	0.0000	0.0000	0.0000	0.1091	0.0000	0.0000	0.0010
M:sp	0.0000	0.0000	0.0000	0.0000	0.0000	0.8899	0.0000	0.0182	0.0728	0.0000	0.0182	0.0010
M:nh	0.0000	0.0000	0.0000	0.0000	0.0000	0.3236	0.5663	0.0000	0.0000	0.0000	0.1091	0.0010
W:hS	0.0000	0.0000	0.0000	0.0000	0.0000	0.4937	0.0000	0.0000	0.0000	0.0000	0.5024	0.0039
W:hP	0.0000	0.0000	0.0000	0.0000	0.0000	0.4937	0.0000	0.0000	0.5024	0.0000	0.0000	0.0039
W:hO	0.0000	0.0000	0.0000	0.0000	0.0000	0.4937	0.0000	0.0502	0.0502	0.3517	0.0502	0.0039
W:nh	0.0000	0.0000	0.0000	0.0000	0.0000	0.4937	0.0000	0.0000	0.0000	0.0000	0.5024	0.0039
dead	0.0000	0.0000	0.0000	0.0000	0.0000	0.0000	0.0000	0.0000	0.0000	0.0000	0.0000	1.0000
30-34歳	S:hS	S:hO	S:nh	M:hS	M:hP	M:sp	M:nh	W:hS	W:hP	W:hO	W:nh	dead
S:hS	0.4885	0.0000	0.2007	0.0000	0.0000	0.2776	0.0200	0.0104	0.0000	0.0000	0.0000	0.0028
S:hO	0.0646	0.6246	0.0000	0.0000	0.0000	0.2976	0.0000	0.0000	0.0000	0.0104	0.0000	0.0028
S:nh	0.1291	0.0000	0.5601	0.0000	0.0000	0.2607	0.0369	0.0000	0.0000	0.0000	0.0104	0.0028
M:hS	0.0000	0.0000	0.0000	0.8686	0.0000	0.0505	0.0000	0.0796	0.0000	0.0000	0.0000	0.0013
M:hP	0.0000	0.0000	0.0000	0.0000	0.9191	0.0000	0.0000	0.0000	0.0796	0.0000	0.0000	0.0013
M:sp	0.0000	0.0000	0.0000	0.0000	0.0155	0.8991	0.0045	0.0098	0.0540	0.0054	0.0104	0.0013
M:nh	0.0000	0.0000	0.0000	0.0000	0.0000	0.2419	0.6772	0.0000	0.0000	0.0000	0.0796	0.0013
W:hS	0.0000	0.0000	0.0000	0.0000	0.0000	0.3808	0.0000	0.6146	0.0000	0.0000	0.0000	0.0046
W:hP	0.0000	0.0000	0.0000	0.0000	0.0000	0.3808	0.0000	0.0000	0.6146	0.0000	0.0000	0.0046
W:hO	0.0000	0.0000	0.0000	0.0000	0.0000	0.3808	0.0000	0.0615	0.0615	0.4302	0.0615	0.0046
W:nh	0.0000	0.0000	0.0000	0.0000	0.0000	0.3808	0.0000	0.0000	0.0000	0.0000	0.6146	0.0046
dead	0.0000	0.0000	0.0000	0.0000	0.0000	0.0000	0.0000	0.0000	0.0000	0.0000	0.0000	1.0000
35-39歳	S:hS	S:hO	S:nh	M:hS	M:hP	M:sp	M:nh	W:hS	W:hP	W:hO	W:nh	dead
S:hS	0.6612	0.0000	0.1554	0.0000	0.0000	0.1623	0.0117	0.0047	0.0000	0.0000	0.0000	0.0048
S:hO	0.0000	0.8166	0.0000	0.0000	0.0000	0.1740	0.0000	0.0000	0.0000	0.0047	0.0000	0.0048
S:nh	0.1053	0.0011	0.7102	0.0000	0.0000	0.1524	0.0216	0.0000	0.0000	0.0000	0.0047	0.0048
M:hS	0.0000	0.0000	0.0000	0.9281	0.0000	0.0000	0.0000	0.0699	0.0000	0.0000	0.0000	0.0020
M:hP	0.0000	0.0000	0.0000	0.0000	0.9281	0.0000	0.0000	0.0000	0.0699	0.0000	0.0000	0.0020
M:sp	0.0000	0.0000	0.0000	0.0015	0.0161	0.9090	0.0016	0.0233	0.0393	0.0000	0.0073	0.0020
M:nh	0.0000	0.0000	0.0000	0.0000	0.0000	0.1661	0.7621	0.0000	0.0000	0.0000	0.0699	0.0020
W:hS	0.0000	0.0000	0.0000	0.0000	0.0000	0.2564	0.0000	0.3826	0.0000	0.3549	0.0000	0.0061
W:hP	0.0000	0.0000	0.0000	0.0000	0.0000	0.2564	0.0000	0.0000	0.7375	0.0000	0.0000	0.0061
W:hO	0.0000	0.0000	0.0000	0.0000	0.0000	0.2564	0.0000	0.0738	0.0738	0.5163	0.0738	0.0061
W:nh	0.0000	0.0000	0.0000	0.0000	0.0000	0.2564	0.0000	0.0000	0.0000	0.0000	0.7375	0.0061
dead	0.0000	0.0000	0.0000	0.0000	0.0000	0.0000	0.0000	0.0000	0.0000	0.0000	0.0000	1.0000

注）表側(左端)が2035年，表頭(上端)が2040年の配偶関係別世帯内地位をあらわす.

仮定値表 推移確率行列（続き）

2035～2040年：女

40-44歳	S:hS	S:hO	S:nh	M:hS	M:hP	M:sp	M:nh	W:hS	W:hP	W:hO	W:nh	dead
S:hS	0.8190	0.0000	0.0932	0.0000	0.0000	0.0739	0.0053	0.0012	0.0000	0.0000	0.0000	0.0074
S:hO	0.0000	0.9122	0.0000	0.0000	0.0000	0.0792	0.0000	0.0000	0.0000	0.0012	0.0000	0.0074
S:nh	0.0714	0.0036	0.8372	0.0000	0.0000	0.0694	0.0098	0.0000	0.0000	0.0000	0.0012	0.0074
M:hS	0.0000	0.0000	0.0000	0.9310	0.0000	0.0000	0.0000	0.0658	0.0000	0.0000	0.0000	0.0032
M:hP	0.0000	0.0000	0.0000	0.0000	0.9310	0.0000	0.0000	0.0000	0.0658	0.0000	0.0000	0.0032
M:sp	0.0000	0.0000	0.0000	0.0045	0.0131	0.9119	0.0016	0.0306	0.0209	0.0102	0.0041	0.0032
M:nh	0.0000	0.0000	0.0000	0.0000	0.0000	0.1854	0.7457	0.0000	0.0000	0.0000	0.0658	0.0032
W:hS	0.0000	0.0000	0.0000	0.0000	0.0000	0.1660	0.0000	0.6876	0.1375	0.0000	0.0000	0.0089
W:hP	0.0000	0.0000	0.0000	0.0000	0.0000	0.1660	0.0000	0.0375	0.7876	0.0000	0.0000	0.0089
W:hO	0.0000	0.0000	0.0000	0.0000	0.0000	0.1660	0.0000	0.0825	0.0825	0.5776	0.0825	0.0089
W:nh	0.0000	0.0000	0.0000	0.0000	0.0000	0.1660	0.0000	0.0000	0.0000	0.0000	0.8251	0.0089
dead	0.0000	0.0000	0.0000	0.0000	0.0000	0.0000	0.0000	0.0000	0.0000	0.0000	0.0000	1.0000

45-49歳	S:hS	S:hO	S:nh	M:hS	M:hP	M:sp	M:nh	W:hS	W:hP	W:hO	W:nh	dead
S:hS	0.8585	0.0000	0.0856	0.0000	0.0000	0.0414	0.0030	0.0003	0.0000	0.0000	0.0000	0.0112
S:hO	0.0000	0.9441	0.0000	0.0000	0.0000	0.0444	0.0000	0.0000	0.0000	0.0003	0.0000	0.0112
S:nh	0.0796	0.0076	0.8569	0.0000	0.0000	0.0389	0.0055	0.0000	0.0000	0.0000	0.0003	0.0112
M:hS	0.0000	0.0000	0.0000	0.9555	0.0000	0.0000	0.0000	0.0393	0.0000	0.0000	0.0000	0.0052
M:hP	0.0000	0.0000	0.0000	0.0000	0.9243	0.0312	0.0000	0.0000	0.0393	0.0000	0.0000	0.0052
M:sp	0.0000	0.0000	0.0000	0.0079	0.0000	0.9429	0.0046	0.0156	0.0199	0.0037	0.0000	0.0052
M:nh	0.0000	0.0000	0.0000	0.0000	0.0000	0.2751	0.6804	0.0000	0.0000	0.0000	0.0393	0.0052
W:hS	0.0000	0.0000	0.0000	0.0000	0.0000	0.0878	0.0000	0.8997	0.0000	0.0000	0.0000	0.0125
W:hP	0.0000	0.0000	0.0000	0.0000	0.0000	0.0878	0.0000	0.1446	0.7390	0.0161	0.0000	0.0125
W:hO	0.0000	0.0000	0.0000	0.0000	0.0000	0.0878	0.0000	0.0900	0.0900	0.7198	0.0000	0.0125
W:nh	0.0000	0.0000	0.0000	0.0000	0.0000	0.0878	0.0000	0.0000	0.0000	0.0000	0.8997	0.0125
dead	0.0000	0.0000	0.0000	0.0000	0.0000	0.0000	0.0000	0.0000	0.0000	0.0000	0.0000	1.0000

50-54歳	S:hS	S:hO	S:nh	M:hS	M:hP	M:sp	M:nh	W:hS	W:hP	W:hO	W:nh	dead
S:hS	0.9089	0.0000	0.0440	0.0000	0.0000	0.0274	0.0020	0.0001	0.0000	0.0000	0.0000	0.0176
S:hO	0.0000	0.9529	0.0000	0.0000	0.0000	0.0294	0.0000	0.0000	0.0000	0.0001	0.0000	0.0176
S:nh	0.1030	0.0127	0.8372	0.0000	0.0000	0.0258	0.0036	0.0000	0.0000	0.0000	0.0001	0.0176
M:hS	0.0000	0.0000	0.0000	0.9564	0.0000	0.0000	0.0000	0.0354	0.0000	0.0000	0.0000	0.0081
M:hP	0.0000	0.0000	0.0000	0.1097	0.6807	0.1660	0.0000	0.0000	0.0354	0.0000	0.0000	0.0081
M:sp	0.0000	0.0000	0.0000	0.0000	0.0000	0.9549	0.0016	0.0120	0.0218	0.0016	0.0000	0.0081
M:nh	0.0000	0.0000	0.0000	0.0000	0.0000	0.3069	0.6496	0.0000	0.0000	0.0000	0.0354	0.0081
W:hS	0.0000	0.0000	0.0000	0.0000	0.0000	0.0541	0.0000	0.8857	0.0030	0.0404	0.0000	0.0168
W:hP	0.0000	0.0000	0.0000	0.0000	0.0000	0.0541	0.0000	0.2601	0.6318	0.0372	0.0000	0.0168
W:hO	0.0000	0.0000	0.0000	0.0000	0.0000	0.0541	0.0000	0.0929	0.1858	0.6504	0.0000	0.0168
W:nh	0.0000	0.0000	0.0000	0.0000	0.0000	0.0541	0.0000	0.0000	0.0000	0.0000	0.9291	0.0168
dead	0.0000	0.0000	0.0000	0.0000	0.0000	0.0000	0.0000	0.0000	0.0000	0.0000	0.0000	1.0000

55-59歳	S:hS	S:hO	S:nh	M:hS	M:hP	M:sp	M:nh	W:hS	W:hP	W:hO	W:nh	dead
S:hS	0.9435	0.0000	0.0000	0.0000	0.0000	0.0277	0.0020	0.0001	0.0000	0.0000	0.0000	0.0268
S:hO	0.0000	0.9435	0.0000	0.0000	0.0000	0.0297	0.0000	0.0000	0.0000	0.0001	0.0000	0.0268
S:nh	0.1792	0.0202	0.7442	0.0000	0.0000	0.0260	0.0037	0.0000	0.0000	0.0000	0.0001	0.0268
M:hS	0.0000	0.0000	0.0000	0.9008	0.0000	0.0441	0.0000	0.0434	0.0000	0.0000	0.0000	0.0117
M:hP	0.0000	0.0000	0.0000	0.0000	0.6142	0.3307	0.0000	0.0000	0.0434	0.0000	0.0000	0.0117
M:sp	0.0000	0.0000	0.0000	0.0000	0.0000	0.9433	0.0016	0.0158	0.0256	0.0020	0.0000	0.0117
M:nh	0.0000	0.0000	0.0000	0.0000	0.0000	0.2884	0.6565	0.0000	0.0000	0.0000	0.0434	0.0117
W:hS	0.0000	0.0000	0.0000	0.0000	0.0000	0.0324	0.0000	0.8812	0.0419	0.0211	0.0000	0.0233
W:hP	0.0000	0.0000	0.0000	0.0000	0.0000	0.0324	0.0000	0.3088	0.6043	0.0311	0.0000	0.0233
W:hO	0.0000	0.0000	0.0000	0.0000	0.0000	0.0324	0.0000	0.1888	0.0944	0.6594	0.0016	0.0233
W:nh	0.0000	0.0000	0.0000	0.0000	0.0000	0.0324	0.0000	0.0000	0.0000	0.0000	0.9442	0.0233
dead	0.0000	0.0000	0.0000	0.0000	0.0000	0.0000	0.0000	0.0000	0.0000	0.0000	0.0000	1.0000

60-64歳	S:hS	S:hO	S:nh	M:hS	M:hP	M:sp	M:nh	W:hS	W:hP	W:hO	W:nh	dead
S:hS	0.9325	0.0000	0.0017	0.0000	0.0000	0.0243	0.0018	0.0001	0.0000	0.0000	0.0000	0.0397
S:hO	0.0000	0.9342	0.0000	0.0000	0.0000	0.0260	0.0000	0.0000	0.0000	0.0001	0.0000	0.0397
S:nh	0.1420	0.0244	0.7678	0.0000	0.0000	0.0228	0.0032	0.0000	0.0000	0.0000	0.0001	0.0397
M:hS	0.0000	0.0000	0.0000	0.9230	0.0000	0.0000	0.0000	0.0594	0.0000	0.0000	0.0000	0.0175
M:hP	0.0000	0.0000	0.0000	0.0229	0.8256	0.0746	0.0000	0.0000	0.0594	0.0000	0.0000	0.0175
M:sp	0.0000	0.0000	0.0000	0.0000	0.0000	0.9174	0.0056	0.0356	0.0221	0.0017	0.0000	0.0175
M:nh	0.0000	0.0000	0.0000	0.0000	0.0000	0.2308	0.6923	0.0000	0.0000	0.0000	0.0594	0.0175
W:hS	0.0000	0.0000	0.0000	0.0000	0.0000	0.0193	0.0000	0.8535	0.0667	0.0071	0.0197	0.0337
W:hP	0.0000	0.0000	0.0000	0.0000	0.0000	0.0193	0.0000	0.2585	0.6505	0.0279	0.0101	0.0337
W:hO	0.0000	0.0000	0.0000	0.0000	0.0000	0.0193	0.0000	0.0879	0.1015	0.7371	0.0205	0.0337
W:nh	0.0000	0.0000	0.0000	0.0000	0.0000	0.0193	0.0000	0.0000	0.0000	0.0000	0.9470	0.0337
dead	0.0000	0.0000	0.0000	0.0000	0.0000	0.0000	0.0000	0.0000	0.0000	0.0000	0.0000	1.0000

注）表側(左端)が2035年，表頭(上端)が2040年の配偶関係別世帯内地位をあらわす．

仮定値表 推移確率行列（続き）

2035～2040年：女

65-69歳	S:hS	S:h0	S:nh	M:hS	M:hP	M:sp	M:nh	W:hS	W:hP	W:h0	W:nh	dead
S:hS	0.9159	0.0000	0.0129	0.0000	0.0000	0.0132	0.0010	0.0001	0.0000	0.0000	0.0000	0.0569
S:h0	0.0000	0.9289	0.0000	0.0000	0.0000	0.0142	0.0000	0.0000	0.0000	0.0001	0.0000	0.0569
S:nh	0.1300	0.0189	0.7800	0.0000	0.0000	0.0124	0.0018	0.0000	0.0000	0.0000	0.0001	0.0569
M:hS	0.0000	0.0000	0.0000	0.8790	0.0000	0.0000	0.0000	0.0943	0.0000	0.0000	0.0000	0.0267
M:hP	0.0000	0.0000	0.0000	0.0000	0.8790	0.0000	0.0000	0.0000	0.0943	0.0000	0.0000	0.0267
M:sp	0.0000	0.0000	0.0000	0.0016	0.0017	0.8633	0.0124	0.0587	0.0282	0.0043	0.0031	0.0267
M:nh	0.0000	0.0000	0.0000	0.0000	0.0000	0.2198	0.6593	0.0000	0.0000	0.0000	0.0943	0.0267
W:hS	0.0000	0.0000	0.0000	0.0000	0.0000	0.0144	0.0000	0.8210	0.0877	0.0185	0.0096	0.0488
W:hP	0.0000	0.0000	0.0000	0.0000	0.0000	0.0144	0.0000	0.2258	0.6689	0.0278	0.0143	0.0488
W:h0	0.0000	0.0000	0.0000	0.0000	0.0000	0.0144	0.0000	0.0930	0.2316	0.5702	0.0420	0.0488
W:nh	0.0000	0.0000	0.0000	0.0000	0.0000	0.0144	0.0000	0.0000	0.0000	0.0000	0.9368	0.0488
dead	0.0000	0.0000	0.0000	0.0000	0.0000	0.0000	0.0000	0.0000	0.0000	0.0000	0.0000	1.0000

70-74歳	S:hS	S:h0	S:nh	M:hS	M:hP	M:sp	M:nh	W:hS	W:hP	W:h0	W:nh	dead
S:hS	0.9113	0.0000	0.0000	0.0000	0.0000	0.0008	0.0001	0.0001	0.0000	0.0000	0.0000	0.0878
S:h0	0.0000	0.9113	0.0000	0.0000	0.0000	0.0008	0.0000	0.0000	0.0000	0.0001	0.0000	0.0878
S:nh	0.0178	0.0099	0.8836	0.0000	0.0000	0.0007	0.0001	0.0000	0.0000	0.0000	0.0001	0.0878
M:hS	0.0000	0.0000	0.0000	0.7988	0.0000	0.0000	0.0000	0.1568	0.0000	0.0000	0.0000	0.0444
M:hP	0.0000	0.0000	0.0000	0.0000	0.7988	0.0000	0.0000	0.0000	0.1568	0.0000	0.0000	0.0444
M:sp	0.0000	0.0000	0.0000	0.0039	0.0033	0.7750	0.0166	0.1018	0.0423	0.0066	0.0061	0.0444
M:nh	0.0000	0.0000	0.0000	0.0000	0.0000	0.1498	0.6490	0.0000	0.0000	0.0000	0.1568	0.0444
W:hS	0.0000	0.0000	0.0000	0.0000	0.0000	0.0101	0.0000	0.8238	0.0525	0.0157	0.0216	0.0762
W:hP	0.0000	0.0000	0.0000	0.0000	0.0000	0.0101	0.0000	0.1198	0.7258	0.0355	0.0326	0.0762
W:h0	0.0000	0.0000	0.0000	0.0000	0.0000	0.0101	0.0000	0.0910	0.2387	0.5162	0.0678	0.0762
W:nh	0.0000	0.0000	0.0000	0.0000	0.0000	0.0101	0.0000	0.0000	0.0000	0.0000	0.9137	0.0762
dead	0.0000	0.0000	0.0000	0.0000	0.0000	0.0000	0.0000	0.0000	0.0000	0.0000	0.0000	1.0000

75-79歳	S:hS	S:h0	S:nh	M:hS	M:hP	M:sp	M:nh	W:hS	W:hP	W:h0	W:nh	dead
S:hS	0.8425	0.0000	0.0029	0.0000	0.0000	0.0003	0.0000	0.0001	0.0000	0.0000	0.0000	0.1541
S:h0	0.0000	0.8455	0.0000	0.0000	0.0000	0.0004	0.0000	0.0000	0.0000	0.0001	0.0000	0.1541
S:nh	0.0000	0.0055	0.8399	0.0000	0.0000	0.0003	0.0000	0.0000	0.0000	0.0000	0.0001	0.1541
M:hS	0.0000	0.0000	0.0000	0.6685	0.0000	0.0000	0.0000	0.2496	0.0000	0.0000	0.0000	0.0819
M:hP	0.0000	0.0000	0.0000	0.0000	0.6685	0.0000	0.0000	0.0000	0.2496	0.0000	0.0000	0.0819
M:sp	0.0000	0.0000	0.0000	0.0064	0.0048	0.6416	0.0157	0.1349	0.0716	0.0086	0.0345	0.0819
M:nh	0.0000	0.0000	0.0000	0.0000	0.0000	0.0418	0.6267	0.0000	0.0000	0.0000	0.2496	0.0819
W:hS	0.0000	0.0000	0.0000	0.0000	0.0000	0.0046	0.0000	0.8099	0.0289	0.0096	0.0193	0.1276
W:hP	0.0000	0.0000	0.0000	0.0000	0.0000	0.0046	0.0000	0.0964	0.7327	0.0193	0.0193	0.1276
W:h0	0.0000	0.0000	0.0000	0.0000	0.0000	0.0046	0.0000	0.0868	0.0868	0.6074	0.0868	0.1276
W:nh	0.0000	0.0000	0.0000	0.0000	0.0000	0.0046	0.0000	0.0000	0.0000	0.0000	0.8677	0.1276
dead	0.0000	0.0000	0.0000	0.0000	0.0000	0.0000	0.0000	0.0000	0.0000	0.0000	0.0000	1.0000

80-84歳	S:hS	S:h0	S:nh	M:hS	M:hP	M:sp	M:nh	W:hS	W:hP	W:h0	W:nh	dead
S:hS	0.7190	0.0000	0.0050	0.0000	0.0000	0.0000	0.0000	0.0000	0.0000	0.0000	0.0000	0.2760
S:h0	0.0000	0.7200	0.0039	0.0000	0.0000	0.0000	0.0000	0.0000	0.0000	0.0000	0.0000	0.2760
S:nh	0.0000	0.0000	0.7240	0.0000	0.0000	0.0000	0.0000	0.0000	0.0000	0.0000	0.0000	0.2760
M:hS	0.0000	0.0000	0.0000	0.5024	0.0000	0.0000	0.0000	0.3387	0.0000	0.0000	0.0000	0.1590
M:hP	0.0000	0.0000	0.0000	0.0000	0.5024	0.0000	0.0000	0.0000	0.3387	0.0000	0.0000	0.1590
M:sp	0.0000	0.0000	0.0000	0.0091	0.0078	0.4590	0.0264	0.2689	0.0543	0.0154	0.0000	0.1590
M:nh	0.0000	0.0000	0.0000	0.0000	0.0000	0.0314	0.4710	0.0000	0.0000	0.0000	0.3387	0.1590
W:hS	0.0000	0.0000	0.0000	0.0000	0.0000	0.0001	0.0000	0.6301	0.1320	0.0101	0.0073	0.2205
W:hP	0.0000	0.0000	0.0000	0.0000	0.0000	0.0001	0.0000	0.0000	0.7794	0.0000	0.0000	0.2205
W:h0	0.0000	0.0000	0.0000	0.0000	0.0000	0.0001	0.0000	0.0483	0.0966	0.6346	0.0000	0.2205
W:nh	0.0000	0.0000	0.0000	0.0000	0.0000	0.0001	0.0000	0.0000	0.0000	0.0000	0.7794	0.2205
dead	0.0000	0.0000	0.0000	0.0000	0.0000	0.0000	0.0000	0.0000	0.0000	0.0000	0.0000	1.0000

85+歳	S:hS	S:h0	S:nh	M:hS	M:hP	M:sp	M:nh	W:hS	W:hP	W:h0	W:nh	dead
S:hS	0.4119	0.0000	0.0000	0.0000	0.0000	0.0000	0.0000	0.0000	0.0000	0.0000	0.0000	0.5881
S:h0	0.0000	0.4079	0.0040	0.0000	0.0000	0.0000	0.0000	0.0000	0.0000	0.0000	0.0000	0.5881
S:nh	0.0000	0.0000	0.4119	0.0000	0.0000	0.0000	0.0000	0.0000	0.0000	0.0000	0.0000	0.5881
M:hS	0.0000	0.0000	0.0000	0.2373	0.0000	0.0000	0.0000	0.4067	0.0000	0.0000	0.0000	0.3560
M:hP	0.0000	0.0000	0.0000	0.0000	0.2373	0.0000	0.0000	0.0000	0.4067	0.0000	0.0000	0.3560
M:sp	0.0000	0.0000	0.0000	0.0000	0.0000	0.2347	0.0026	0.3327	0.0555	0.0185	0.0000	0.3560
M:nh	0.0000	0.0000	0.0000	0.0000	0.0000	0.0148	0.2225	0.0000	0.0000	0.0000	0.4067	0.3560
W:hS	0.0000	0.0000	0.0000	0.0000	0.0000	0.0000	0.0000	0.3690	0.0982	0.0000	0.0059	0.5269
W:hP	0.0000	0.0000	0.0000	0.0000	0.0000	0.0000	0.0000	0.0000	0.4731	0.0000	0.0000	0.5269
W:h0	0.0000	0.0000	0.0000	0.0000	0.0000	0.0000	0.0000	0.0309	0.0618	0.3804	0.0000	0.5269
W:nh	0.0000	0.0000	0.0000	0.0000	0.0000	0.0000	0.0000	0.0000	0.0000	0.0000	0.4731	0.5269
dead	0.0000	0.0000	0.0000	0.0000	0.0000	0.0000	0.0000	0.0000	0.0000	0.0000	0.0000	1.0000

注）表側（左端）が2035年，表頭（上端）が2040年の配偶関係別世帯内地位をあらわす．

平成 30 年 4 月 16 日 発 行 　　　　定価は表紙に表示してあります。

日本の世帯数の将来推計（全国推計）

—2015（平成27）年〜2040（平成52）年—

［2018（平成30）年推計］

編　集　国立社会保障・人口問題研究所

〒100-0011　東京都千代田区内幸町２−２−３
　　　　　　　　　　　日比谷国際ビル　６階

☎03（3595）2984　　http://www.ipss.go.jp/

発　行　一般財団法人　厚生労働統計協会

〒103-0001　東京都中央区日本橋小伝馬町4-9
　　　　　　　　小伝馬町新日本橋ビルディング3F

☎03（5623）4123　（代表）

印　刷　統計印刷工業株式会社

乱丁、落丁は交換します